中国居民

经济不均衡的测度、关联分析与再分配研究

——基于收入、财富与消费的多维视角

余　丹／著

西南财经大学出版社

中国·成都

图书在版编目(CIP)数据

中国居民经济不均衡的测度、关联分析与再分配研究：
基于收入、财富与消费的多维视角/余丹著. --成都：
西南财经大学出版社,2024.10. --ISBN 978-7-5504-6402-5

Ⅰ. F126.2

中国国家版本馆 CIP 数据核字第 2024HC6760 号

中国居民经济不均衡的测度、关联分析与再分配研究
——基于收入、财富与消费的多维视角
ZHONGGUO JUMIN JINGJI BU JUNHENG DE CEDU,GUANLIAN FENXI YU ZAI FENPEI YANJIU
——JIYU SHOURU,CAIFU YU XIAOFEI DE DUOWEI SHIJIAO

余 丹 著

策划编辑:李　琼
责任编辑:李　琼
责任校对:李思嘉
封面设计:墨创文化
责任印制:朱曼丽

出版发行	西南财经大学出版社(四川省成都市光华村街 55 号)
网　　址	http://cbs. swufe. edu. cn
电子邮件	bookcj@ swufe. edu. cn
邮政编码	610074
电　　话	028-87353785
照　　排	四川胜翔数码印务设计有限公司
印　　刷	成都金龙印务有限责任公司
成品尺寸	170 mm×240 mm
印　　张	15.25
字　　数	261 千字
版　　次	2024 年 10 月第 1 版
印　　次	2024 年 10 月第 1 次印刷
书　　号	ISBN 978-7-5504-6402-5
定　　价	78.00 元

前　言

　　中国自改革开放以来的发展速度令世界瞩目，人民生活水平显著提高，但在经济发展的同时，收入差距、财富差距和消费差距也在不断扩大。党的十九大报告指出："我国社会主要矛盾已经转化为人民日益增长的美好生活需要和不平衡不充分的发展之间的矛盾。"而当前满足人民美好生活需要的制约因素主要是发展不平衡不充分的不均衡问题，而经济不均衡是其主要的表现形式。

　　Stiglitz et al.（2009）在经济表现和社会进步衡量委员会（Commission on the Measurement of Economic Performance and Social Progress）报告中提出："衡量物质分配均衡度的最恰当指标可能需要综合考虑家庭或个人的收入、消费和财富状况。"此后，经济不均衡就不再局限于收入、财富或者消费的单一维度，而是体现为三者之间的联合不均衡。并且随着多维性研究在福利领域的深入，越来越多的学者将多维性研究应用到经济不均衡领域，从收入、财富和消费三个维度综合考察经济不均衡问题。同时，多维不均衡不只是各维度不均衡的简单加总，还考虑了不同维度不均衡之间的相互作用。这种相互作用在多维经济不均衡问题中至关重要。

　　收入不均衡、财富不均衡和消费不均衡等都是结果不均衡。这些结果不均衡可能源于机会分配的不均衡也可能是人们自身努力等因素造成的差距。而机会不均衡往往不能被公众接受，甚至会抑制经济增长、引起暴乱。因此，研究多维经济不均衡程度及各维度间的关系，以及经济不均衡中的机会不均衡程度都是现代福利经济学中的前沿课题。然而，国内有关研究还比较少见，本书将结果不均衡和机会不均衡结合起来探讨，可以为理解中国当前经济不均衡问题提供更全面、更新颖的视角，同时为后续政策制定提供更丰富的经验支撑。

　　本书采用 2010—2018 年的中国家庭追踪调查（China Family Panel

Studies, CFPS) 数据，将收入、财富和消费结合在一起，探讨中国多维经济不均衡程度及三者的关联性，以及机会不均衡在经济不均衡中的占比，并在此基础上通过反事实方法分析再分配政策和个体特征调节经济不均衡的效应，以期实现经济不均衡的改善。本书的主要内容包括：

第一，收入不均衡、财富不均衡和消费不均衡的理论分析。本书首先以生命周期理论和持久收入理论作为理论模型构建的依据；其次分析收入、财富和消费的关联性，根据收入、财富和消费的互动关系推导出收入不均衡、财富不均衡和消费不均衡三者的关联关系；最后从储蓄、房产、财产性收入和劳动收入四个方面阐述了三者相互作用的路径。

第二，多维经济不均衡的测度。本书首先分析了收入、财富和消费在单一维度、二维以及三维上的分布状况，发现三者在三维上的不均衡程度高于单一维度，且财富的集中效应明显，反映出多维经济不均衡分析的必要性。其次，采用不同指数、不同赋权方式测算了单一维度不均衡和多维不均衡。从单一维度不均衡指数看，2010—2018 年，收入不均衡有所改善，但其绝对值仍较大，财富不均衡和消费不均衡程度在加深。最后，从多维不均衡指数来看，无论采用何种赋权方式，多维经济不均衡的变化趋势一致，即多维经济不均衡程度在加深。

第三，各维度不均衡的关联分析。首先，本书通过 Tsui 1 指数分解得到各维度不均衡间的相互作用对多维经济不均衡的贡献率，发现各维度间存在正相关关系。其次，通过基于回归方程的 Oaxaca-Blinder 分解法和 RIF 无条件分位数回归进一步探讨各维度不均衡间的关联关系。一方面，因为收入本身是解释财富不均衡、消费不均衡的重要因素，并且在财富、消费分布的各个分位数上的收入回归系数值有所差异，所以收入不均衡的加剧会进一步恶化财富不均衡和消费不均衡；另一方面，因为财富本身是解释收入不均衡、消费不均衡的重要因素，并且在收入、消费分布的各个分位数上的财富回归系数值有所差异，所以财富不均衡的加剧会进一步恶化收入不均衡和消费不均衡。

第四，财富不均衡中的机会与努力探讨。本书依托 Roemer 的"环境-努力"二元分析框架，基于事前参数法，根据 2018 年的 CFPS 数据测度了我国财富不均衡中的机会不均衡程度，发现机会不均衡可以解释 21.18% 的财富差距。而在所有的机会不均衡影响因素中，户籍对财富机会不均衡的贡献最大，高达 54.66%。如果把父亲最高受教育程度与母亲最高受教育程度的贡献率相加，父母受教育程度贡献率达到 24.55%，成为除户籍外的第二大影响因素。同时，城镇居民在财富积累中面临着比农村居民更为严重的机会不均衡，男性在财富积累中面临着比女性更为严重的机会不均衡，西部地区的机会不均衡程度高于东部、中部地区，有继承组在财富积累中面临比无继承组更为严重的机会不均衡，高年龄组面临比低年龄组更为严重的机会不均衡。此外，把环境变量和努力变量共同纳入财富方程进行回归估计，通过方差分解法计算分别考虑 Roemer 和 Barry 两种情境下的环境和努力贡献度，发现环境变量不仅可以直接影响财富，还可以通过作用于个体教育、个体就业和个体收入进而间接影响财富，努力变量可以消减一部分环境变量导致的机会不均衡。

第五，改善多维经济不均衡的途径探索。本书采用反事实分析，首先分析了现金转移支付调节下的多维经济不均衡改善效果，发现提高低收入群体的收入水平是最有效的改善途径。其次，分析税收中个人所得税调节下的改善效果，发现个人所得税能够有效调节多维经济不均衡。最后，分析无城乡差异调节下的改善效果和普及高中阶段义务教育调解下的改善效果，发现无城乡差异和普及高中教育都能有效改善多维经济不均衡。

余丹

2024 年 3 月

目　录

第一章　导论 / 1

第一节　选题背景与研究意义 / 1

一、选题背景 / 1

二、研究意义 / 3

第二节　文献综述 / 5

一、不均衡的成因和影响研究 / 5

二、不均衡的测度和分解研究 / 18

三、收入、财富和消费不均衡的关联研究 / 24

四、经济不均衡与机会不均衡研究 / 28

五、不均衡的改善与反事实研究 / 30

六、文献评述 / 33

第三节　研究内容与思路 / 35

一、研究内容 / 35

二、研究思路 / 36

第四节　研究方法 / 37

一、文献分析法 / 37

二、规范分析法 / 37

三、实证分析法 / 38

第五节 本书的创新点 / 38

第二章 概念界定与理论基础 / 40

第一节 概念界定 / 40

一、差距、不均衡与不公平 / 40

二、经济不均衡 / 41

三、机会不均衡 / 42

第二节 理论基础 / 43

一、收入不均衡理论 / 43

二、财富不均衡理论 / 47

三、消费不均衡理论 / 48

四、机会不均衡理论 / 52

五、再分配理论 / 55

第三节 经济不均衡的内在机制分析 / 56

一、收入、财富与消费关系的数理分析 / 57

二、收入、财富与消费不均衡的关联性分析 / 61

三、收入、财富与消费不均衡的作用机制分析 / 63

第三章 经济不均衡的分布、测度与分解 / 67

第一节 数据来源与指标选择 / 67

一、数据来源 / 67

二、指标选择 / 68

第二节 收入、财富与消费分布状况 / 69

一、基于五等分的分布分析法 / 69

二、单一维度分布状况 / 70

三、二维分布状况 / 72

四、三维分布状况 / 75

第三节 单一维度不均衡的测度 / 77

一、单一维度的测度方法 / 77

二、收入不均衡的测度 / 78

三、财富不均衡的测度 / 79

四、消费不均衡的测度 / 80

第四节 多维不均衡的测度与分解 / 83

一、多维不均衡的测度与分解方法 / 83

二、权重的确定 / 87

三、基于单一维度不均衡的合成 / 88

四、Tsui 指数 / 89

五、多维基尼系数 / 91

六、多维不均衡的分解 / 93

第四章 经济不均衡的关联性分析 / 96

第一节 基于 Tsui 1 指数分解的相关性分析 / 96

一、总体相关性 / 96

二、分城乡相关性 / 97

第二节 收入、财富与消费的分组回归分析 / 98

一、分组回归分析方法 / 98

二、变量选择与描述性统计 / 99

三、模型设定 / 100

四、模型估计和结果分析 / 101

第三节 RIF 无条件分位数回归分析 / 119

一、RIF 无条件分位数回归方法 / 119

二、收入、财富与消费分位数模型构建 / 120

三、RIF 无条件分位数回归结果分析 / 122

第五章　经济不均衡的原因分析——机会与努力 / 146

第一节　机会不均衡的测度方法 / 146

一、参数法 / 146

二、机会不均衡的 Shapley 值分解 / 148

三、参数方法的拓展——基于努力变量的分析 / 149

第二节　数据来源与变量选择 / 150

一、数据来源 / 150

二、变量选择 / 150

三、描述性统计 / 151

第三节　机会不均衡的测度与分解 / 152

一、机会不均衡的测度 / 152

二、机会不均衡的分解 / 155

第四节　努力对于机会不均衡的消解作用 / 158

一、环境变量对于努力变量的影响 / 158

二、在 Roemer 和 Barry 情境下的努力贡献度 / 160

第六章　经济不均衡的改善——反事实分析 / 164

第一节　反事实分析法 / 164

一、反事实分析法思想 / 164

二、反事实分析法思路 / 166

第二节　现金转移支付调解下的改善效果 / 167

一、现金转移支付改善经济不均衡的思路 / 167

二、改善效果分析 / 168

第三节　税收调解下的改善效果 / 169

　　一、税收改善经济不均衡的思路 / 169

　　二、改善效果分析 / 171

第四节　城乡无差异下的改善效果 / 172

　　一、城乡无差异改善经济不均衡的思路 / 172

　　二、改善效果分析 / 173

第五节　教育无差异下的改善效果 / 175

　　一、教育无差异改善经济不均衡的思路 / 175

　　二、改善效果分析 / 177

第七章　结论与建议 / 180

第一节　主要结论 / 180

　　一、基于多维经济不均衡测度的结论 / 180

　　二、基于维度间关联关系的结论 / 181

　　三、机会和努力对财富不均衡的影响 / 182

　　四、基于反事实分析的结论 / 182

第二节　相关政策建议 / 183

　　一、完善政府与市场职能划分 / 183

　　二、着力提高低收入者的收入水平 / 183

　　三、多渠道增加城乡居民财产性收入 / 184

　　四、完善房产税税收政策 / 184

　　五、完善制度促进机会均等 / 185

　　六、提高个人所得税的收入再分配效应 / 185

　　七、普及高中阶段义务教育 / 185

　　八、推动城乡高质量融合发展 / 186

第三节　研究展望 / 187

参考文献 / 188

附录 A / 218
附录 B / 226

中国居民经济不均衡的测度、关联分析与再分配研究——基于收入、财富与消费的多维视角

第一章　导论

第一节　选题背景与研究意义

一、选题背景

在中国原有的计划经济体制下，生产资料公有，收入分配相对公平，居民几乎没有私人财产，收入分配的不均衡程度也很低。这种格局在改革开放之后被打破，伴随着社会主义市场经济体制的建立，我国经济快速发展的序幕率先从沿海地区拉开，人民收入水平有了较大幅度的提升，而此时内陆各省份的发展相对滞后，地区之间的不均衡从收入维度初步恶化，此后，城乡、不同行业、不同家庭和不同个体的收入差距被迅速扩大。国家统计局公布的收入基尼系数从 2003 年的 0.479 上升到 2008 年的 0.491 再下降到 2015 年的 0.462，2018 年小幅回升到 0.474，收入差距有所缩小。但可能存在未统计高收入群体的财产性收入和隐性收入的情况，从而低估了实际的基尼系数。

在收入差距有所缩小的同时，财富差距问题却逐渐凸显。李实团队使用中国家庭收入调查（CHIP）数据，测算出 1995 年和 2002 年的个人财产净值基尼系数为 0.52 和 0.48；测算出 2002 年和 2013 年居民财产差距的基尼系数分别为 0.51 和 0.62，且这个时期的城乡居民人均财产的年增长率分别为 16.8% 和 14.1%，财产分配差距在扩大（李实 等，2005；李实 等，2019）。同时，杨灿明和孙群力（2019）利用中国居民收入与财富调查（WISH）数据，测算 2017 年和 2018 年人均净财富差距的基尼系数分别为 0.65 和 0.61。如上所述，1995—2018 年，我国家庭间财富差距迅速拉大，与收入差距相比更加显著。

对于消费的研究，应以凯恩斯的绝对收入理论为逻辑起点。在他看来，收入发挥了决定性的作用，而财富则可以凭借产生收入流量来左右消费。自 2013 年开始，为了获得城乡住户收支与生活的情况，国家统计局每年都会开展一次调查。根据国家统计局的调查数据，2013 年的城镇居民消费支出仅为 18 487.5 元，而到了 2017 年增加到 24 445.0 元；农村居民人均消费支出也呈现出相应的增长，从 2013 年到 2017 年，由 7 485.1 元提高到 10 954.5 元。与同步增长相随的是消费水平在城乡之间、区域之间、不同收入群体之间差距的扩大。唐琦等（2018）分析 CHIP 数据时的相关结果显示，在 1995—2002 年和 2002—2013 年两个时间阶段中，消费总量和消费结构的变化相左。第一个时间阶段，消费总量变化小，而消费结构发生了较大变化；第二个时间阶段，则相反。紧接着，夏庆杰等（2019）也通过测度 CHIP 数据进行了相关研究，发现 1995 年、2002 年和 2013 年三个时间节点上，城镇消费支出不均衡呈现出先递减（由 0.33 至 0.32）后递增（由 0.32 至 0.35）的情况。这样的曲线符合城镇居民收入不均衡的演变趋势，不同的是消费波动得较为激烈。

长久以来，相关学者分析居民经济不均衡问题时，重点关注收入分配差距、财富差距或消费差距的单一方面。但是，随着时间的推移，有部分学者认识到不均衡问题不应该是单一的，而应该是多维的（Sen，1992），因为从单一维度来看，很难分析出税收、转移支付、信贷等要素是如何影响居民经济不均衡的，进而加大了研究经济不均衡问题的难度。借鉴 Stiglitz et al.（2009）在经济发展和社会进步测量委员会（Commission on the Measurement of Economic Performance and Social Progress）报告中的主张，"衡量物质生活水平分配的最相关指标可能是基于共同考虑家庭或个人的收入、消费和财富状况"。随着福利多维性在贫困、社会福利、不均衡和相关政策分析领域的应用（Decancq and Lugo，2012；Maasoumi and Yalonetzky，2013），越来越多的学者认为居民经济不均衡也不仅仅局限在收入、财富或者消费的单一维度，而是体现在三者之间的联合不均衡。而国内学者从收入、财富与消费三个维度研究中国居民经济不均衡的文献很少，因此，从单一维度领域转移到收入、财富与消费多维领域对认识和分析居民经济不均衡有一定的意义。

尽管近年来我国居民收入差距有一定的缩小，但是财富和消费差距却出现了明显的扩大趋势，仅以收入、财富或消费不均衡代表经济不均衡可能会错估我国居民不均衡的程度与变化趋势。诚然，当不均衡被控制在某一范围内时，会带来正向竞争和经济进步。但是，一旦临界点被突破，将会带来极大的隐患。因此，将不均衡问题的研究从单一维度发展到多个维度可以全面认识我国经济不均衡现状与变化趋势，以期降低不均衡对经济社会发展造成的负面影响，为理论研究与实际政策制定提供经验支撑。

二、研究意义

党的二十大报告指出，中国式现代化是全体人民共同富裕的现代化，要着力促进全体人民共同富裕，坚决防止两极分化。现阶段我国发展不平衡不充分的不均衡问题依然突出，而居民经济不均衡是其主要的表现形式，对我国逐步推进共同富裕和实现经济高质量发展带来严峻挑战。不均衡问题一直受到学术界的广泛关注，特别是自皮凯蒂的《21世纪资本论》问世以来，不均衡问题引发了全球热议。1978年至今，学者们纷纷关注我国的各种不均衡问题，丰富的研究成果浩如烟海。其中，经济不均衡问题的研究大致体现在以下三点：其一，收入差距研究（李实 等，2005；陈宗胜和康健，2019）；其二，财富差距研究（吴卫星 等，2016；杨灿明和孙群力，2019；李实，2020）；其三，消费差距研究（邹红 等，2013；孙豪 等，2017；罗楚亮和颜迪，2020）。

随着时间的推移，居民经济不均衡问题的研究逐渐由收入、财富和消费的单一方面，演变至三者不均衡之间的关系上，不少学者认为这种相互作用或许会使得经济不均衡更加严重。例如，有学者以微观数据为基础，发现收入和财富分布之间存在着正相关性（林芳 等，2014；靳永爱和谢宇，2015）；还有学者通过测度和分解差距，得出收入差距和财富差距二者相互作用、相互促进的结论（Meng，2007；赵人伟，2007；Saez and Zuman，2016；王晶，2021）。还有一些文献表明收入差距增加了消费差距（Attanasio and Pistaferri，2014，2016；Aguiar and Bils，2015；孙豪 等，2017；夏庆杰 等，2019）。另有研究发现收入差距对消费差距的影响在地区、城乡等之间存在差异（储德银 等，2013）。也有学者将财富差距与消费差距的趋势进行比较（Subramanian and Jayaraj，2013）。较少学者将收入、财富和消费三者同时结合起来研究（Heathcote et al.，2010；Fisher et al.，2016；马万超和李辉，2017；Magalhães and Santaeulàlia-Llopis，2018；Fisher et al.，2021）。

应该认识到，收入、财富与消费差距三者之间不是独立的不均衡，三者之间的相关性在某种程度上会影响不均衡，这就是不均衡的"关联效应"。这也意味着，单纯地对各维度不均衡进行加总并不是多维不均衡，我们必须重视三者之间的关联性。因此，将收入、财富和消费三者结合起来研究居民经济不均衡具有重要的理论和现实意义。

1. 理论意义

首先，不均衡问题一直是学术界关注的焦点，从收入、财富和消费多维角度研究中国经济不均衡问题有利于充分认识我国经济不均衡现状；通过分析收入、财富和消费三者之间的数理关系，有助于拓展居民经济不均衡理论。

其次，通过对经济不均衡进行分解，可以确定收入、财富、消费以及三者相关性对经济不均衡的贡献度大小，并以贡献度大小为切入点，为减轻居民经济不均衡程度提供有效途径。

再次，研究收入、财富与消费差距之间的关联效应，有利于认识收入、财富与消费不均衡的内在机制与影响效应，揭示收入、财富与消费的作用机理。

最后，从机会与努力视角探讨中国居民经济不均衡成因，有利于消除机会不均衡，促进社会公平，维护社会稳定。

2. 现实意义

首先，本书从收入、财富与消费多维视角度量居民经济不均衡程度，有利于全面掌握我国居民经济不均衡现状与演变趋势，为社会治理提供有价值的参考，也可以为研究经济不均衡问题提供数据支持。

其次，从收入、财富与消费多维视角度量居民经济不均衡程度，能够弥补从单一维度度量经济不均衡的偏差，准确评价我国居民经济不均衡状况，为建立现代财税体制和政策优化提供可靠依据。

最后，通过构建数理模型和实证分析，本书的研究将为改善不均衡现状、完善再分配政策、促进机会均衡提供科学依据。

基于此，本书构建了一个统一的多维度框架来更好地理解居民经济不均衡，在对现有国内外文献进行梳理后，构建经济不均衡相关理论框架，从收入、财富与消费三个维度对中国居民经济不均衡程度进行科学测度和分解，从机会与努力角度探讨经济不均衡的成因，并基于反事实分析提出相应的再分配政策，以期更全面地刻画中国经济不均衡问题。

第二节 文献综述

当前，学术界对不均衡问题的研究不计其数，从研究内容来看，基本涵盖了三个方面：一是测度与分解不均衡；二是分析不均衡形成的原因；三是研究不均衡的影响和后果。就研究中国的经济不均衡问题而言，多年来，学者们主要集中在研究收入不均衡方面，在收入不均衡测度、形成机制、影响分析、治理政策等方面进行了较多探讨。但是，随着中国社会的转型，近年也相继出现了很多关于财富不均衡、消费不均衡的测度、成因的研究，而从收入、财富与消费多维视角测度中国经济不均衡程度以及研究三者关联性的文献相对较少。基于此，本书主要围绕不均衡成因、不均衡测度等内容展开文献综述。

一、不均衡的成因和影响研究

不均衡的成因长期以来是学术界研究的重点，国内外学者围绕经济发展、体制改革、制度演变等探讨其对不均衡形成的影响，并取得了一些成果。

1. 收入不均衡成因

学术界在收入不均衡扩大的成因方面积累了大量定性和定量的研究成果。

（1）要素收入分配

Atkinson（2009）将要素分配与居民收入分配相结合，并提出了具体的分析方法。Daudey and García-Peñalosa（2007）、Checchi and García-Peñalosa（2008，2010）都通过实证研究发现，提高劳动收入份额有利于居民收入基尼系数的下降；Jacobson and Occhino（2012）认为劳动收入占比下降使得收入分布集中于顶端群体，收入分配更加不均，从而加剧了收入不均衡。邹红和喻开志（2011）研究发现提高劳动要素份额具有缩小城乡收入差距的作用；而周明海和姚先国（2012）、郭庆旺和吕冰洋（2012）、张车伟和赵文（2018）同样发现改革开放以来，我国劳动收入份额与基尼系数之间呈现负相关关系，即在劳动收入份额下降的年份，基尼系数通常上升。Bengtsson and Waldenström（2018）使用最新编制的跨国数据库，研究发现资本份额与收入不均衡是相关的，即使这种关系因地区和不同时期而异。

（2）财政支出

从财政支出分析收入不均衡扩大的成因主要集中在财政支出规模、财政支出结构、财政分权以及转移支付对收入不均衡的影响及作用机制方面。

从财政支出规模来看，一些学者认为财政支出在一定程度上降低了地区收入差距（Cabrera et al.，2015）。但也有研究认为，财政支出扩大了居民收入差距（Zhuang et al.，2014；迟诚和马万里，2015）。

从财政支出结构来看，生产性支出和社会性支出对收入不均衡的影响是当前研究的重点。国内外学者一般用基础设施建设支出来度量生产性财政支出，且多数学者发现生产性财政支出会进一步扩大收入不均衡（Banerjee et al.，2012；张勋和万广华，2016）；但也有学者利用跨国数据实证发现基础设施发展对收入增长有着积极的影响（Calderón and Servén，2014；Chotia and Rao，2017）；且已有文献表明社会性财政支出在很大程度上能够直接惠及低收入群体，因而可以更直接地缩小居民收入差距（汪昊和娄峰，2017）。此外，另有学者从公共教育支出（李祥云 等，2018；何宗樾和宋旭光，2018）、公共医疗卫生支出（李永友和郑春荣，2016）以及社会保护底线支出（郭小东和付升华，2017）进行分析，发现其都有利于缩小居民收入差距。

从财政分权来看，也并未得出一致的结论，一些学者认为财政分权确实有效缩小了地区收入差距（Tselios et al.，2012；Cavusoglu and Dincer，2015）；更多学者认为财政分权扩大了收入差距（Weingast，2009；罗也骁等，2015；姜晓萍和肖育才，2017）。

从政府间转移支付来看，Kim and Samudro（2016）利用印度尼西亚的数据实证研究发现，中央政府对贫困地区转移支付能够缩小收入差距，而对富裕地区转移支付却扩大了收入差距。邢春娜和唐礼智（2019）发现我国现行的转移支付政策对沿海地区居民收入的拉动作用要远高于民族地区，这反而使贫富差距扩大。韩一多和付文林（2019）发现转移支付依赖度较低时，垂直财政不对称提高有助于降低居民收入不均衡；而转移支付依赖度超过某个阈值时，垂直财政不对称提高反而加剧了居民收入分配不均衡。

（3）财政收入

从财政收入分析收入不均衡扩大的成因主要集中在主体税种、税制结构、重大税收政策的收入分配效应、缩小收入差距的税收优化路径以及土地出让收入等方面。

首先，从主体税种来看，Altig and Carlstrom（1999）实证分析了美国的边际税率变动对收入不均衡的影响，发现提高边际税率会加大居民收入不均衡程度。孔翠英（2017）认为我国个人所得税对收入分配呈现"逆向调节效应"，而在某种程度上，财产税可以调节居民存量财富，从而弥补个人所得税调节的不足（郭琎和郑新业，2015），但对房产税和遗产税调节收入差距的效果并没有达成一致的结论（李永刚 等，2016；范子英和刘甲炎，2015）。此外，孟莹莹（2014）、贾康和张晓云（2014）认为虽然我国消费税的累进性远低于所得税，在一定程度上可以降低收入差距，但何辉（2016）却认为我国消费税具有收入分配负效应。

其次，税制结构（直接税和间接税分别所占比例）是决定税收体系累进或累退性的重要因素。Adam et al.（2015）利用 75 个发达国家和发展中国家的跨国数据研究发现，收入不均衡程度越高的国家，对资本税的依赖程度越高。岳希明等（2014）认为我国直接税的累进性无法完全削减间接税的累退性，使得我国税制整体是累退的，从而加剧了收入差距；但张楠等（2019）通过实证研究发现，间接税不具有"亲贫性"，穷人从减税中获得的收益大于富人。

再次，税收制度改革可以对国民收入的初次分配与再分配进行调节，具体通过调整税收负担、税制结构以及征管方式来改善居民收入不均衡（Biewen and Juhasz，2012；柳华平和朱明熙，2013）。目前国内外已有文献大多集中在个人所得税和流转税改革对收入不均衡的影响方面。对于个税改革，刘蓉和寇璇（2019）发现，我国实施专项附加扣除制度削弱了个税的收入再分配效应，会导致居民的劳动收入差距加大。对于流转税改革，孙正和张志超（2015）、葛玉御等（2015）和汪昊（2016）等学者都认为，"营改增"有利于改善我国收入分配格局，城乡居民收入基尼系数都有所下降。

最后，由于土地出让收入逐渐成为地方政府财政收入的重要来源，引发了学者的广泛关注。已有文献分别分析了土地征用过程中不同环节对收入不均衡的影响：在土地征收环节，柴国俊和陈艳（2017）认为农民无权享有农业用地被征收为城市建设用地后的土地增值收益，但又需承担更重的城市生活成本，从而扩大了城乡收入差距；在土地出让环节，地方政府在土地转让过程中既提高了资本利润，又提高了城市房价，并没有降低收入不均衡（范子英，2015；梅冬州 等，2018）；在土地财政再分配环节，我国财政支出在城市与农村之间分配不均，城市居民从经济发展与公共服务中获得的红利更多，这进一步加剧了城市、农村之间的收入差距（吕炜和许宏伟，2015）。此外，杨灿明和詹新宇（2015）还从整体上分析了"土地财政"的收入分配效应。

（4）公共政策

从公共政策分析收入不均衡扩大的成因主要集中在户籍制度、二元经济结构、最低工资制度、工会组织与工资集体谈判制度、隐性收入、腐败治理、慈善捐赠制度等方面。

户籍制度方面：Lee（2012）实证研究发现，城市、农村居民之间的收入差异较大；但赵海涛（2015）发现随着时间变化，对流动人口的工资歧视明显减少。同时，章莉和吴彬彬（2019）研究发现，劳动力市场持续存在对农民工的户籍歧视和就业机会户籍歧视，且在行业和职业上的户籍歧视程度呈现加强的趋势，就业机会户籍歧视不利于缩小收入差异。

二元经济结构方面：陈宗胜和康健（2019）认为由于受到城乡二元经济结构的影响，城镇家庭跨越低技能部门进入城市高技能劳动力部门的速度快于进城务工的农村家庭，因此，中等收入群体的规模也增加得更快。

最低工资制度方面：一方面，学者普遍发现最低工资政策的溢出效应显著存在（Neumark，2018；段志民和郝枫，2019）；另一方面，在最低工资政策的就业挤出效应上争论较大，部分学者认为提高最低工资标准具有明显的就业挤出效应（Fang and Lin，2015），另有学者表明提高最低工资标准有利于农民工就业（罗小兰，2007）。

工会组织与工资集体谈判制度方面：由于学者们使用的数据和研究方法不同，得到的研究结论也不同。袁青川（2018）认为加入工会对工资没有显著性影响。但李龙和宋月萍（2017）认为参与工会提高了农民工的工资待遇；莫旋和刘杰（2016）也认为工会的"收入溢价"效应是显著存在的。

隐性收入方面：杨灿明和孙群力（2010）实证研究发现，我国隐性经济规模越大，收入差距越大。

腐败治理方面：Apergis et al.（2010）、田彬彬和谷雨（2018）等学者普遍认为腐败恶化收入分配格局，加剧收入不均衡程度。

慈善捐赠方面：张进美等（2018）实证研究发现，不同收入层次的群体有着不同的慈善捐款行为，高收入群体的绝对捐款额尽管较多，但其相对捐款额即"捐款收入比"较低。

（5）经济改革或制度变化

一些学者从经济改革或制度变化分析收入不均衡扩大的成因。赵人伟和李实（1997）认为城市非公有制经济和农村非农产业的发展恶化了城乡内部的收入不均衡；城市住房制度的逐步改革也导致城乡之间、城市内部收入差距扩大；一些财税政策诸如农业税、个人所得税、城市补贴政策等也影响城乡收入不均衡程度。宋高燕和邓宏图（2019）则认为市场导向下制度变迁会提升政府再分配能力，而制度变迁和政府再分配能力有利于缩小城乡收入不均衡，但会扩大城镇居民收入差距。并且市场化导向制度变迁的正面影响是长期的，而一些重大社会事件对缩小城乡收入不均衡有显著影响。

（6）个体特征等外生变量

部分学者基于回归方程对影响收入不均衡的外生变量进行分解分析收入不均衡扩大的成因。徐舒（2010）通过理论与实证分析发现，教育回报率在不同群体的差异扩大了我国劳动收入差距。赵亮和张世伟（2011）对导致收入不均衡的因素进行分解，发现劳动力数量对收入不均衡的解释力最大，而劳动力流动、农民受教育水平和地区差异都在一定程度上影响了收入不均衡程度。Xie and Zhou（2014）通过可比数据对比研究了中国和美国收入差距的决定因素，发现中国收入差距主要是地区差异和城乡差异引起的，而造成美国收入差距的因素中家庭结构和种族贡献更大。

（7）不同行业

从不同行业分析收入不均衡扩大的成因主要集中在行业垄断、所有制、外资进入等方面。对于垄断因素，学者们普遍达成共识，认为其是造成我国行业间收入不均衡的主要原因，特别是行政垄断。垄断企业从自身拥有的优势资源和行政特权中获得额外利润，与其他竞争性行业收入相比，垄断企业员工因为获得垄断租金拉开了收入差距（罗楚亮和李实，2007；陈钊等，2010；严兵等，2014；聂海峰和岳希明，2016）。国内学者还对不同所有制企业进行比较研究，这些文献的研究内容多数也结合了上文提到的行业垄断研究。陈钊等（2010）通过对收入回归方程分解发现，所有制因素对收入差距的贡献在逐年上升，不同所有制企业员工的收入分化在加剧。此外，个别学者认为外资进入也具有缩小收入差距的作用（任重和周云波，2009）。

（8）金融发展

部分学者从金融发展分析收入不均衡扩大的成因。汪伟等（2013）认为以国有银行业为主导的金融体系不利于中小企业融资，多数企业通过挤占劳动者报酬来获得内源性融资，由此，金融深化，即国有银行扩张会降低劳动收入份额（白重恩和钱震杰，2010）。而关于金融发展对居民收入分配的影响路径存在分歧，部分学者认为金融发展将通过增加获得金融资源的机会，从促进经济增长、降低贫困率以及提高劳动力市场需求等方面改善收入分配格局（Clarke et al.，2006）。一些学者认为金融发展将对劳动力市场产生影响，进一步加剧不同技能劳动力的工资差异，从而扩大收入差距（Jerzmanowski and Nabar，2013）；并且金融发展更有利于富人获得银行信贷支持，从而分化富人与穷人的投资回报，导致贫富差距更严重（Rajan and Zingales，1996）。另有学者认为金融发展与收入不均衡之间存在非线性关系（主要是倒"U"形关系），如 Greenwood and Jovanovic（1990）认为金融中介允许资本获得更高的回报率，使得金融中介可以促进经济增长，而经济增长过程中不可避免地会出现收入不均衡状况先上升后下降。

（9）其他因素

部分学者从其他原因分析收入不均衡扩大的成因。刘晓峰和曹华（2011）另辟蹊径测算了通货膨胀和收入不均衡二者之间在现金预付经济中的正向关系。赵亚明（2012）引入专业化分工与交易成本，研究发现地区收入差距变化主要是不同的交易效率演变路径导致的。刘晓光等（2015）发现基础设施对农村居民收入的提升作用大于城镇；罗能生和彭郁（2016）也发现基础设施能够有效缩小我国城乡居民收入差距。洪勇和王万山（2019）发现地区收入差距与技术创新之间存在"U"形关系，创新水平的提高有助于缩小地区收入差距。

2. 财富不均衡成因

我国财富不均衡的形成机制错综复杂，目前对财富不均衡成因的研究主要集中在以下五个方面。

（1）个体特征

李实等（2000）研究发现虽然户主一生中的财富积累会出现两个峰值，但与传统的生命周期理论不一致，户主财富积累的低谷正好处于子女需要接受高等教育以及结婚成家的年龄段。而梁运文等（2010）认为我国财产分布符合生命周期理论，受教育程度与财富显著正相关，但职业选择扩大了财富不均衡，城镇中私营企业主、教师、科研人员和公务员的财产均值高于其他行业人员。

（2）财富结构和价值变化

房产是家庭财富最重要的组成部分（杨灿明和孙群力，2019），所以房价的变动成为影响财富分布的重要因素。国外学者发现中产阶层房产持有率上升和房价上涨使得中产阶层财富迅速增长，从而降低了财富不均衡程度（Bastagli and Hills，2012）。但 2008 年金融危机阻断了中产阶层财富持续增长的趋势，房价暴跌使得中产阶层拥有的财富迅速减少，从而导致财富不均衡上升（Wolff，2014；Kuhn et al.，2020）。在中国改革开放 40 多年中，房地产市场快速发展，房价上涨推动了中国财富差距的扩大（李实，2015）。陈彦斌和邱哲圣（2011）在研究房价时发现：在现实的经济生活中，当房价迅速提高时，社会中的富裕家庭将会投资性购房，从而又带动了房价提高，由此带来的后果是，很多年轻家庭选择储蓄，而很多贫穷家庭买不起住房，使家庭财富不均衡进一步恶化。

（3）社会体制改革

在我国，不动产所有权对财富不均衡的影响机制也体现在住房改革过程中国有单位和私营部门在房产分配上的不均。李实等（2005）发现整体居民的财产分布差距随着城乡差距的扩大也在逐渐扩大，农村居民的土地贬值使得农村居民财富下降，而城镇居民以明显低于市价的价格购买政府提供的公有住房，房产价值大幅度增长，并且我国财产分布差距扩大的关键因素是城镇公有住房私有化。Meng（2007）实证发现，1995—2002 年，中国城市家庭净财富以每年 24% 的速度增长，且精英阶层更容易积累财富，所以，制度会导致财富的两极分化。何晓斌和夏凡（2012）同样发现在国有单位工作的家庭更容易以明显低于市场的价格从所属单位购买住房，伴随住房商品化改革，这种住房不均衡就造成国有单位和私营部门家庭财富的更大差距，并且随着房地产市场的蓬勃发展进一步加剧财富不均衡。靳永爱和谢宇（2015）认为拥有单位房购买资格的家庭从住房私有化改革中获益更大，这些家庭以低价买房，并通过有效投资，能够迅速积累财富。但吴开泽（2017）却认为住房商品化打破了福利住房的单一供给模式，让体制内外居民更均衡地参与市场竞争，且由于体制外居民也能从房地产市场发展中获益，因此降低了住房不均衡。

（4）家庭金融行为

吴卫星等（2015）研究发现高财富、高收入家庭的投资组合更为有效，这又会使富裕家庭增加金融投资，因而财富积累速度也更快，从而进一步加剧财富不均衡。吴卫星等（2016）进一步研究发现财富水平较高的家庭的资产收益率、财务杠杆贡献率更高，说明高财富家庭可以适当增加负债，即合理使用财务杠杆获得更多财富，从而进一步加剧财富不均衡。尹志超和张号栋（2017）通过 CHFS 数据研究发现，低财富家庭实现财富增长离不开丰富的金融知识，所以，为了缩小家庭间的财富差距有必要普及金融知识。Wei et al.（2019）发现拥有股票、房产和私人企业等高收益资产的富人倾向于更为复杂的投资组合，因此，家庭投资组合的回报与财富积累成正比，即富人比穷人获得的收益更多，导致了财富更加不均衡。杜两省和程博文（2020）发现减少金融摩擦，能够使中等财富水平的企业家提高财富水平，从而缩小财富不均衡。

（5）通货膨胀

陈彦斌等（2013）研究发现较高的通货膨胀会加剧财产不均衡，一方面，穷人在通货膨胀中更容易遭受贬值损失，因为穷人持有货币资产的比例更高；另一方面是我国的通货膨胀具有结构性特点，穷人家庭的消费结构使其受影响更大，从而导致财产持有量减少、福利损失增加。谭浩和李姝凡（2017）认为家庭资产配置不同，对通货膨胀的抵御能力也不同，资产越多的家庭由于持有更大比例的房产、金融投资产品等能更好地抵御通货膨胀。

3. 消费不均衡成因

（1）收入波动

大量国外学者从收入波动的角度来研究消费不均衡成因。Krueger and Perri（2006）通过构建内生性债务约束模型，从理论上探讨了受约束的有效消费分布随着收入波动变化的路径。Blundell and Etheridge（2010）认为收入不均衡通常不是直接转换为消费不均衡，而是受到了一系列平滑机制的影响。Jappelli and Pistaferri（2010）研究发现收入不均衡程度高于消费不均衡程度，且增速也快于消费不均衡，同时收入冲击会引起消费的不均衡。Heathcotc et al.（2014）的研究显示，40%的持久收入冲击会转移到消费上来，进而会对消费不均衡产生一定的影响。国内学者在研究消费不均衡的成因时发现，收入不均衡这一因素也起到至关重要的作用。众多针对总体、城镇、农村以及城乡的研究都显示，导致我国消费不均衡形成和变化的最重要因素是收入不均衡，然而，对于不同类型收入冲击对消费不均衡的作用方面，却存在分歧。吴迪和霍学喜（2010）认为农村存在较多的被动消费，消费差距会导致收入差距，但收入差距并不导致消费差距。周靖祥和王贤彬（2011）根据消费的持久收入理论，估计了城乡居民消费函数，结果发现城乡的消费差异主要受到持久收入和自发性消费的影响。巩师恩和范从来（2012）发现当前中国的收入不均衡会导致消费的波动，收入不均衡对消费不均衡的冲击会受到信贷供给的影响。然而，杨继东（2013）发现，与永久性收入不均衡相比，临时性收入不均衡对消费不均衡的影响更为深远，并主张政府应进一步完善消费信贷市场和社会保障，以减少临时收入波动对居民消费不均衡的冲击。

（2）人口老龄化

人口老龄化是指随着时间的推移，总人口的年龄结构中老年人口的比重不断增长（年轻人口数量减少、年长人口数量增多）的这样一种趋势和变化过程。人口老龄化必然会影响到诸如收入和消费等经济变量。Johnson and Shipp（1997）根据教育程度和家庭类型分解了消费差距，结果显示，人口结构的变化和组间不均衡可以解释75%的消费差距。Yamada（2012）也从人口年龄结构角度分析了日本的消费差距变化情况，研究发现人口老龄化是日本消费差距扩大的主要因素。但是也有研究表明，老龄化对消费差距仅具有微小的影响。Barrett et al.（2000）考察澳大利亚消费差距发现，老龄化和家庭人口结构的变化对消费差距仅有微小的影响。曲兆鹏和赵忠（2008）从生命周期理论框架出发，应用 Deaton and Paxson（1994）的分解方法，按照老龄化效应、出生组内效应及出生组间效应分解，发现从 1988 年到 2002 年，导致我国农村消费不均衡变化的主要原因是出生组内效应，人口老龄化因素所带来的影响微乎其微。不过他们也强调，从 1988—2002 年这一相对长的时期看，老龄化的作用在增强。Cai et al.（2010）同样应用 Deaton and Paxson（1994）提出的方法，发现出生组组内效应导致了我国城市消费不均衡的变化，人口老龄化和家庭人口结构变化对消费不均衡的影响很小。林晓珊（2018）利用2012年的CFPS数据研究发现，家庭老龄化与消费结构紧密联系，家庭老龄化程度越高，对消费不均衡的影响越大。

（3）储蓄动机、跨期选择

一些学者从储蓄动机、流动性约束与跨期选择等方面对消费不均衡成因进行讨论。Friedman（1957）认为由于人们倾向于在经济状况良好的时候进行储蓄，而在经济状况不太好的时候选择借贷，所以消费水平的波动幅度小于收入的波动幅度。Deaton and Paxson（1994）认为理性的消费者能较好地避开那些容易导致不均衡增加的风险，强预防性储蓄动机也相应地能够减少消费不均衡现象发生的概率，在"存货缓冲"模型中，消费者受流动性的约束，能够抵消一些工资波动的影响，使消费不均衡程度小于工资不均衡程度。Daunfeldt et al.（2010）发现1988—2005年，瑞典的收入差距在增长但消费差距在下降，原因可能是高收入家庭的储蓄增长和生命周期再分配。

（4）社会制度

从社会制度安排分析消费不均衡扩大的成因主要集中在社会体制、城乡区别、社会保障、政策偏向等方面。Forteza and Rossi（2009）认为政府的转移支付政策与税收政策结合，能够有效调节高收入，提高低收入，从而使得收入和消费不均衡下降。吕承超等（2018）从城镇化视角研究发现，社会保障支出对城乡居民消费差距具有显著的门槛效应，城镇化水平越高，社会保障支出愈加扩大城乡居民消费不均衡。周广肃等（2020）认为具有本地任职经历的市委书记能够有效降低该地城镇居民的消费不均衡。

（5）消费不均衡的其他成因

除了以上几点之外，部分国外学者还从公共产品（Hayashi，2004）、家庭负债（Abe and Yamada，2009）、机会不均衡（Anwar，2009；Assaad et al.，2018）等角度研究了消费不均衡成因。国内学者则更多关注宏观经济因素，如基于教育发展水平（张学敏和何酉宁，2006）、财政支出（Tagkalakis，2008；Kaplan and Violante，2014）、经济增长等因素（孙豪和毛中根，2017）讨论了我国消费不均衡的成因。

4. 不均衡的影响分析

（1）经济增长

关于不均衡对经济增长的影响研究经久不衰，Kuznets（1955）提出的收入不均衡与经济增长呈现倒"U"形关系假说，在学术界引起了广泛讨论。早期理论研究发现收入不均衡与经济增长存在正相关关系，如 Kaldor（1957）认为由于边际消费倾向递减规律，富人的储蓄率高于穷人，收入差距的扩大将会提高整体的储蓄率，资本积累加速，进而促进经济增长，即收入不均衡会通过影响资本积累来促进经济增长。而 Mirrlees（1971）认为适当的收入差距有利于经济增长，在他看来，如果所有人的工资都相同，那么凭借个人努力还能额外获得什么呢？而如果人与人之间的收入不同，那么个人的人力资本和生产效率将大幅提升。

然而，从 20 世纪 90 年代以来，部分实证研究表明收入不均衡与经济增长之间负相关。Murphy et al.（1989）使用国际贸易机制来解释这一不利关系，他们认为富人更喜欢独特、高级的进口商品，随着收入差距的扩大，越来越多的富人消费进口产品，因需求不足导致国内的生产企业没法扩大生产，进而抑制经济增长。刘生龙（2009）通过实证研究发现了倒"U"形关系的存在，收入基尼系数存在一个最优值，高于最优值时可以通过降低收入不均衡来促进经济增长。龙翠红等（2010）发现收入不均衡影响经济增长主要体现在农村内部与城乡间，而城市内部差距对经济增长的影响不显著。OECD 发布的研究报告表明，收入不均衡对于中期增长会有显著的负向影响。对于美国、英国和意大利等国家，如果控制收入不均衡不再加剧，那么过去 20 年的整体经济会增长 6%~9%（Cingano，2014）。

（2）消费倾向

收入不均衡对居民消费的影响一直是学术界讨论的热点。袁志刚和朱国林（2002）分析对比了不同经济学派的消费理论，从理论角度分析了收入分配对消费的影响。李军（2003）通过实证分析发现收入差距扩大对消费需求产生负向影响。杨汝岱和朱诗娥（2007）进一步研究发现只有在收入呈现正态分布并且边际消费倾向与收入水平呈倒"U"形关系的时候，缩小收入差距才能提高消费总需求。不少学者在分析收入不均衡对居民消费的影响时，会选择将"示范效应"和"地位寻求"纳入其中一并分析。在他们看来，高收入者、中等收入者和低收入者的消费差距会受到收入差距的影响进一步扩大，中低收入者为了更高的社会地位多会选择攀比消费，由此带来的结果是社会的消费支出发生改变（汪伟和郭新强，2011；Sun and Wang，2013）。杭斌和修磊（2016）认为社会地位高的家庭的炫耀性消费对社会地位低的家庭有明显的示范效应，并且地位越高的家庭越容易进行攀比。财富不均衡也会对居民消费产生影响，张大永和曹红（2012）研究发现拥有房产的家庭的消费水平显著高于未拥有房产的家庭，且房地产财富对消费的影响幅度大于金融资产。吴锟等（2015）发现收入财富比与消费增长率存在负相关关系，缩小消费者之间的财富差距可以促进居民消费。

（3）居民健康

不少学者关注并讨论了收入不均衡或收入差距对居民健康的影响（余央央和封进，2006；王少瑾，2007），尚未达成统一的结论。部分学者认为，收入不均衡的加剧对人们的健康状况存在显著负向影响（Rodgers，1979；Kawachi and Kennedy，1999），这种影响关系被称作"收入不均衡假说"（the Income Inequality Hypothesis）。赞同这个观点的学者认为，收入不均衡会显著影响社会底层居民的健康水平，主要从本地公共服务（Wilkinson，1999）、相对剥夺感（Deaton，2003）、贫富冲突（Kawachi and Kennedy，1999；周彬和齐亚强，2012；齐亚强和牛建林，2015）方面对居民健康产生负面作用。然而，也有部分实证研究的结论表明收入不均衡有助于居民健康（Judge and Paterson，2001；余央央和封进，2006）。还有一些研究显示收入不均衡对健康的影响呈倒"U"形（Li and Zhu 2008）和正"U"形（陈在余和王洪亮，2010）两种相悖的结论。

此外，在健康研究中，财富并没有被广泛用作经济指标。由于财富可以缓冲失去收入或暂时低收入的影响，因此在健康方面，财富可能比收入更重要。特别是对于老年人和退休人员来说，财富可能尤其重要，因为他们的收入相对较低或缺乏（Robert and House，1996；Kington and Smith，1997；Wenzlow et al.，2004）。Kahn and Pearlin（2006）发现长期的压力在收入和财富与健康之间起着重要作用，经济困难可能对健康产生负面影响。财富会产生累积效应，个人财富累积会影响认知功能、心理健康、糖尿病，以及死亡率等（Lynch et al.，1997；Turrell et al.，2007）。Braveman and Barclay（2009）进一步研究表明，人的一生还存在某些关键时期，比如怀孕期间、从出生到5岁等，这些关键时期的财富状况可能会对以后生活中心理和身体健康产生较强烈的影响。另有学者通过跨国比较发现与更均衡的经济社会相比，处于不均衡社会中的居民在健康方面的表现更差（Marmot，2006；Banks et al.，2009）。即便是生活在不均衡社会中的富人，其肥胖率和健康状况也比生活在更均衡社会的富人差（Pickett et al.，2005；Wilkinson and Pickett，2009）。

（4）社会稳定

胡联合等（2005）指出全国居民收入差距、城乡居民收入差距、地区间收入差距都与违法犯罪活动的增加密切相关。过大的贫富差距会通过放大对社会的不满情绪、加深不同阶层矛盾、引发犯罪行为、破坏社会制度的权威、分化民族团结等途径，造成社会不稳定（Fajnzylber et al.，2002）。陈春良和易君健（2009）利用中国1988—2004年的省际面板数据实证研究发现，控制了相对收入差距后，收入差距上升1%，刑事犯罪率至少上升0.38%。而且由于存在对富人的嫉妒心理，穷人会因为仇视富人进行报复，从而暴力犯罪（张旭和刘健，2015）。

与贫富差距相比，消费不均衡更能加剧社会和政治动荡危机，因为消费相比于收入而言，更容易在社会环境中暴露。如家庭里的豪车数量，家庭所在小区的房价和品质，使用的名牌烟酒、鞋包、服饰等，都容易被他人发现，且对比出巨大的消费差距，从而引发广大居民的不满情绪。特别是在当前自媒体发展迅猛的时代，少数人的网络炫富行为导致社会信任急剧下降。周广肃和李沙浪（2016）利用2012年的CFPS数据实证研究发现，消费差距扩大将削弱弱势群体的社会信任，可能进一步导致社会阶层的分化。

（5）幸福感

Clark and D'Ambrosio（2015）从比较视角和规范视角将收入不均衡影响人们幸福感的作用渠道进行归类。比较视角是指个体关心自身的绝对收入，同时关心自身在参照组中的相对收入。若个体的幸福感和其他参照组成员的收入呈现负相关，部分学者将这种关系称为"攀比效应"或"相对剥夺效应"（Clark and Frijters，2008）；若个体即将成为参照组中的一员，个体与其即将成为的参照组中成员的平均收入进行比较时，会提升其本身的幸福感，这种效应被一些学者称为"示范效应"（Senik，2005）。与比较视角不同，规范视角是指人们对参照组的收入不均衡有一个公正的评价，无关自己和他人的收入。现阶段而言，无论比较视角还是规范视角，通过实证分析都很难得出一样的答案（Clark and D'Ambrosio，2015）。

官皓（2010）实证研究发现，相对收入对幸福感具有激励作用；陈钊等（2012）采用社区入户调查数据同样发现，社区层面的收入差距会产生显著的示范效应，从而增加居民幸福感。但是，部分学者也认为收入不均衡会带来幸福感的下降（Graham and Felton，2005；何立新和潘春阳，2011），鲁元平和王韬（2011）实证研究发现收入不均衡对农村居民和低收入者的负面影响大于城市居民。此外，不同国家的研究结论不尽相同，Alesina et al.（2004）发现在欧洲，穷人的收入不均衡降低了幸福感；在美国，穷人的幸福感与收入不均衡无关，欧洲的穷人比美国的穷人更关心收入不均衡。Ferrer-I-Carbonell（2005）实证发现德国居民收入不均衡程度越高，就越感到不幸福。Oshio and Kobayashi（2011）基于日本的微观调查数据同样发现，收入差距越大，日本居民的主观幸福感越低。

（6）其他因素

Kaldor（1957）和 Pasinetti（1962）认为在不完备的金融市场下，投资需要一定的门槛，只有在少数人掌握大量财富的情况下才能够投资初始成本和固定成本高的项目，即适当的财富分化能够实现资本集中从而增加社会投资。Banerjee and Newman（1993）认为每个人的职业选择受到个人财富状况的制约，从而影响整个社会劳动力供给与需求。Galor and Zeira（1993）的研究表明，在存在信贷市场对人力资本投资的不完备性和不可分割性的情况下，由于存在多个稳态，财富的初始分配在短期和长期都会影响总产出和投资。伍再华等（2017）采用 CHFS 数据实证研究发现，财富不均衡显著抑制家庭借贷行为，并且伴随财富不均衡的扩大，也会抑制金融素养对家庭借贷行为的积极影响。

二、不均衡的测度和分解研究

Lorenz（1905）、Dalton（1920）、Gini（1921）、Theil（1967）、Atkinson（1970）、Cowell（2000）等众多学者的研究极大地丰富了不均衡的测度方法，国内外已有文献几乎都围绕这些方法展开研究。

1. 收入不均衡的测度与分解

测度收入不均衡的指标主要分为两类：绝对指标和相对指标。绝对指标具有测算简便的优点，常见的有 Kolm 指数、标准差、极差等。由于绝对指标不能满足尺度无关性等某些公理性原则，且不能排除度量单位对测度结果的干扰，很少有学者在实证中使用。而相对指标不受度量单位的干扰，常见的有相对平均离差、基尼系数、广义熵指数、Atkinson 指数，并且相对指标可以将不均衡测度结果进一步分解，得到各组成部分的贡献率，学者们普遍采用此指标进行实证研究（Milanovic and Yitzhaki，2006；程永宏，2007）。

自 20 世纪 90 年代以来，日益加剧的收入差距问题持续被学者们关注。早在 1988 年，中国收入分配研究院就首次展开了中国家庭收入的入户调查，并一直延续至今，获取了大量中国家庭收入分布以及变迁的宝贵信息。基于 CHIP 的调查数据，国内外学者针对中国收入不均衡的程度、变迁、结构等内容进行了大量实证研究，比如赵人伟和李实（1997）、Khan and Riskin（1998）、李实等（1998）、李实和赵人伟（1999）、Gustafsson and Li（2002）、王海港（2005），等等。随着众多微观调查数据库的免费开放，学者们纷纷利用这些数据进行实证研究。如甘犁等（2012）利用 2010 年的 CHFS 数据，测度中国家庭可支配收入的基尼系数为 0.61，但岳希明和李实（2013）认为其调查数据存在偏差，且收入指标的衡量方法也存在问题，导致甘犁等（2012）测度的结果远高于其他数据库的测度结果。Xie and Zhou（2014）则采用多种调查数据，实证研究发现我国的收入不均衡程度自 2005 年以来达到了较高水平，基尼系数在 0.53~0.55 之间。刘穷志和罗秦（2015）估计了隐性收入规模，并将其纳入家庭总收入，由此测度的全国居民收入基尼系数超过了 0.5，且城镇居民收入不均衡程度高于农村。

还有学者通过拟合收入分布函数或者洛伦兹曲线，来观察收入分配在每个位置上的变化趋势，从而测度不均衡程度。如黎波等（2007）对两类收入分布函数的成因分解方法进行总结归纳，认为权重重置法比基于分位数回归分解的方法在实证中更有价值。黄恒君（2012）基于洛伦兹曲线序列，探索了 1990—2010 年中国城镇居民五等分收入分布的变迁过程，发现高收入组的内部收入差距不断扩大，且中低收入组有向低收入组靠拢的趋势。

部分学者还将总体不均衡指标在各种收入之间、人群之间、城乡之间进行分解。如 Pyatt（1976）用矩阵的方法将收入基尼系数进行群体分解。Podder（1993）提出了按照收入要素分解基尼系数的方法，得到了各项收入来源对总收入基尼系数的贡献程度，该方法在实证中被广泛应用。Podder and Mukhopadhaya（2001）进一步提出了从收入来源变化解释不均衡的时间变化的新方法，并考察了澳大利亚过去 20 多年的不同来源的收入份额变化以及各组成部分对总收入不均衡的影响。国内学者根据这些方法也对收入不均衡进行了分解研究。杨灿明和孙群力（2011）对 GE 指数进行分解，就得到的结果而言，城乡之间的收入差距可解释全国收入差距的50%左右。他们还进一步研究了不同收入来源对城乡居民收入不均衡的影响，从分析结果来看，在诸多因素中工资收入对城镇居民收入差距的贡献最大，而农村居民之间的收入差距主要受农民外出务工收入的影响。吴彬彬和李实（2018）利用 CHIP 2002 年和 2013 年中的城镇和农村住户调查数据，通过对不均衡指数进行分解，揭示出地区间的收入差距对于全国收入不均衡的贡献正在缩小。此外，陈钊等（2010）采用 CHIP 数据研究了行业间收入差距对城镇居民收入差距的贡献，发现城镇居民的收入不均衡在加剧，且行业间收入不均衡对总收入不均衡的贡献越来越大。

此外，Piketty（2014）在研究收入不均衡结构时，率先使用收入分布表对不均衡的内部结构进行分析。而刘长庚和刘娜（2018）利用 CHNS 数据，采用 Piketty 百分位数结构分析法分析我国家庭收入不均衡的内在结构，发现我国高收入家庭持续占据着社会总收入的较大部分，收入分配结构呈"倒金字塔"型。沈华福和王海港（2019）则采用洛伦兹占优分析了城镇居民的收入增长幅度，研究发现决策者在 2002—2008 年，更注重提高低收入者的收入来改善不均衡，而在 2013—2018 年，决策者更注重提高中等收入群体的收入水平。

2. 财富不均衡的测度和分解

关于财富不均衡的测度与分解需要微观调查数据的支持，许多发达国家已经拥有完整、详细的财富数据，国外学者根据这些数据进行了大量的研究。Baker et al. （2004）使用加拿大微观数据测算出财富基尼系数从1984 年的 0.691 上升到了 1999 年的 0.727，且同期法国、德国等欧洲主要国家的总财富基尼系数则在 0.7 左右。Wolff and Zacharias（2009）对美国1982—2000 年的财富不均衡程度进行了测算，发现财富净值的基尼系数一直处于 0.799~0.826 的高位。Crawford and Hood（2016）拓展了财富衡量指标，将国家和私人养老金纳入财富范畴，测度出英国财富基尼系数为0.57。自从 Piketty（2014）的《21 世纪资本论》问世以来，许多研究试图对财富集中的长期趋势做出新的估计，从而更好地获得财富分布的信息。Saez and Zucman（2016）将所得税申报表与调查数据和宏观经济资产负债表相结合，以估计 1913 年以来的美国财富不均衡程度。这一方法被若干国家的学者用来对财富集中程度进行比较估计。Alvaredo et al.（2018）发现在过去几十年里，许多国家的财富不均衡程度有所加剧，尽管加剧速度不同。然而，虽然人们越来越关注财富不均衡，我们衡量财富不均衡的能力仍面临重大限制。由于很少有国家征收财富税，且富人有很多避税的措施，很难全面捕捉社会的财富分布。Zucman（2019）从经济全球化视角，利用行政税收数据并将其与宏观经济资产负债表结合起来，重点分析了"避税天堂"的税收数据，发现中国和欧洲各国的财富集中度都在上升。在美国，最富有的 1% 的人所占的财富份额从 1980 年的 28% 增加到 2016 年的 33%，而最穷的 75% 的人所占的财富份额在 10% 左右徘徊。

我国早期关于财富不均衡的研究主要依靠 CHIP 团队自 1988 年以来展开的城乡入户调查中采集到的家庭财产信息。Mckinley and Griffin（1993）测度的 1988 年的中国农村居民财富净值的基尼系数为 0.3，Brenner（2000）进一步测度 1995 年的中国农村家庭财富净值的基尼系数为 0.35。李实等（2005）发现在 1995—2002 年，全国财产的基尼系数上升了 38%；而赵人伟（2007）测度的 2002 年全国总财产分布的基尼系数高达 0.55。也有学者将中国的财富分布跟大多数工业化国家进行对比，发现在 1995 年左右是相对平均的（Gustafsson et al.，2006），但是罗楚亮等（2009）通过对比中国与众多国家的财富分布状况，发现虽然我国财富分布不均并未明显高于其他国家，但财富净值的基尼系数却在持续上升。

此后，一些新的调查数据补充了上述结论。陈彦斌（2008）利用奥尔多城市和农村居民家庭问卷调查数据测度了我国 2007 年的城乡财富分布状况，发现城市的富裕人群要比农村的富裕人群更加富有，而城市的贫困人群要比农村贫困人群更加贫困。陈彦斌（2008）还研究了财富为负的家庭的财富分布情况，发现整体上我国城乡的无财富家庭比例较低。梁运文等（2010）在 2005 年、2007 年的调查数据中发现，农村的财产分布基尼系数在金融资产和房产方面已经超过城市，尤其是农村房产的差距导致财富不均衡进一步加剧。

CFPS 团队同样分析了中国家庭财富的存量和分布状况。根据《中国民生发展报告 2014》，房产是家庭财富最重要的组成部分，城镇家庭中房产所占比例的中位数约为 80%，农村家庭中房产所占比例的中位数约为 60%，都超过了一半。并且，拥有自我积累功能的财富不均衡是许多社会矛盾的根源，应该引起足够的重视。根据《中国民生发展报告 2016》，我国家庭财产的基尼系数从 2012 年的 0.73 下降到 2014 年的 0.7。同时，2012—2014 年，分布顶端 1% 家庭占总财富的份额、分布顶端 5% 家庭占总财富的份额以及分布底端 25% 家庭占总财富的份额都在降低，由此可知，家庭财富更多地聚集在分布中间的阶层。Piketty et al.（2019）利用多个数据库分析了中国家庭的财富分布状况，发现 1995—2015 年中国顶端 10% 家庭拥有的财富占比由 40% 上升至 67%，财富不均衡进一步加剧。此增长速度与大部分欧洲国家（比如法国的 55%）相比都略高，与美国 72% 的财富占比份额相近。

西南财经大学的中国家庭金融调查中心也收集了有关家庭财富方面的信息。甘犁等（2012）发布的《中国家庭金融调查报告 2012》指出，2011 年中国家庭财富净值的均值和中位数为 115.43 万元和 18.10 万元，城市家庭财富净值的均值和中位数分别为 237.52 万元和 37.30 万元，农村家庭财富净值的均值和中位数分别为 32.20 万元和 12.23 万元，可见，财富均值和中位数在城镇、农村之间以及城镇、农村内部差异巨大，说明中国存在严重的家庭财富分布不均。此外，杨灿明和孙群力（2019）利用中国居民收入与财富调查（WISH）数据，测度的 2017 年和 2018 年我国居民人均净财富差距的基尼系数分别为 0.65 和 0.61，分解研究发现我国居民财富差距主要由家庭房产所导致，其对财富差距的贡献超过了 70%。此外，孙楚仁和田国强（2012）基于财富分布 Pareto 法则分析发现，2000—2010 年，我国财富分布的基尼系数经历了先下降后上升的过程，财富不均衡剧烈波动。

3. 消费不均衡的测度和分解

消费不均衡的测度指标常见的有变异系数、对数方差、泰尔指数、基尼系数、阿特金森指数等。学者们普遍采用这些指标对消费不均衡的程度及变化趋势进行测度，并根据消费构成内容进行分解，采用各种分解法分析各项消费对总消费不均衡的贡献率。Barreti et al.（2000）采用对数方差、基尼系数、阿特金森指数测度了澳大利亚家庭消费不均衡变化趋势，发现 1975—1993 年，非耐用消费品基尼系数上升了 9%。Idrees and Ahmad（2012）实证发现 1992—2005 年，巴基斯坦家庭消费不均衡有所下降，且城镇消费不均衡下降幅度大于农村；他们进一步将消费支出分解发现，食品类消费的不均衡程度远远低于非食品类。Aguiar and Bils（2015）研究发现：在 1980—2007 年，美国的消费不均衡紧随收入不均衡的变化而变化。Norris and Pendakur（2015）则发现加拿大家庭消费的基尼系数由 1997 年的 0.251 增加到 2006 年的 0.275，但是 2009 年又回降到 0.264。Uprety（2019）发现尼泊尔城镇家庭消费不均衡程度大于农村，男女户主家庭之间的不均衡没有显著差异。

多数国内学者从家庭消费构成、分城乡视角来测度我国消费不均衡。如杨继东（2013）实证研究发现，1991—2010 年，我国城镇居民消费不均衡程度有所上升，进一步分类分析表明，教育文化支出差距不断加剧。孔蕊（2014）采用 Lerman and Yitzhaki（1985）提出的收入分解方法，研究发现在 2007 年城镇居民的交通支出、教育文化娱乐支出对总消费不均衡的影响更大，而农村居民消费的居住支出对总消费不均衡的影响最大。赵达等（2017）研究发现，1993—2010 年，中国城镇地区消费不均衡呈现先快速上升后缓慢下降的趋势，消费不均衡在 18 年间增加了 67%。夏庆杰等（2019）使用 1995 年、2002 年和 2013 年的 CHIP 城市数据，采用基尼系数测算的城镇消费支出不均衡由 1995 年的 0.33 减少到 2002 年的 0.32，但 2013 年又回升到 0.36，且住房消费的不均衡程度远大于总消费的不均衡程度。

此外，个别学者使用了分布分析法测度消费不均衡变化趋势。谢邦昌和么海亮（2013）运用适应性核密度估计与相对分布法测度了我国 1995—2009 年的消费不均衡变化趋势，发现我国城镇家庭消费不均衡在扩大。还有学者采用拓展基尼系数法研究消费不均衡（戴平生和林文芳，2012）。

4. 多维不均衡的测度与分解

Kolm（1977）以及 Atkinson and Bourguignon（1982）较早地在不均衡领域研究中考虑到多维性。Kolm（1977）认为类似于对社会福利的分析，研究不均衡问题也应该从多个维度同时考虑；Atkinson and Bourguignon（1982）同样认为将多维性应用到不均衡问题研究中非常重要。然而遗憾的是，这些学者的研究仅停留在理论层面，没有提出量化多维不均衡指标的方法，也没有进行实证检验。而 Maasoumi（1986）提出了基于两个步骤的 Maasoumi 指数，成功量化了多维不均衡程度。

目前，学术界将多维不均衡的测度思想归纳为两种：第一种是先计算个体的福利水平，再根据测量单一维度不均衡的方法测度多维不均衡，主要包括 3 个指标，即 Maasoumi 指数、多维基尼系数和 Tsui 指数。第二种是根据现有的不均衡指数，例如基尼系数、集中指数等，构建多维不均衡指数，主要包括 Araar 指数。随着量化方法的提出，国外学者利用多维不均衡理论进行实证研究。Decancq and Ooghe（2010）测度了 100 多个国家在 1980—2008 年的收入、健康和教育三个维度的不均衡情况，通过 Tsui 指数实证发现世界不均衡状况有所改善。Decancq and Lugo（2012）利用俄罗斯 1995—2005 年的家庭数据，采用两类多维基尼系数进行测度，结果都显示基于消费、健康、住房质量和教育四个维度的不均衡状况有所改善。Justino（2012）基于 Maasoumi 指数从消费、教育和健康三个维度测度了越南多维不均衡程度，发现 1992—1998 年，越南的多维不均衡状况有所改善。Ruiz（2018）基于 Atkinson 指数构建基于不同人口的收入、财富和消费研究框架，将收入、财富和消费统称为物质条件指数，并将物质条件指数与单独收入不均衡进行对比，发现它们对居民的物质生活影响不同。

在国内，利用多维性思想进行的研究集中在多维贫困领域（王小林和 Alkire，2009；高艳云，2012），对于多维不均衡的研究非常滞后。目前有江求川（2015）采用 Tsui 指数从收入、健康和教育三个维度测度了我国福利不均衡水平，发现我国福利不均衡有加剧趋势。王曦璟和高艳云（2018）采用 Tsui 指数、多维基尼系数等多种方法从收入、教育和医疗三个维度测度我国福利不均衡水平，发现我国整体的福利不均衡程度有所提高，且收入不均衡对多维不均衡的贡献最大。而李萌等（2019）则采用 Araar 指数从收入、教育和健康三个维度分析我国福利不均衡状况，并进一步分解发现农村家庭的多维不均衡水平高于城镇，西部地区家庭的多维不均衡水平高于东部地区和中部地区。

三、收入、财富和消费不均衡的关联研究

经济不均衡问题不仅体现在收入、财富或消费的单一方面，也体现在三者不均衡之间的关联关系，目前国内外学者对收入、财富或消费之间的相关性研究主要集中在以下四个方面。

1. 收入不均衡与财富不均衡关联分析

家庭财富来自长期的收入积累，而累积的财富又通过投资固定资产、教育等方式决定居民收入，因此，收入不均衡与财富不均衡之间相互作用。收入不均衡与财富不均衡的变化趋势以及收敛性始终备受学者们关注，通过对经济理论模型提出严格假设和进行推导，大量学者讨论了收入

与财富不均衡的动态演化过程。Chatterjee（1994）、Caselli and Ventura（2000）、Li et al.（2000）等的研究说明，假设个人的能力不存在差异，也没有意外的经济冲击，在完全市场条件下实现的均衡增长路径就是收入不均衡与财富不均衡的稳态，并且这时的收入和财富分布完全均衡。而Becker and Tomes（1979）、Loury（1981）、Lucas（1992）、Mulligan et al.（1997）等的研究却表明，仅有在个人能力和外部冲击连续不断存在时，收入不均衡和财富不均衡才会持续下去。

王弟海和龚六堂（2006）讨论了收入和财富分配持续不均衡的动态演化过程，在偏好、个人能力和收入冲击连续不断存在时，在完全市场条件下，存在收入和财富分配的稳定不均衡状态。王弟海和龚六堂（2007）进一步讨论了连续性不均衡的动态变化，发现当存在经济增长时，连续的不均衡在长期会趋向收敛，且原始财富对很长时间的连续性不均衡的影响受到财富积累率和经济增长率二者关系的作用。Piketty（2014）将生产要素分类为劳动和资本，把国民收入分为劳动收入和资本收入两类，他提出了一个公式 r>g，认为财富不均衡连续扩大的关键因素是资本收益率大于经济增长率；而收入不均衡的扩大则会加剧财富不均衡，从而又加剧收入不均衡，如此恶性循环下去。

部分学者利用微观数据通过实证方法证实了收入和财富分布的正相关性，而已有的关于不均衡测度和分解的文献也表明收入不均衡和财富不均衡存在一定的相关性。例如，Meng（2007）实证研究发现，1995—2002年，收入高于平均水平的家庭比贫穷家庭积累了更多的财富，收入不均衡很大程度上会加剧财富不均衡。赵人伟（2007）通过对比分析收入和财产十等分后各组中城乡居民所占的百分比发现，无论是收入还是财富分布，低收入组的财产差距小于收入差距，中等收入组的财产差距大于收入差距，而高收入组的财产差距与收入差距基本持平。林芳等（2014）认为财富持有与收入之间有着正相关关系，而财富通过财产性收入来影响收入差距，意味着越富有的家庭，其财产性收入越多。靳永爱和谢宇（2015）考察了财富与收入的相关性，发现财富分布最底端家庭对应低收入家庭的比例更高，而财富分布最顶端家庭对应高收入家庭的比例更高。Saez and Zuman（2016）发现美国财富不均衡加剧是因为最高收入群体收入飙升的推动，收入不均衡与储蓄率不均衡加剧了财富不均衡。Kuhn et al.（2020）研究了美国 1949—2016 年的家庭收入和财富不均衡状况，发现收入不均衡在 20 世纪 70 年代上升，而财富不均衡在 20 世纪 80 年代后期才开始上升，收入不均衡扩大的时间早于财富不均衡；同时，财富不均衡程度一直比较稳定，但 2007 年房地产泡沫后，美国财富不均衡空前严重。王晶（2021）从收入不均衡与财富不均衡的关联性视角研究财富不均衡，发现财富不均衡远高于收入不均衡，收入不均衡通过储蓄差异、房产拥有和财产性收入等方面影响财富不均衡。

2. 收入不均衡与消费不均衡关联分析

部分学者在研究消费不均衡时，往往将消费不均衡变化趋势与收入不均衡变化趋势进行比较，且多采用消费基尼系数来观测消费不均衡，但侧重于单变量分布，而不是联合分布（Attanasio and Pistaferri, 2014；Fisher et al., 2015）。一些文献表明收入不均衡与消费不均衡没有显著关系。例如，Barrett et al.（2000）采用澳大利亚家庭调查数据研究发现，1975—1993 年，收入不均衡与消费不均衡都显著增加，且消费不均衡增长幅度更小，整体上消费比收入更均衡。Krueger and Perri（2006）实证表明收入不均衡加剧的同时消费不均衡并未加剧，且消费不均衡的增长比收入不均衡的增长更为温和，这也与 Slesnick（1994）的结论相似。

也有学者发现收入不均衡加剧了消费不均衡。Attanasio and Pistaferri（2014）利用消费者支出调查（CE）数据，发现 1980—2010 年美国国内消费不均衡的增长幅度几乎与收入不均衡的增长幅度相当。Attanasio and Pistaferri（2016）进一步研究消费构成和流动性后，发现在非耐用品和服务消费方面的不均衡在过去几十年里大幅度增加，与此同时工资和收入不均衡也在增加。Aguiar and Bils（2015）同样利用消费者支出调查（CE）数据，审视美国过去 30 年收入不均衡的加剧在多大程度上反映在了消费不均衡上，发现 1980—2007 年消费不均衡与收入不均衡密切相关。孙豪等（2017）发现整体上消费不均衡低于收入不均衡，收入基尼系数一直稳定在 0.4 以上；消费不均衡在 2009 年后有所下降，其基尼系数小于 0.4，但收入不均衡会引致消费不均衡。夏庆杰等（2019）发现中国城市家庭消费支出不均衡的变化趋势与居民收入不均衡变化趋势一致，且变化幅度更大。另有研究发现收入差距对消费不均衡的影响在地区、城乡等之间存在差异（储德银 等，2013）。

3. 财富不均衡与消费不均衡关联分析

少部分学者将财富不均衡与消费不均衡的趋势进行比较，Subramanian and Jayaraj（2013）利用不同测度指标分析了印度消费支出和家庭财富分配不均衡的变化趋势，发现消费支出和资产所有权水平的差异并没有随着时间的推移而出现明显的增长趋势，这与对印度经济不均衡加剧的普遍看法不符。Magalhães and Santaeulàlia-Llopis（2018）使用世界上最贫穷的三个国家——马拉维、坦桑尼亚和乌干达的住户调查数据，发现财富与消费不均衡的关系比收入与消费不均衡的关系弱，意味着财富冲击对消费不均衡的影响小于收入冲击。

而王凤（2017）按照财富的多少将样本分为 7 组，测算各组的消费基尼系数发现，低财富组家庭在食品和居住方面的消费差距最小，最低财富组和最高财富组家庭在生活用品及服务方面差别很大；且医疗保健支出不均衡程度在各组中都最大；随着财富的增加，衣着的消费基尼系数越来越小，呈现下降的趋势，在衣着方面的不均衡程度越来越小。

4. 收入、财富和消费不均衡关联分析

较少学者将收入、财富和消费三者同时结合起来研究。其中，部分学者将研究重点放在三者之间不均衡程度的比较上，如 Brzozowski et al.（2010）使用不同调查数据研究加拿大的收入、财富和消费分配，发现工资和收入不均衡显著加剧，但这种增长在很大程度上被税收和转移制度抵消了，因此，消费不均衡的上升相对温和；且自 1999 年以来，财富差距一直相当稳定。Heathcote et al.（2010）将收入、财富和消费不均衡结合在一起研究，但他们对收入、财富和消费的衡量采用了不同的数据。马万超和李辉（2017）使用面板数据构建固定效应模型，研究发现收入差距可以提高消费需求，但财富差距抑制了消费需求，且财富差距的抑制作用是收入差距促进作用的 3.44 倍。Magalhães and Santaeulàlia-Llopis（2018）使用世界上最贫穷的三个国家——马拉维、坦桑尼亚和乌干达的住户调查数据，发现财富不均衡大于收入不均衡，收入不均衡大于消费不均衡。Anghel et al.（2018）分析了西班牙在 2008 年经济危机时期和 2008 年后经济复苏时期的不均衡演变过程，发现相比于其他 OECD 国家，西班牙在经济危机时期，家庭收入不均衡、财富不均衡和消费不均衡都有所加剧，在 2008—2014 年的经济复苏时期，失业率下降改善了收入不均衡，从而改善财富和消费不均衡。从总体上看，财富不均衡大于收入不均衡，消费不均衡程度最低。

另有学者分析三者之间的联合分布情况，如 Fisher et al.（2016）考察了同一家庭的收入、财富和消费分配状况，1999—2013 年，收入不均衡、财富不均衡与消费不均衡程度都有所扩大，一些消费支出较高的家庭收入较低，一些高财富家庭消费适度但收入也较低，说明财富能缓冲收入的变动。Fisher et al.（2021）利用 1989—2016 年美国消费者金融调查（SCF）中的收入、财富和消费三个维度的同一家庭数据，进一步研究三者不均衡程度，发现三维不均衡增加速度远大于一维和二维不均衡增加的速度。

四、经济不均衡与机会不均衡研究

近年来，国内外学者逐渐由结果不均衡转向机会不均衡来探讨收入分配问题，从机会不均衡角度探讨经济不均衡扩大的原因。探讨机会不均衡问题有助于解决与经济不均衡加剧有关的社会问题。一方面，从机会不均衡角度探讨经济不均衡的成因是一种新思路。造成贫富差距的因素众多，人们容易理解由个人努力程度不同造成的贫富差距，但很难接受由家庭背景、性别或出生地等自身无法控制的外部因素造成的贫富差距（Fleurbaey，2008）。另一方面，从机会不均衡角度探讨经济不均衡为制定缓和社会矛盾的公共政策提供了新思路。已有文献利用诸如调查数据（Gaertner and Schwettmann，2007）、实验数据（Almås et al.，2010）等不同数据的研究结果都说明，若人们能够获得公平的收入机会，则认为收入不均衡程度较低；若人们不能够获得公平的收入机会，则认为收入不均衡程度较高。

1. 收入不均衡与机会不均衡分析

最早对"机会不均衡"问题进行研究的是 20 世纪 60 年代末和 70 年代早期的一些哲学家（Hanoch，1967；Weiss，1970；Bowles，1972），而 Roemer（1993，1998）率先界定了机会不均衡概念，并将其运用到经济学的分析中，创造了一个新的理论框架，即机会不均衡的环境-努力二元因素分析框架。基于 Roemer 的理论框架，学者们陆续测量了各个国家的机会不均衡程度，其测量方法主要分为两类：非参数法和参数法。对于非参数法的运用，Lefranc et al.（2008）采用一阶占优方法对比了 9 个发达国家收入不均衡中的机会不均衡程度，发现美国和意大利的收入机会不均衡程度较高。Checchi and Peragine（2010）采用非参数法测度了意大利机会不均衡占总收入不均衡的 20%。然而，非参数方法有一定的限制，适用于组别很少的情况，因为随着组别的增多，对应每个组别的观察值个数减少，会造成测算的机会不均衡系数偏小。所以，大量学者采用参数方法进行研究。Bourguignon et al.（2007）基于父亲教育、母亲教育、父亲职业、种族以及出生地 5 个环境变量，采用参数法测度了巴西的收入机会不均衡，发现父母教育对收入机会不均衡的影响最大。Singh（2012）采用参数方法估计显示，印度城市男性面临的收入机会不均衡大于农村男性，父母教育对印度男性收入机会不均衡的贡献率最大。其他的研究还包括 Marrero and Rodríguez（2012）测算了 23 个欧洲国家 2005 年的机会不均衡程度；Ferreira and Gignoux（2008）测算了 6 个拉丁美洲国家的机会不均衡下限；Ramos and Van（2016）对已有关于机会不均衡测算文献中使用的方法进行对比研究。

伴随研究的不断深入，部分国外学者从代际流动入手分析收入差距中的机会不均衡问题。Figueiredo and Ziegelmann（2010）认为如果父辈属于较低收入阶层，其子女不得不付出更大的代价才能越过父辈的收入层级。Zhang and Eriksson（2010）研究了 1989—2006 年的中国收入机会不均衡状况，发现父母的收入、父母的职业类型解释了约三分之二的收入机会不均衡，相比而言，父母教育的贡献率较低。Björklund et al.（2012）发现，在瑞典，收入顶端的代际传递非常明显，特别是在收入顶端 0.1% 群体中，代际弹性约为 0.9。Arawatari and Ono（2013）研究经合组织国家发现，大多数经合组织成员国的不均衡与流动性负相关。

近年来，国内学者也使用参数法和非参数法对收入不均衡中的机会不均衡问题展开研究。江求川等（2014）采用非参数法研究发现，我国城市居民面临较为严重的机会不均衡，1996—2008 年，收入的机会不均衡在加剧。宋扬（2017）采用参数法测算的我国收入机会不均衡在 27% 以上，并采用 Oaxaca-Blinder 分解方法进一步探究了机会不均衡的作用机制，发现我国机会不均衡主要是家庭背景、教育代际固化以及劳动力市场歧视导致的。董丽霞（2018）采用参数法测度的我国收入中的机会不均衡约为 0.1，且家庭收入和出生地对子女收入机会不均衡的贡献率最大。李莹和吕光明（2019）研究发现在机会不均衡程度方面，农村高于城镇、女性高于男性、"80"后群体低于"50"后至"70"后群体；年龄、性别、户籍和出生地等个体特征是影响机会不均衡程度最大的一类环境因素。蔡媛媛等（2020）发现，1989—2004 年，我国收入的机会不均衡连续上升；而

2005—2014 年，呈现波动性下降趋势，且以父代收入为代表的家庭背景对机会不均衡的贡献度有所提高。

2. 财富不均衡与机会不均衡分析

财富与环境变量联合数据的缺失导致较少学者利用机会不均衡理论分析财富不均衡问题（Palomino et al.，2017）。Ferreira et al.（2011）研究土耳其财富机会不均衡，发现造成财富机会不均衡因素中环境因素重要程度由高到低的是妇女出生地、父亲教育、母亲教育和兄弟姐妹数量。Johnson（2014）认为美国日益根深蒂固的财富代际传递是造成种族财富差距的根源，并且财富机会不均衡还体现在教育资源上，美国学校呈现越来越多的种族和阶级隔离。Palomino et al.（2017）研究发现西班牙财富的机会不均衡比收入的机会不均衡程度更高，财富不均衡中的 48.97% 是由机会不均衡造成的，而收入不均衡中这个比例为 33.46%，并且遗产继承导致了较高的财富机会不均衡。

3. 消费不均衡与机会不均衡分析

Anwar（2009）发现 2001—2004 年，巴基斯坦消费不均衡中的机会不均衡有所加剧，且城市居民的消费机会不均衡程度比农村居民更为严重。Assaad et al.（2018）研究了埃及 1988—2002 年工资和消费中的机会不均衡变化趋势，发现总体消费不均衡中环境造成的机会不均衡程度在下降，出生地因素在消费机会不均衡各因素中的重要程度在下降。且在工资和消费方面，中产阶级家庭出生的人的消费向下层家庭出生的人倾斜，而下层家庭和上层家庭的消费差距缩小了。而 González-Eguino（2015）认为不均衡也反映在能源消费上，Shi（2019）首次尝试将机会不均衡框架运用到中国能源消费上，探讨性别、户籍、家庭背景、出生地区等因素对中国能源消费支出不均衡的影响，提出中国政府应对西部农村女性等提供更多的财政支持。

五、不均衡的改善与反事实研究

1. 不均衡的改善路径

（1）调节收入

王曦璟和高艳云（2018）认为有效提升贫困人口的收入是缩小不均衡的首要因素，拓展贫困人口的收入渠道成为当务之急；而王晶（2021）则认为中等收入群体是维护社会稳定的主要力量，是促进消费的主要动力，因此，可在一定程度上提高中等收入群体的收入水平。

（2）提高教育水平

苹果公司首席执行官库克（2018）指出，教育是改善全球不均衡最好的方式。大多数学者认为提升底层家庭的教育水平，可以为底层家庭提供一个更加公平的起点。注重教育资源向低收入、低财富家庭倾斜，适当增加义务教育阶段的公共支出比例，有利于提高教育水平和缩小不均衡（杨娟 等，2015）。

（3）制定公平的制度

制度公平即制定保障机会均衡的制度。公平的制度是一套保证起点公平、过程公平和结果公平的完整制度体系。邵红伟（2017）认为，制度可以消除环境因素引起的机会不均衡，是实现理想状态的收入分配的关键因素，制度越公平，不均衡程度越低。江求川（2015）认为，应完善市场竞争制度和人力资本市场，促进社会阶层流动；并完善财税制度，为居民创造享受教育、医疗卫生等方面公共服务的公平机会，在公平和效率之间寻求平衡。

（4）促进金融发展

宋文文（2013）认为金融发展改善收入不均衡存在直接机制和间接机制。直接机制就是促进金融发展、减少金融摩擦，允许更多的穷人获得外部融资，从而减少不均衡；间接机制就是金融发展能够提高资源配置效率，促进经济增长，增加对劳动力的需求，从而改善不均衡。顾国达和吴宛珊（2019）发现金融包容性有助于降低收入不均衡，因此，改善金融服务，能让更多的低收入群体获得融资以促进就业、创业与多元化投资，从而改善不均衡状况。

（5）优化税制结构

在个人所得税方面，安体富（2016）认为应该区别纳税人收入的不同情况，实行有差别的费用扣除标准，以发挥个人所得税调节收入分配的功能。王凯风和吴超林（2021）认为中国个人所得税制度改革重点宜集中在税率表（而非免征额）的优化调整上，从而更大限度地发挥个税的初次分配功能。在房产税方面，詹鹏和李实（2015）认为在固定比例税率下，房产税的再分配效果最强，采用家庭总住房面积作为减免依据的调节效果好于人均住房面积。在遗产税方面，李华和王雁（2015）认为我国开征遗产税的时机已经到来，开征遗产税能够有效缩小贫富差距。蔡诚和杨澄宇

（2018）认为遗产税确实可以降低财富的不均衡程度。在消费税方面，万莹和徐崇波（2020）认为高、低收入者的消费差异较大，居民收入差距越来越多地表现在教育、旅游、娱乐等服务消费领域，而非物质消费领域，因此，将消费税征税范围扩大到服务型消费，能有效调节收入分配。

（6）完善社会保障制度

李实等（2017）发现中国的社会保障制度在调节收入分配方面的作用非常有限，建议在社会保障缴费上，需要增强缴费的累进性，即实际费用要与个人收入水平相对应问题。杨晶等（2019）认为政府要加大对贫困家庭的财政补贴，大力提高城乡居民的养老保险参与率，制定城乡一体化的养老保险制度，从而有效改善不均衡。

（7）深化经济体制改革

宋桂霞和程云鹤（2011）认为应进一步完善现代产权制度和现代企业制度，建立健全要素市场体系，完善社会主义市场经济体制，从而提高国民经济的整体水平和国际市场竞争力。孙豪等（2017）认为应从深化体制改革入手改善不均衡，主要包括：一是发挥市场配置资源的决定性作用，摆脱体制机制的束缚，加快要素流动；二是放宽户籍限制，加快推进农村土地流转，强化职业培训，提高农村富余劳动力融入城市和参与市场经济活动的能力；三是激发群众的智慧和创造力，促进社会纵向流动；四是深化行政审批制度改革，通过简政放权，建设服务型政府；五是降低行业准入门槛，促进民营经济发展。

（8）其他方面

还有学者从人口老龄化（范洪敏，2018）、改善营商环境（赖先进，2021）、环境污染（盛鹏飞，2017）、城市化发展（王晶，2021）等方面探讨其改善不均衡的效果。

2. 反事实分析

反事实分析法是指在保持其他条件不变的情况下对研究因素做出与事实相反的假定后进行测算得出反事实值，通过对比被解释变量的反事实值与真实值，得出研究因素的变化对被解释变量的影响程度。诺贝尔经济学奖得主 Fogel（1964）将此方法首次应用至经济学领域。他将反事实法结合经济学理论进行实证分析，验证了 19 世纪美国铁路运输的开通对美国经济增长的贡献。在计量经济学的发展史中，Fogel 的研究迈出了里程碑式一步，许多经济学家都用这个方法来分析不同国家铁路开通的贡献，之后，反事实分析法就被用于不同领域的经济研究。

Machado and Mata（2005）首次在工资分布变动分析中融入了反事实分析思想，在分位数上利用反事实分析，研究产生工资差异的原因。Martinez-Sanchis et al.（2012）也使用反事实分析探究能力变化对工资的影响。陈雪娟和余向华（2019）基于分位数回归与反事实分解，实证分析了我国不同改革阶段部门工资差异的异质性分布和来源问题。

此外，Nguyen et al.（2007）采用 1993—1998 年的越南数据，利用反事实分析法从异质性变量和回报率差异两种因素入手解释城乡消费差异。赵卫亚和袁军江（2013）通过构造反事实消费率研究消费差异的成因，发现地区经济差距、收入差距是消费不均衡加剧的主要因素。孙巍和苏鹏（2013）则采用反事实分析法将收入分布变迁进行分解，发现我国居民在整体上受益于经济发展成果，但不同群体受益不同导致了收入差距扩大。杨程博等（2019）利用收入分布变迁的反事实分解变量对居民消费进行无条件分位数回归分析。

近年来，反事实分析在政策评价领域展开运用，Hsiao et al.（2012）利用反事实分析来评估香港回归对香港经济的影响。Zhang et al.（2014）使用反事实分析来评估美国-加拿大自由贸易协定对加拿大经济的影响。而 Ouyang and Peng（2015）利用反事实分析法分析中国 2008 年经济刺激方案的影响。在某种程度上，传统反事实的双重差分、匹配等非实验方法的一些缺陷得到了改进。而王曦璟（2019）创造性地将反事实思想用于改善不均衡方式探索角度的研究，并采用模型来量化估计。她将特征因素对应直接改善方法，将回报率变化对应间接改善方法，探讨了无男女性别差异、无城乡差异等对多维不均衡的改善效果。

六、文献评述

通过对国内外现有文献的整合，可以发现经济不均衡具有多维性，单一的收入、财富或消费不均衡不能反映整体居民经济不均衡程度。学者们在单一维度不均衡的测度、成因分析、影响后果等方面取得了一系列重要成果，值得我们借鉴学习，但就现有的研究来看，仍有以下三个问题值得深入研究。

第一，将收入不均衡、财富不均衡和消费不均衡结合起来，从整体上综合研究经济不均衡问题。虽然学术界一直非常重视居民经济不均衡问题的研究，利用一些大型入户调查项目的数据，在经济不均衡的测度与分解、形成原因、变化趋势、影响后果和治理方案等方面都有所突破。但从现有的研究成果来看，学者们对于经济不均衡的研究大多围绕单一维度来进行考察，研究的视域较为片面。虽然收入不均衡、财富不均衡或消费不均衡都是经济不均衡的一种表现形式，且三者之间相互联系，但其成因机制、严重程度、影响后果等又存在很大的差异性，因而单一维度的分析路径难以从根本上全面地阐明社会经济发展成果的分配状况。因此，本书将收入、财富和消费分配状况相结合，从多维视角来探究经济不均衡问题。

第二，深入探究收入不均衡、财富不均衡和消费不均衡三者之间的关联性。财富是由经年累月的收入转化积淀而形成的，财富可以带来财产性收入，收入和财富可以用来消费，形成家庭人力资本积累，而人力资本积累又可以带来收入和财富。收入、财富决定了消费，但消费并不必然地取决于居民的收入和财富，包括社会保障在内的由公共服务提供的公共消费，对居民的消费亦有重大影响。对经济不均衡问题的考察，从短期看，控制收入差距更重要；从未来看，控制消费差距更重要；从发展看，控制财富差距更重要。但仅从一个方面入手，是无法综合考察经济不均衡程度的。现有文献对三者的关联性和动态演化的研究大多集中于理论范畴，在诸多严格的假设条件下对收入、财富和消费的动态演化进行严格的理论推导。这些经济理论的研究不仅尚未达成一致，也很难对复杂的现实问题进行解释。目前少量关于收入不均衡、财富不均衡和消费不均衡关联性的实证研究，是基于微观调查数据用统计学和统计方法对收入、财富和消费不均衡的某一个或两个方面进行比较和分解，缺乏对收入、财富和消费三者在统一框架下的关联性的深入探讨。本书希望立足于家庭收入、财富和消费之间的互动关系，对收入、财富和消费三者多维不均衡程度、相互关联路径和机制进行分析，并对最终形成的影响关系进行量化测度。

第三，从机会与努力角度来理解经济不均衡成因问题。经济不均衡是结果的不均衡，分析结果不均衡在多大程度上是由机会与努力导致的非常有意义。然而，从多维角度探讨机会不均衡的理论尚不成熟，目前大多从收入维度入手进行研究，而少有文献从财富视角探讨中国的机会不均衡问题。引起财富差距的因素有很多，个人无法左右的外生因素（如家庭背景、性别和出生地点等）导致的差距很难被人们接受，而自身的努力程度不同导致的差距却容易被社会大众接受。由经济不均衡引发的各种社会矛盾更多地体现了人们对机会不均衡的不满。本书希望通过分析机会不均衡的程度，探讨机会不均衡的各种内在结构特征，为深刻理解我国城乡居民面临的机会不均衡提供依据。

第三节　研究内容与思路

一、研究内容

本书的研究目的有三：第一是从收入、财富和消费多维视角测度中国经济不均衡程度；第二是探究收入、财富与消费不均衡间的关联关系，为后续解决问题寻找路径；第三是从机会与努力视角分析中国经济不均衡的成因。具体而言，主要分为以下七个部分。

第一章导论作为全书的统领性概述，全面详细地介绍了本书选题背景及意义；评述现有文献研究成果，阐述本书研究思路、主要内容、结构以及主要创新点。

第二章是概念界定与理论基础，作为本书研究的理论基础。本章首先对经济不均衡进行准确的概念界定，为理论分析奠定概念基础。其次，使用收入不均衡理论、财富不均衡理论、消费不均衡理论、机会不均衡理论和再分配理论作为分析中国经济不均衡问题的理论基础。最后，以生命周期理论与持久收入假说为基础构建收入、财富与消费的理论模型，通过方差分解法推导收入不均衡、财富不均衡和消费不均衡的作用机制，并详细阐述收入不均衡、财富不均衡和消费不均衡的作用路径。

第三章是经济不均衡的分布、测度与分解。首先，描述收入、财富和消费在一维、二维和三维上的联合分布情况。其次，采用基尼系数和 Atkinson 指数分别测度收入、财富和消费在单一维度上的不均衡程度。再次，采用单维合成多维、Tsui 指数和多维基尼系数，测度收入、财富与消费三个维度的中国经济不均衡程度及其演变趋势。最后，基于 Tsui 指数对经济不均衡进行分解。

第四章是经济不均衡的关联性分析。首先，基于 Tsui 1 指数分解法给出收入、财富与消费不均衡间的关系框架。其次，用基于回归方程的 Oaxaca-Blinder 分解法初步探讨收入、财富与消费不均衡间的关系。最后，基于 RIF 无条件分位数回归模型进一步深入探讨收入、财富与消费不均衡间的作用机制。

第五章是从机会与努力角度分析中国经济不均衡的成因。由于第三章的分解结果表明财富不均衡是影响中国居民经济不均衡的最主要因素，所以第五章探讨的是机会与努力对财富不均衡的影响。首先，采用参数法分别测度全样本、分城乡、分性别、分继承以及分年龄段居民的财富机会不均衡程度。其次，根据 Shapley 值分解法计算各环境因素对机会不均衡的贡献率。最后，分析努力对机会不均衡的消解作用。

第六章是经济不均衡的改善研究。本章采用反事实分析的思想，分别从现金转移支付、税收、城乡、教育四个方面探索了再分配政策改善经济不均衡的效果。

第七章为结论和建议。主要根据前文的研究成果，归纳出本书的研究结论，同时根据第五章的不均衡成因分析、第六章的再分配政策改善效果分析提出对应的政策建议。最后给出本书研究的不足并展望进一步研究的空间。

本书以第二章理论分析为基础，主要内容包括第二章至第六章。第二章建立收入、财富和消费之间的理论框架，是后续研究的基础；第三章从收入、财富与消费三个维度量化经济不均衡程度，其测度结果贯穿第四章；第四章首先根据第三章的分解结果指明收入、财富与消费不均衡间相互作用的方向，为后续采用的 Oaxaca-Binder 分解法与 RIF 无条件分位数回归模型提供重要参考；第五章从机会与努力视角分析经济不均衡成因，为第六章的再分配政策的改善路径与第七章政策建议明确了方向；第六章是在第四章的关联性框架和第五章的成因分析基础上，采用反事实分析法对再分配政策的调节效果进行探讨；最后得出第七章的结论和政策建议。

二、研究思路

根据本书的研究目的和研究内容，在具体研究过程中，本书将按照"提出问题—理论分析—实证研究—政策建议"的研究思路进行相关研究。研究思路为：

第一步，提出问题。首先结合研究背景和国内外文献综述的内容，指出从收入、财富和消费多维视角研究中国居民经济不均衡问题的重要性和必要性。

第二步，理论分析。运用生命周期理论和持久收入假说从收入、财富和消费三个维度建立系统的理论分析框架，探讨三者之间的作用机理。

第三步，实证分析。首先基于单一维度合成多维不均衡、Tsui 指数和多维基尼系数测度中国经济不均衡程度和演变趋势，并运用基于回归方程的 Oaxaca-Blinder 分解法、RIF 无条件分位数回归模型探讨收入不均衡、财富不均衡和消费不均衡三者之间的关联性并对这种关联关系进行量化；其次，采用参数法分别测度机会与努力对中国经济不均衡的影响；最后，基于反事实分析方法分析再分配政策的改善效果。

第四步，政策建议。在全面总结中国经济不均衡程度、趋势、成因和改善路径基础上，提出改善中国经济不均衡的政策建议。

在提出本书的研究主题、阐述研究背景、总结研究现状和不足之后，本书就多维经济不均衡的测度与分解，收入、财富与消费不均衡间的关联关系，经济不均衡中的机会不均衡问题展开了深入分析，再根据反事实改善路径的研究结果以及本书相关结论提出对应的政策建议。

第四节　研究方法

本书交叉运用了经济学、政治学、社会学、计量经济学、统计学等学科知识来分析中国经济不均衡问题，主要采用了文献分析法、规范分析法和实证分析法。

一、文献分析法

本书涉及经济学、社会学和政治学等学科，尤其是早期政治哲学中有关均衡问题的争论积累了大量文献。本书对国内外已有的不均衡文献进行了梳理，按照一定的逻辑结构进行归纳总结，重点关注多维经济不均衡测度、关联性以及成因研究。通过对已有关于经济不均衡文献的梳理与归纳，可以保证本书的合理性、严谨性和前沿性。

二、规范分析法

第二章运用规范分析法，从理论上弄清收入、财富和消费三者之间的关系和作用机理，为研究三者不均衡之间的关系作理论铺垫，为后面的实证分析奠定了理论基础。本书从收入、财富与消费三个维度探讨的经济不均衡问题更为复杂，以生命周期理论与持久收入假说为理论模型构建的依据，可以描述收入、财富和消费之间的影响机制，使得本书更加严谨和完善。

三、实证分析法

本书研究的最终目的是试图解释中国目前居民经济不均衡问题，所有的理论分析最终仍然是为实证研究服务的。本书第三章的实证方法不同于通常的计量经济学实证方法，各种检验过程和测度指标都需要自行编程才能完成。在测度完中国居民经济不均衡程度后，运用基于回归方程的Oaxaca-Blinder分解法、RIF无条件分位数回归模型探讨收入、财富与消费不均衡间的关联性，并采用参数法测度中国经济不均衡中的财富机会不均衡程度以及努力对机会不均衡的消解作用，最后使用反事实分析法探讨经济不均衡的改善路径和效果。

第五节　本书的创新点

本书的重点难点是同时考察收入、财富和消费三个维度，测度中国多维经济不均衡程度，探究三者不均衡间的关联关系以及从机会与努力角度分析经济不均衡的成因。基于归纳、分析、总结国内外已有成果，本书的主要创新之处在于：

第一，研究视角创新。国内外研究经济不均衡的文献很丰富，众多学者已经从不同角度研究了中国居民经济不均衡问题。研究视角有收入维度、财富维度和消费维度等。与上述研究居民经济不均衡的文献不同的是，本书将收入、财富和消费三者纳入一个整体框架，弥补了以往文献仅从收入、财富与消费的一个或两个方面研究的不足。

第二，研究内容的创新。本书科学测度了基于收入、财富与消费三个维度的多维经济不均衡。以往研究通过测算收入、财富或消费单一维度的不均衡程度来代表经济不均衡程度，研究视域较为片面，虽然收入不均衡、财富不均衡或消费不均衡都是经济不均衡的一种表现形式，但三者之间相互联系，并且其成因机制、严重程度、影响后果等又存在很大的差异性，因而单一维度的分析路径难以从根本上全面、准确地反映真正的经济不均衡状况。因此，本书将收入、财富和消费三个维度相结合，从多维视角来探究经济不均衡问题。

第三，本书清晰地反映出各维度不均衡之间的关联性对中国经济不均衡的影响以及收入、财富与消费三者之间的关联关系。已有的关于不均衡关联性的文献，并没有重点关注过收入、财富和消费不均衡之间的相互作用关系，也不清楚这三个因素在中国居民经济不均衡中的相对重要性，即不均衡与不均衡的关系。本书通过对经济不均衡的分解，将总体不均衡分解为收入、财富、消费和三者相关性四种因素之和，从而为分析它们的相对重要性提供了依据，并实证分析了三者之间的相互作用路径。

第四，本书从机会与努力视角对造成中国居民经济不均衡的原因进行新的审视，尤其是对机会不均衡的结构特征（城乡间、性别间、区域间、有无继承间、年龄组间的差异）进行了深入的探讨。已有文献大多是关于收入的机会不均衡研究，较少关注财富差距中的机会不均衡问题。本书不仅测度了财富的机会不均衡程度，而且从城乡、性别、有无继承、东中西部地区、不同年龄组等方面详细探讨了财富机会不均衡的差异，并将努力纳入财富机会不均衡研究，为中国居民经济不均衡的成因研究提供了更新、更深的认识。

第五，本书采用反事实分析法探讨了再分配政策对经济不均衡的改善效果。已有的关于反事实分析的文献中，甚少有学者将其运用到经济不均衡领域，而本书采用反事实分析方法，从现金转移支付、税收、城乡、教育四个方面探索了再分配政策改善经济不均衡的效果，为提出合理有效降低经济不均衡程度的政策建议提供依据。

第二章　概念界定与理论基础

第一节　概念界定

一、差距、不均衡与不公平

差距、不均衡与不公平，常常在收入分配领域相关研究中被用来形容每个家庭和个体的经济资源的差异。该差异的产生原因不胜枚举，总的来说可以分为合理性差异与非合理性差异。其中，合理性差异主要包括个体差异等主观原因，如个人能力、个体偏好等，非合理性差异更多指向客观不能由个体改变的原因，如社会分配制度、历史条件、经济环境等。采用差距、不均衡的描述，通常不掺杂主观臆断，不会包括个体对于差异的价值判断，然而不公平一词则包含公平与否、合理与否的价值判断。万广华（2009）认为严重的不均衡往往会上升为不公平，而如果有相当比例的人感受到不公平时，与之相关的不均衡就会带来犯罪、骚乱甚至暴动。

同时，我们也不能把收入不均衡与收入分配不公两个概念相混淆。合理的收入不均衡有利于市场经济竞争机制的发挥，形成"你追我赶"的竞争格局，能促进生产力的发展。如果不允许收入不均衡存在，则会走平均主义的老路，干多干少一个样，而平均主义本质上就是一种收入分配不公（薛宝贵和何炼成，2015）。

本书认为收入不均衡问题的关键并不在于富人和穷人存在收入差距，而在于缺乏公平。不均衡不等于不公平，Starmans et al.（2017）认为人们宁可要公平的不均衡，也不要不公平的均衡。一个没有贫富差距的社会反而没有公平可言，研究经济不均衡的目的并不是衡量不均衡的大小或者劫富济贫，而是在于不均衡带来的不公平问题，是否有人得到优待？是否有人受到不公平的对待？

二、经济不均衡

经济增长带来了生活水平的提升，但同时也导致了国与国之间以及国家内部贫富差距的进一步扩大。Deaton（2013）认为当生活改善时，并非所有人都会因此受益，而正因为有人受益有人未受益，所以生活的改善往往会扩大人们之间的差距，而变化往往会带来不均衡。不均衡可能让落后地区看到崭新的机遇，因此，不均衡会促进落后地区的发展；同时，不均衡也可能阻碍物质进步，如果社会发展成果被集中于极少数人手中，经济增长就会受到遏制，甚至影响内需、加剧贫困（万广华，2009）。

本书认为的经济不均衡客观描述了群体之间的经济指标差异，虽然不均衡在城乡、地区间的差距明显，但本书仅从居民角度分析，不包括区域间等的经济不均衡问题，即仅指不同群体、不同个体之间在天赋、努力等内在因素和制度、分配等外在因素上的差异。由于这种差异是客观的，故本书不评价这种差异的合理性。参照维基百科中对"economic inequality"的解释①，本书认同经济不均衡是一个中性词。然而绝对均衡是不存在的，亦是不合理的，因为绝对均衡意味着经济资源均匀分布，也就是说每个个体所占经济资源并无异同，缺乏效率也是这种均衡的代价。长期以来，经济不均衡被理解为一个一维概念，仅指以收入不均衡、财富不均衡或消费不均衡的单个指标来代表经济不均衡，即学者们仅从收入、财富或消费的单一维度看待经济不均衡问题，也就是一维不均衡。

Kolm（1977）最早把福利多维性思想应用在不均衡理论的研究之中，Atkinson and Bourguignon（1982）紧跟其后。两者都强调了多维福利分析的重要性和必要性。随着福利衡量标准从单一的收入维度转向多维，衡量物质生活水平的指标也从单一维度转向多维。接着，Stiglitz et al.（2009）在经济发展和社会进步测量委员会（Commission on the Measurement of Economic Performance and Social Progress）报告中曾提出，"衡量物质生活水平分配的最相关指标可能是基于共同考虑家庭或个人的收入、消费和财富状况"，即衡量物质生活水平时同样需要从多维视角进行研究。在 2017 年，OECD 和欧盟统计局就组建了一个衡量多维不均衡的专家组，且欧盟统计局已经发布了关于收入、财富与消费联合分布的统计数据（OECD，2020；

---

① 维基百科中对经济不均衡的解释是"difference in economic well-being between population groups"。

Zwijnenburg，2020）。而 Ruiz（2018）也在前人研究基础上，基于 Atkinson（1970）的测度方法，构建物质条件指数（material condition index，MCI），将收入、财富和消费纳入统一框架研究经济不均衡程度。

因此，本书认为多维经济不均衡是指对经济不均衡的刻画应该同时从收入不均衡、财富不均衡和消费不均衡三个维度入手，因为家庭或个人的物质生活水平是收入、消费和财富共同作用的结果，将三个维度放到统一框架下研究能更全面地刻画我国经济不均衡程度和趋势。

三、机会不均衡

经济不均衡既然是对差异的客观描述，那么经济不均衡在多大程度上是"公平的"，而在多大程度上是"不公平"的？经济学家 Roemer（1998）最先将机会不均衡的思想运用到经济学的研究领域当中，他认为导致不均衡现象出现的缘由可以分为两类。即机会不均衡的出现一方面是价值观、职业观的不同而导致的个体自身努力程度等的主观差异；另一方面则是客观因素的影响，即更大程度受制于出生地、父母受教育程度、家庭条件以及背景等社会经济因素的影响。Roemer（2015）进一步认为，不均衡的合理性差异便是个体自身努力程度不同导致的差异；相反，不合理的差异则来源于客观环境，如制度、区域、家庭背景等差异导致的不均衡，而这种客观不均衡差异便是其提出的机会不均衡。

因此，本书的机会不均衡是指由个人无法左右的因素导致的物质生活水平差距，是现代社会公正理论中最受关注的焦点问题之一①②③。

---

① CHECCHI D, PERAGINE V. Inequality of opportunity in Italy [J]. The journal of economic inequality, 2010, 8（4）: 429-450.

② FERREIRA F H G, GIGNOUX J, ARAN M. Measuring inequality of opportunity with imperfect data: the case of Turkey [J]. The journal of economic inequality, 2011, 9（4）: 651-680.

③ 江求川，任洁，张克中. 中国城市居民机会不均衡研究 [J]. 世界经济，2014, 37（4）: 111-138.

第二节　理论基础

一、收入不均衡理论

收入分配是经济学永恒的话题，也是世界性难题。它与公平正义、经济发展质量密切相关，也是直接关系到民生的改善和人民能否共享发展成果的重点。但是，收入分配差距与收入不均衡却一直都存在，那么，为什么会出现收入不均衡？我们从古典学派收入分配理论、新古典学派收入分配理论、当代收入分配理论进行分析。

（一）经济学中的收入不均衡

以威廉·配第、亚当·斯密、李嘉图和马克思等为代表的古典经济学派学者推崇自由主义学说。配第经过研究发现，农产品的生产费用是由工资和种子构成的，其中，由农业工人所生产出来的地租是从总产品中减去生产费用后的余下部分，它的价值超过了工资和种子的那部分生产费用，被看成全部的剩余价值①。雇佣工人的劳动剩余是社会收入的源泉，在研究讨论地租从哪里来的问题时，配第首次提出了劳动价值论，并在此基础上，进一步分析讨论了工资、地租、利息和土地价格等在资本主义条件下的价值问题。基于此，他初步地揭示了发达资本主义社会中不同阶级存在经济上的矛盾、对立关系，由此奠定了古典政治经济学分配理论的基础。其局限性在于，配第所研究的剩余价值仅仅是基于租金的特殊形式，受到各种条件的制约，他并没有认识到还有其他各种形式的剩余价值的存在。

亚当·斯密以人们占有生产条件的形式和获得收入的方式为依据，将整个国民区分成工人、资本家和地主三个阶级层次。由此，社会的基本收入是由这个社会的三大阶级所产生的，社会其他的收入对应这三种收入延伸而来。在此基础上，斯密进一步区分了工资、利润和地租三种收入。应该认识到，斯密在配第劳动价值论的基础上进一步展示并阐述了生产关系的本质，也拓展了收入来源的构成，但是，价值论的二重性使其所研究出来的收入分配理论也是如此。

李嘉图在继承亚当·斯密分配理论合理性的基础上，进一步探讨了工

① 配第. 赋税论：献给英明人士货币略论 [M]. 陈冬野，等译. 北京：商务印书馆，1972：43.

资、利润和地租三种收入。他认为资本的根本来源是持续的高利润率，利润率越高会带来资本积累率越高，而资本积累率越高就会促进工资的提升，也会造成人口出生率的提升，又会使得农产品的需求提升，进而不得不导致土地的耕种需求旺盛，从而造成土地资源较大的稀缺性，进一步造成地租价格的增长，自然而然地直接提升了地租占国民收入的比重，由此，势必会降低社会其他人的收入份额，导致个体之间收入差距的扩大，破坏社会平衡。

皮凯蒂将马克思关于资产阶级自掘坟墓核心机制概括为"无限积累原则"，即资本的不断积累过程无法阻挡，最后的结果是少数人控制着社会的大部分资本，这个过程是没有天然的界限的。这就是马克思预测资本主义最终崩溃的分析基础：资本收益的增长与降低都将破坏社会经济均衡或政治稳定。当资本收益有序下降时，资本的积累过程被阻止，资本家之间的矛盾冲突变得激烈；当资本收益不受控制地增长时，资本家占有的社会收入进一步增多，工人和资本家之间的矛盾进一步恶化，工人运动势必爆发，无论资本收益增长或降低，都将加剧社会矛盾，造成社会的不稳定①。

（二）新古典经济学中的收入不均衡

20 世纪以后，在不同的经济理论冲击下，新古典主义经济学应运而生，许多学者进一步研究了收入不均衡。其中，克拉克（Clark，1899）以收入的"边际生产力理论"为基础，研究发现收入不均衡源自不同生产力的差距所带来的报酬不相等。具体而言，不同要素的报酬在完全竞争的市场条件下是根据其对产出的相对贡献大小来进行分配的。一旦出现某种要素的边际产量价值高于边际成本的情况时，雇主相应地会增加这种要素的采购并大量投入使用。基于此，造成收入不均衡的原因是：不同个体所拥有的生产要素在质量和数量上存在着差异，并且不同个体创造的生产价值也存在差异，这种差异使得不同个体获得的报酬不同②。

克拉克之后，新古典经济学家贝克尔（Becker，1975）进一步提出了"人力资本"（或称"非物质资本"）的概念。他在继承克拉克相关理论的基础上研究发现：由于劳动者在才能和知识等方面存在着差异，这种体

---

① PIKETTY T. Capital in the twenty-first century ［M］. Cambridge：The Belknap Press of Harvard University Press，2014.

② CLARK J B. The distribution of wealth：a theory of wages，interest and profits ［M］. New York：Macmillan，1908.

现在劳动者自身"非物质资本"上的差异，将对劳动者的收入带来影响。当劳动者自身"非物质资本"丰厚时，劳动者本身所产生的劳动价值将高于其他人，那么其潜在收入也将增加。基于此，贝克尔认为产生收入不均衡的原因是：劳动者的人力资本或其他资源的价值存在个体差异，进而带来个体的收入差异①。

与克拉克和贝克尔不同，马歇尔综合了只关注生产或只关注需求的两种价值理论，在收入分配领域提出了均衡价格理论。在他看来，对要素价格的研究，需要要素需求和供给达到供求均衡时才能实现。而在他的收入分配论中，他进一步拓展了工资、利息、利润和地租的内容，即工资是劳动的报酬，是劳动要素的均衡价格，利息是资本要素的均衡价格，利润是企业组织经营能力要素的均衡价格，地租是土地的收益②。

与以往经济学家主张单纯依靠市场进行经济调节不同，凯恩斯主张发挥政府的作用，通过出台一些积极的经济政策，采用宏观调控的手段对收入差距进行调节。他指出"我们生存其中的经济社会，其显著特点，乃在不能提供充分就业，以及财富与所谓之分配欠公平合理"③。据此，他进一步提出，要想社会实现充分就业的理想状态，就必须解决收入分配不公的问题。

（三）福利经济学中的收入不均衡

福利经济学判别经济是否有效运作的起点是价值判断。其代表人物庇古认为，社会福利的增进、改善与否才是鉴定一种经济体制好坏的最直观以及最客观的标准。福利经济学分为旧福利经济学和新福利经济学④。该经济学素有新旧之分，旧福利经济学以基数效用论为主，认为个体福利相加的和构成社会福利。庇古认为个体收入与货币收入的边际效用呈负相关，也就是说当一个人的收入越少，其货币收入的边际效益反而越大⑤。如此而来，对于同一单位货币，穷人感受到的效用要远大于富人，贫富差距越悬殊，其效用差距越大，而整个社会福利的增进是可以依托缩小贫富差距这一方法来实现的。简言之，如果可以将富人的货币收入向穷人分散

① BECKER G S. Investment in human capital：effects on earnings ［J］. NBER chapters，1975：13-44.

② 马歇尔. 经济学原理 ［M］. 宇琦，译. 湖南：湖南文艺出版社，2012.

③ 凯恩斯. 就业，利息和货币通论 ［M］. 徐毓枏，译. 北京：商务印书馆，1983.

④ 厉以宁. 西方福利经济学述评 ［M］. 北京：商务印书馆，1984.

⑤ 庇古. 福利经济学 ［M］. 朱泱，等译. 北京：商务印书馆，1972.

一部分，那么增进整个社会的福利是必然的。如此可见，庇古坚信国民收入的均等化是促成社会福利最大化的一剂良药，这便是其提出利用国民收入来达到社会福利最大化的原因。

（四）新制度经济学中的收入不均衡

诚如科斯所言，新制度经济学就是用主流经济学的方法分析制度的经济学。发展至今，新制度经济学已形成了交易成本经济学、产权经济学、委托—代理理论和公共选择理论等支流。

1937年，科斯在《企业的性质》一文中首次提出交易成本思想，这是交易成本经济学的核心观点。在他看来，交易成本应包括度量、界定和保障产权的费用，发现交易对象和交易价格的费用，讨价还价、订立合同的费用，督促契约条款严格履行的费用，等等。而产权经济学主要是围绕产权来进行研讨的，在产权经济学大师阿尔钦眼中，"产权是一个社会所强制实施的选择一种经济物品的使用的权利"。这里所论述的产权既是一种权利和社会关系，也是规定人们行为关系的一种规则，还是社会的基础性规则。鉴于此，资源配置的效率直接受到产权的影响，产权的安排对个人行为的正向激励作用，将直接促进社会经济绩效的提升；反之，产权安排不当，也会从一定程度上影响社会经济绩效。以经济学家道格拉斯·诺斯为代表的新制度经济学派，将制度这一经济分析的内生变量视为学派的核心概念。在此基础上，诺斯进一步分析了技术变革、制度创新和经济增长三者之间的关系。经济增长虽然离不开技术变革，但是如果没有通过一系列产权制度、法律制度等制度创新将技术变革带来的良好效应固定下来，那么，技术变革对经济增长，乃至社会发展所带来的效应将难以设想。

如上所述，参照新制度经济学的观点，可以用交易成本和制度安排两个核心概念来解释收入差距。由于如区域发展、基础设施等外部环境或个人能力等内在因素上的差异，不同的地区进入市场或在市场实施的经济活动所产生的交易费用不同，个人也是如此，由此带来的结果是，不同的人在同一经济活动中所产生的边际收益存在差异，这种差异体现为收入差距。而制度影响收入差距主要通过两种形式来实现：一是通过制度安排来规定经济当事人承担应尽的责任或享有应得的收益；二是通过制度安排影响经济主体在未来交易中的谈判能力，进而影响经济主体的收入增量。可见，制度安排是影响收入分配差距的最本质的原因。

（五）发展经济学中的收入不均衡

20世纪40年代后期，发展经济学应运而生。1955年，通过对部分发达国家和一些发展中国家数据的实证研究，库兹涅茨首次提出"U"形曲线，用于解释收入分配状况随经济发展过程而变化的规律。他在研究中假设"收入分配存在不均衡状况，这种不均衡的长期现象，随着经济发展水平（前工业阶段向工业文明发展）呈现出先扩大、后短期稳定、最后逐渐缩小的整体趋势"①。得到这一结论后，库兹涅茨又利用不同国家的横截面数据进行了多次检验，他进一步发现，发展水平较高国家的收入差距要远远小于发展水平较低的国家，呈现出倒"U"形规律。由此揭示了经济发展水平、收入差距和收入分配之间的关系，即经济发展水平低，国民收入差距大，收入分配不均衡的情况严重；经济发展水平高，收入差距缩小，收入分配不均衡的情况轻微。

二、财富不均衡理论

从对财富不均衡问题的研究来看，这一问题既属经济学范畴，也属社会学范畴。在经济学的研究中，通常将生产活动中获得的收入视为收入分配的研究对象，即付出劳动的工资回报和投入资本的收益。基于此，收入的不均衡实质上是个体劳动回报率和社会经济利益回报率之间的差异。在实际的经济生活中，一旦产生收入差距，消费和储蓄上的差距随之产生，而储蓄的积累又会造成财富上的差距。而在社会学的研究中，人民生活水平日益提高，家庭财富不断增长，但满意度、幸福感却在降低②。部分人群为了追求财富不惜假冒伪劣、坑蒙拐骗，部分人群并没有从社会财富增长中受益，社会两极分化日益严重，区域矛盾、社会矛盾随之而来。

在劳动价值论的基础上，亚当·斯密指出财富来源于劳动，因此，财富的增长需要劳动数量和质量的提升。在《国富论》的第一章"论分工"中，他指出"劳动生产力上最大的增进，以及运用劳动时所表现的更大的熟练、技巧和判断力，似乎都是分工的结果"③。而后，他从企业内部分工的视角揭示了社会各部门之间分工的逻辑，通过列举制针业和呢绒上衣的分工详细阐明了分工带来的效率提高。紧接着，斯密通过一系列的论证，

---

① KUZNETS S. Economic growth and income inequality [J]. The American economic review, 1955, 45 (1): 1-28.

② 肖巍. 财富经济学也是社会学 [J]. 毛泽东邓小平理论研究, 2012, 12 (5): 45-47, 116.

③ 斯密. 国民财富的性质和原因的研究：上卷 [M]. 北京：商务印书馆, 1972: 1.

将分工与财富的增长结合起来，并进一步提出了交换，引申出了货币和价值思想，进而从商品价值的构成和源泉角度深入探讨分配的问题。

马克思在《资本论》中将资本积累的一般规律阐述为："社会的财富即执行职能的资本越大，它的增长的规模和能力越大，从而无产阶级的绝对数量和他们的劳动生产力越大，产业后备军也就越大……产业后备军的相对量和财富的力量一同增长。但是同现役劳动军相比，这种后备军越大，常备的过剩人口也就越多，他们的贫困同他们所受的劳动折磨成反比。最后，工人阶级中贫苦阶层和产业后备军越大，官方认为需要救济的贫民也就越多。这就是资本主义积累的绝对的、一般的规律。"① 由此可知，在马克思看来，资本主义社会不可避免地会使私有资本持续增长，最终使得社会财富集中在少数人手中，让无产阶级与资产阶级之间的矛盾进一步扩大。

在《21世纪资本论》一书中，皮凯蒂将"财富"与"资本"两个词语作为同义词来使用，他所定义的财富是都能给出具体价格的，包括私有和公有、实体与金融、生产或非生产性资本等。他认为它们都取决于资本收益率（r）超过经济增长率（g），并进一步论述了资本收益率、经济增长率和财富不均衡之间的关系，即当资本收益率超过经济增长率时，财富增长速度会超过国民收入，财富不均衡加剧，进而加剧总体收入的不均衡。

三、消费不均衡理论

（一）绝对收入假说

凯恩斯在《就业、利息和货币通论》② 中提出的"绝对收入假说"这一消费性理论中指出，在收入水平不断提高的情况下，人们的消费性支出水平也会逐渐提高，但是其增长的速度是逐渐放缓的，也就是在经济学中呈现的"边际消费递减"现象。从"绝对收入假说"理论来看，在影响消费支出的因素中，收入是一大关键因素，而具体影响表现可以抽象为式（2.1）的函数关系，即著名的消费函数：

$$C = \alpha + \beta Y \tag{2.1}$$

---

① 马克思. 资本论：第1卷 [M]. 中共中央马克思恩格斯列宁斯大林著作编译局，译. 北京：人民出版社，1975.

② 凯恩斯. 就业、利息和货币通论 [M]. 徐毓枬，译. 北京：商务印书馆，1983.

其中，C 为消费支出，Y 为收入，α 表示自发性消费，β 表示平均消费倾向（APC）。$A > 0$，$0 < \beta < 1$。

边际消费倾向 $MPC = \dfrac{\Delta C}{\Delta Y} = \dfrac{dC}{dY}$，满足 $0 < MPC < 1$。平均消费倾向

$APC = \beta = \dfrac{C}{Y}$，边际消费倾向会随着收入逐渐增加呈现递减的发展趋势。

（二）相对收入假说

"相对收入假说"是杜森贝里（J. S. Duesenberry）于 1949 年[①]提出的消费性理论。在对该理论的阐述中，杜森贝里总结概括了两种影响居民消费支出的因素：一是内在的，即自身消费观念、消费行为和消费习惯影响其消费支出；二是外在的，即人们周边关系人的行为和观念也会在一定程度上影响其消费支出。

通过更进一步的探讨，第一种由于自身影响产生的消费支出变化的效应可以用"由俭入奢易，由奢入俭难"这句中国俗语来简单概括，即在人们的收入发生变化时，其消费支出的变化往往需要经过一段缓冲期和过渡期。由于消费习惯和观念的内在影响，人们即使收入减少了，在一定时期内也会维持相对稳定的消费水平，而不会迅速从消费支出的"高峰值"跌落，仍会在一定程度上保留原来的消费习惯。而第二种由第三方导致的消费变化效应从根本上来讲可归结于人的心理影响，即所谓的攀比心理效应。作为具备社会人特性的消费者，在其消费的过程中往往会在某种程度上受到周围人的消费行为的引导和消费理念的影响。

因此，"相对收入假说"的理论研究得到了这样的结论：从长期来看，消费者的消费支出变化并非由其自身的绝对收入来决定，而是与其相对收入息息相关。同时，由于消费习惯的影响，人们在短时间内消费支出增加比较容易，但消费支出减少很困难；而在长期中消费支出随收入减少而减少则比较具备弹性。从效用最大化的角度来看，人们在调整消费支出水平时更多的是依据他们在长时间内能保持的较为稳定的收入水平来进行决策的。从而，可得"相对收入假说"中对于消费函数模型的假定如式（2.2）所示：

$$C_t = \alpha_0 + \alpha_1 Y_t + \alpha_2 C_t^* \tag{2.2}$$

① DUESENBERRY J S. Income, saving, and the theory of consumer behavior [M]. NewYork: Oxford University Press, 1967.

式中 $C_t^* = \max\{C_{t-i}, \ i > 0\}$，实际中一般用上年的消费水平 C_{t-1} 代替 C_t。这样线性消费函数就可以写成式（2.3）的形式：

$$C_t = \alpha_0 + \alpha_1 Y_t + \alpha_2 C_{t-1} \tag{2.3}$$

其中，C_t 代表当期的消费水平，Y_t 代表当期的可支配收入，C_{t-1} 代表上一期的消费水平。

（三）持久收入假说

持久收入理论最初由米尔顿·弗里德曼在 20 世纪提出[①]。该理论的问世使得消费跨时期的历史难题得以解决。弗里德曼认为消费者的现行收入并不影响其消费支出，真正的决定性因素是其持久收入。持久收入，顾名思义便是一种可以预见的稳定性强的长期经济来源。该理论的核心观点是以一个家庭为单位，每个家庭成员都会不约而同地规划支出与收入，且能够长期保持成为固化认知，其共同目的便是要满足持久收入的要求，即保证消费支出在较长时期的常态化与稳定性。在这种稳态下，全家获得的总效用会远超短期、波动性较强的不稳定消费状态下获得的总效用。以此类比，一个真正有能力的新人或者大学生，在其事业开始阶段，虽有一些负债，在消费支出方面投入较多的金钱与精力，但长远来看，他未来的收入远超于现在的投入。

持久收入与暂时收入是该理论中的两个关键性概念。其中，前者呈稳定状态，是一种可持续的收入；而暂时收入却是因暂时性的偶然因素迫使其收入远偏预期稳定持久收入的经济来源。因此，式（2.4）描述的便是持久收入与暂时收入之间的联系。

$$Y = Y_t^P + Y_t^t \tag{2.4}$$

其中，Y 表示可支配收入，Y_t^P 表示持久收入，Y_t^t 表示暂时收入。

与收入的分类类似，弗里德曼将个人的消费同样分为持久消费与暂时性消费两类，并且暂时性消费可以大于零、小于零或等于零。那么，个人或家庭的实际消费则由持久消费和暂时性消费共同决定，用公式表示为式（2.5）的形式：

$$C = C_t^P + C_t^t \tag{2.5}$$

其中，C 为实际消费，C_t^P 为持久消费，C_t^t 为暂时性消费。

---

① FRIEDMAN M. Theory of the consumption function [M]. Princeton：Princeton University Press，2018.

如式（2.5）所示，C_t^P 与 Y_t^P 之间的长期稳定关系是弗里德曼持久收入理论的基础。他假设 C_t^P 由 Y_t^P 决定，与 Y_t 无关，而 C_t^t 需要由 Y_t^t 决定，与 Y_t^P 无关。进一步而言，在一个长时间内，C_t^P 与 Y_t^P 之间存在着稳定的比例关系，这种关系是其他绝对经济变量难以影响的。基于此，他认为人们的消费支出取决于其持久收入，而人们的暂时收入的波动将会带来储蓄的波动，所以暂时收入中的储蓄倾向很高。

（四）生命周期理论

生命周期假说是美国经济学家 F. 莫迪利安尼（Modigiiani Franco）和 R. 布伦贝格（Richard Bramberg）在《效用分析与消费函数——对横断面资料的一个解释》[①] 一文中提出的。和持久收入理论类似，生命周期假说也认为当前消费受到当前收入和未来预期收入的影响。该假说的贡献是，个人的储蓄行为受到收入的规律性波动变化影响，在不同的生命周期阶段个人的储蓄行为存在差异。

有别于凯恩斯的消费理论强调个人生活消费开支主要在更长时间范围内进行计划消费不同，生命周期假说认为不同时期的消费支出是由个人当前以及未来的收入决定的，而凯恩斯强调在特定时期的消费支出是由个人在该时期的可支配收入决定的。生命周期理论的基本方程如式（2.6）所示：

$$C = \alpha Y_L + \beta W_R \tag{2.6}$$

其中，C 代表平均消费，α 表示工作收入中的边际消费倾向，Y_L 表示一生工作收入，β 表示财富的边际消费倾向，W_R 表示实际财富。

生命周期假说既有利于研究个人的储蓄行为，也有利于进一步阐释国民总储蓄的形成。根据生命周期假说，消费倾向主要取决于社会个体之间的年龄结构差异。当社会中的年轻人和老年人的人数较多时，消费倾向也随之增大；而当社会中中年人的人数较多时，消费倾向就会随之下降。基于此，社会个体的年龄分布将直接影响到社会的总储蓄和总消费。如果社会中有越来越多的人处于储蓄年龄，社会的总储蓄就会上升，反之亦然。当然，还有其他影响因素会造成消费和储蓄的变化。举例而言，如果有更多的人想要及时行乐，不进行储蓄，那么储蓄将会下降；如果政府进一步

① MODIGLIANI F, BRUMBERG R. Utility analysis and the consumption function: an interpretation of cross-section data [J]. Journal of post keynesian economics, 1954, 1 (1): 388-436.

健全了社会保障制度，那么由于养老金惠及人群的增多和养老金的提高，储蓄也会降低；还有一种特殊的情况是，社会中有越来越多的人想把遗产留给后代时，社会的总储蓄量会增加，但是遗产税也会提高，储蓄的积极性将受挫。

四、机会不均衡理论

（一）机会均衡的内涵

在早期，经济学家对于不均衡的研究主要针对的是结果的不均衡，包括对收入、财富和消费等分配结果的研究。而随着时间的推移和社会发展各方面因素的影响，逐渐由结果不均衡的研究转变为从机会不均衡的视角切入研究经济不均衡问题。总之，长久以来，不均衡问题一直是经济学研究中经久不衰的课题，而在探讨机会不均衡问题之前，应当以机会均衡的内涵界定和研究为基础，从而从更深层次阐述机会不均衡问题。在机会均衡内涵的研究中，最早是以传统的社会选择理论中"强调个人福利和效用的均衡，即机会均衡被理解为保证每个人所面临的机会集公平性"的定义来界定机会均衡的。而在日后的研究过程中发现，传统的机会均衡定义因过于抽象化而难以在实际的研究中应用，同时传统的定义对个人偏好和个人责任对于机会均衡问题的影响并未进行讨论。由于考虑的因素并不全面，因此该理论并未在后续的研究中得到广泛的采纳和应用。从 20 世纪中叶开始，首位提出机会公平概念的政治哲学家 Rawls（1958）将个人责任纳入机会集中，同时将个人责任因素产生和造成的不均衡结果当作在道德上合理的不均衡，对传统的机会均衡理论进行了补充和更新，但这一理论依然是以结果均衡作为理论探索的着力点。

直到 Rawls（1971）在其经典著作《正义论》中提出了"基本益品"（primary goods）的概念①，公平理论的研究视角才渐渐从结果均衡转向了机会均衡。这一理论著作将一个人作为理性人实现其正常生活所必须具备和满足的有用物质的总和称为基本益品，以此来替代传统理论均衡问题研究中的个人福利或者个人效用。在此研究基础上进一步扩展对于社会公平的研究，得出实现社会公平的前提保证是决策者必须给社会最贫困者分配

---

① 关于 primary goods 的译文有"基本物品""基本有用物品"等。参见金里卡当代政治哲学 [M]. 刘莘，译. 上海：上海译文出版社，2011. 刘莘教授将其翻译为"基本益品"，本书综合比较采用此译法。

更多的基本益品，也就是差异原则（又称最大最小原则，maximin rule）。Rawls 通过"原始状态"（original position）和"无知之幕"（veil of ignorance）两个理论工具对这一革新性的理论成果的准确性进行了深入的探讨。在 Rawls（1971）创新性地提出了关于机会均衡的概念之后，大量研究者们纷纷围绕均衡的内涵界定和目标提出了新的观点。其中，Sen（1980）强调能力均衡，以个人可用的功能品集合均衡作为理论的支撑。他认为在社会公平是否实现的问题判断上，需要着重考虑的应当是作为个体是否具备所需的基本能力来满足作为理性人的生活需求或者是围绕成就获得活动的需求。而 Dworkin（1981a，1981b）则是从资源均衡的角度来进行讨论。其在论述中对资源进行了分类，认为资源包括人身资源（家庭背景、基因等）和非人身资源（财富等），并进一步论述了资源差异对于不均衡的影响，即由个人自身偏好的不同产生的资源配置不同，进而使得分配结果不均衡。从另一个角度来看，机会均衡问题可以通过个人责任来进行调和，从而达到在道德上的合理的不均衡，因而，个人在此应当对自身的选择或者偏好负责，并非对所获取的资源负责。

对个人责任调和机会均衡的这一观点，Arneson（1989）和 Cohen（1989）在后续的研究中给予了认同和肯定，但是也提出了一些异议。Arneson（1989）在 Dworkin 提出的资源均衡问题上提出质疑，认为社会公平应该是决策者在进行福利分配时所达到的某种程度上的均衡。而 Cohen（1989）则在对用个人偏好（选择）和资源作为区分机会均衡的分界点提出质疑的基础上提出了"优势获取均衡"理论，强调如果在弱势环境中形成了个人的偏好，那么个人不应该为自身偏好和选择的差异所造成的不均衡负责。

以上研究进一步丰富了均衡问题的研究视角，以哲学的理论观点对机会均衡的内涵进行了拓展，并相应地提出了道德上的公平和道德上的不均衡两种视域下的不均衡问题。但在当时的社会环境和经济发展条件下，很难对个人的努力程度进行量化，使得对具体的机会不均衡程度缺乏科学的工具来度量，所以当时只从理论层面探讨了机会均衡的内涵。

（二）Roemer 的机会不均衡理论框架

在 Rawls、Dworkin 等政治经济学家相继提出关于机会均衡内涵的理论后，个人责任概念逐渐被引入个体的机会集之中，使得与个人责任无关的机会均衡内涵界定有了理论支撑。以 Romer 为代表的学者在此基础上，进行了一系列的研究探索试图来检验机会均衡内涵的合理性和可操作性。Roemer（1993，1998，2003）创设性地提出了基于环境-努力二元因素的机会不均衡理论框架。在此框架中，Roemer 以导致结果不均衡的缘由探索作为出发点，发现了个体可控或不可控的因素是导致结果差异的两大类主要原因。个体可控的因素包括个体选择的职业差别、工作效率等构成的内在影响因素，具有较强的可控性和后天性。而个体无法控制的外在因素包括种族、成长环境、家庭环境和家庭背景等一系列因素，具有个体不可控性和异质性的明显特点。由此可见，Roemer 强调了个体努力造成的结果差异的合理性（见图 2.1）。其中，该理论提到的努力指的是从广义上界定的努力，既包括个体可以选择的学习时间长短、学习努力程度等狭义的个体努力因素，也包括环境中没有包含的天赋、遗传等因素。总而言之，在该理论框架下的结果不均衡可以划分为合理的不均衡（努力因素导致的）和不合理的不均衡（环境因素导致的）。

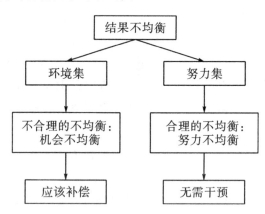

图 2.1　机会不均衡理论框架

同时，Roemer 也对个体责任进行了较为明晰的界定。他指出：由于个体选择偏好所产生的不均衡从道德上判断视为可接受的合理不均衡，虽然个体应该对其负责，但由于其道德上的合理性则无须外力干预；而对于因为外在因素影响所产生的不可控不均衡则无须个体负责，且由于其在道德上的不可接受，是为不合理的不均衡，因而个体应当获得相应的补偿。

五、再分配理论

（一）古典经济学派

古典经济学派的学者们主要主张调节经济应由市场这只"看不见的手"来完成。一旦建立起稳定的经济秩序，社会便可实现自行运转，政府无须履行经济职能，完全由市场进行调剂，比政府管理的效果更好。其代表人物亚当·斯密在其代表作《国富论》中提出了以"一只看不见的手"来促进经济的增长和发展，认为政府在调节经济上的作用是有限的，政府不干预经济发展，才能最大限度地推动经济增长。斯密虽然反对政府干预经济，但与以往的学者不同，他主张在对有限的资源进行分配时，政府应当建立公共经济部门，负责建设好公共设施和公共事业，为经济正常运行创造有利条件。极力反对政府干预经济的还有法国经济学家萨伊，他提出了"供给自动创造需求"，即政府干预经济将阻碍市场经济自我调节作用的发挥，极大地增加经济运行的成本，同时，也会增加引入垄断和专许权的机会，由此带来的结果是破坏市场经济的秩序。与两位学者不同，李嘉图主要从经济增长的进程中去研究分配问题。他主张只要政府干预经济发展，就会违背最多数人最大幸福的原则，从资源配置的角度而言，资本只有在最大限度自由流动的情况下，才会按照最有利可图而且有利于社会的方式进行配置。他从分配领域社会各阶层的利益出发，来否定政府的积极作用，企图缓解各阶层对财富占有的矛盾①。

（二）福利经济学派

福利经济学派是以研究通过合理的收入再分配来增进社会经济福利为核心的学派。其中，霍布森提出，国家在生产和分配领域对经济生活的干预，是实现"最大社会福利"的必要条件。一方面，国家可以利用合理的税收政策缩小收入分配差距，干预经济；另一方面，通过设计完整的福利政策来兼顾个人利益和社会利益，最终实现整体利益的最大化。与霍布斯不同，庇古提出了"收入均等化"学说。他认为，富人和穷人之间的收入差距，可以通过富人将收入的一部分转给穷人来解决，由此实现社会福利的增加。该理论给个人收入分配理论的研究带来了两个转向，一是将对个人收入分配理论的研究转向政策化和制度化的方向；二是把个人收入分配

---

① 钟超. 论古典经济学派中的政府作用 [J]. 前沿，2001（6）：19-22.

问题的研究转向如何实现社会经济总量增加的研究①。

罗宾斯和帕累托对庇古的学说进行了补充。在罗宾斯的代表作《论经济科学的性质和意义》一书中，他对经济福利的分析抛开了收入分配的影响，即假定收入分配为既定的，由此探讨资源配置对社会福利的影响。帕累托以罗宾斯的建设为前提，分析如何实现最优条件下的经济福利，重点研究"帕累托最优"。在他们眼中，如果用收入来衡量社会福利，则社会福利是可以拿来衡量和比较的，在经济生活中，收入分配客观存在着差异，总有受益者和受损者。在收入分配的过程中，受益者和受损者并不固定，如果受益者可以为受损者提供部分补偿，而这部分补偿又是受损者所能接受的，那么随着经济的不断发展，社会福利将会逐渐增大②。

（三）凯恩斯学派

与以往传统的以市场为基础和主导的收入分配理论不同，凯恩斯经济学派认为少数垄断者占有财富和资源是资本主义制度的典型特征，收入分配的差距是必然的。他们认为，国民收入的分配决定了经济增长，若想实现经济的持续增长，必须解决分配不公的问题，而这一问题的解决不能单纯地依靠市场调节，必须合理发挥政府经济职能的作用，以此来弥补市场调节的不足。其主要主张有：其一，政府应发挥积极的经济职能，通过制定切实有效的财政政策来实现政府支出和社会需求的增长，通过合理的利息设定来调节货币的供应量，以干预投资和消费。其二，政府以合理的税收体制完成转移支付，改善国民收入的再分配，进而提高全社会所有要素的收入，达到缩小收入分配差距、优化资源配置的目的③。

第三节　经济不均衡的内在机制分析

本节将在上一节对不均衡理论进行分析的基础上，进一步探讨收入不均衡、财富不均衡和消费不均衡之间的理论关系。从现有的研究来看，居

---

① 周玉燕. 论西方经济学个人收入分配理论的三次转型及其意义 [J]. 上海交通大学学报（哲学社会科学版），2005（2）：49-55.

② 万莎. 现代西方收入分配理论及其对我国的启示 [J]. 企业技术开发，2009，28（6）：32.

③ 周玉燕. 论西方经济学个人收入分配理论的三次转型及其意义 [J]. 上海交通大学学报（哲学社会科学版），2005（2）：49-55.

民家庭收入、财富和消费水平三者并非完全独立的，也不是亦步亦趋的，由此可知，收入不均衡、财富不均衡与消费不均衡三者之间有着复杂的联系。所以，本书将结合生命周期假说和持久收入理论两种理论来建构理论模型，进而分析收入、财富和消费三者之间的关联性，并进一步研究收入不均衡、财富不均衡和消费不均衡三者之间的关系。

一、收入、财富与消费关系的数理分析

如上所述，生命周期假说对消费支出的研究，主要将其置于个体的整个生命周期内进行，探讨如何实现消费效用的最大化。而弗里德曼的持久收入假说与生命周期假说的内容基本一致，也是将个体的消费行为与长期稳定获得的收入相挂钩。

（一）消费函数

本节基于陈训波和周伟（2013）的研究，假设一个家庭的生命周期为 T 期，每个人只生存一期，且在下一期只有一个后代，C_t 表示 t 时期家庭总消费，FW_t 表示 t 时期家庭金融资产，HW_t 表示 t 时期家庭房产，则 t 时期家庭总财富 $W_t = \text{FW}_t + \text{HW}_t$，$W_{T+1}$ 表示从父母那里继承的家庭遗产，同样地，$W_{T+1} = \text{FW}_{T+1} + \text{HW}_{T+1}$，$\text{FW}_{T+1}$ 表示继承的金融资产，HW_{T+1} 表示继承的房产，Y_t 表示 t 时期家庭总收入，r 和 β 分别表示资产收益率和消费贴现率，则家庭效用最大化如式（2.7）所示，家庭预算约束方程如式（2.8）至式（2.11）所示：

$$\text{Max } E_0 \left[\sum_{t=0}^{T} \frac{1}{(1+\beta)^t} u(C_t) + \frac{1}{(1+\beta)^{t-1}} U(\text{FW}_{T+1} + \text{HW}_{T+1}) \right] \quad (2.7)$$

$$s.\ t.\ \ C_t + \text{FW}_{t+1} + \text{HW}_{t+1} = (1 + r_t)(\text{FW}_t + \text{HW}_t) + Y_t - C_t \quad (2.8)$$

$$\text{FW}_{T+1} + \text{HW}_{T+1} = (1 + r_T)(\text{FW}_T + \text{HW}_T) + Y_T \quad (2.9)$$

$$C_t > 0 \quad (2.10)$$

$$W_{T+1} = \text{FW}_{T+1} + \text{HW}_{T+1} \geqslant 0 \quad (2.11)$$

其中，$u(\cdot)$ 表示当期效用，同时 $u(\cdot) > 0$，$u''(\cdot) < 0$，$U(\cdot)$ 表示家庭遗产带来的效用，上述效用函数的拉格朗日函数为式（2.12）所示：

$$L = E_0 \left\{ \begin{matrix} \sum_{t=o}^{T} \frac{1}{(1+\beta)^t} u(C_t) + \frac{1}{(1+\beta)^{T+1}} U(\text{FW}_{T+1} + \text{HW}_{T+1}) + \\ \sum_{t=0}^{T-1} \lambda_t \left[(\text{FW}_t + \text{HW}_t)(1 + r_t) + Y_t - C_t - (\text{FW}_{t+1} + \text{HW}_{t+1}) \right] \end{matrix} \right\} +$$

$$E_0\{\lambda_T[(FW_T + HW_T)(1 + r_T) + Y_T - (FW_{T+1} + HW_{T+1})]\} \quad (2.12)$$

满足效用最大化，一阶条件为式（2.13）至式（2.15）所示：

$$\frac{\partial L}{\partial C_t} = \frac{E\dot{u}(C_t)}{(1+\beta)^t} - \lambda_t = 0 \quad (2.13)$$

$$\frac{\partial L}{\partial (FW_{t+1} + HW_{t+1})} = \lambda_t - \lambda_{t+1}(1 + r_t) = 0, \ t = 0, \cdots, T-1$$

$$(2.14)$$

$$\frac{\partial L}{\partial (FW_{T+1} + HW_{T+1})} = \frac{U(\dot{W}_{T+1})}{(1+\beta)^{T+1}} - \lambda_T = 0 \quad (2.15)$$

由式（2.7）的一阶条件得到式（2.16）：

$$u(\dot{C}_t) = \left(\frac{1+r}{1+\beta}\right) E\dot{u}(C_{t+1}) \quad (2.16)$$

将当期效用设定为相对风险规避系数不变的效用函数，即 $u(C_t) = \frac{C_t^{1-\theta}}{1-\theta}$。并将式（2.13）至式（2.16）联立求解，得到式（2.17）：

$$\frac{C_{t+1}}{C_t} = \left(\frac{1+r}{1+\beta}\right)^{\frac{1}{\theta}} \quad (2.17)$$

上述分析可知，当 r 处于第 t 期时，如果 r 保持不变，r 和 β 的相对大小折射出家庭财富和收入的边际消费倾向的变化。如果 r 大于 β，那么家庭的投资会增加，当期的消费随之减少，居民消费和时间之间呈现正相关的路径演变；如果 r 小于 β，那么家庭的投资会减少，当期的消费会随之增加，居民消费和时间之间呈现负相关的路径演变。

由于收入 Y_t 是不确定的，为了便于分析，假设 Y_t 是 AR（1）过程，即式（2.18）所示：

$$Y_t = \varphi Y_{t-1} + \delta_t, \ \varphi \geq 0 \quad (2.18)$$

其中 δ_t 为随机扰动项。

则第 j 个家庭一生消费的总预算约束如式（2.19）所示：

$$\sum_{t=0}^{T} \frac{C_t}{(1+r)^t} + \frac{(FW_{T+1} + HW_{T+1})}{(1+\beta)^{T+1}} \leq (FW_t + HW_t) + \sum_{t=0}^{T} \frac{EY_t}{(1+r)^t}$$

$$(2.19)$$

式（2.19）中 $\sum_{t=0}^{T} \frac{C_t}{(1+r)^t}$ 表示家庭总消费现值，其旁边项表示遗产的现

值，右边第一项（$FW_t + HW_t$）表示家庭财富现值，$\sum\limits_{t=0}^{T} \dfrac{E\,Y_t}{(1+r)^t}$ 表示家庭总收入现值。这里同样假设 U（·）是相对风险规避系数不变的效用函数，如式（2.20）所示：

$$U(W_T) = \frac{W_T^{1-\eta}}{1-\eta} \tag{2.20}$$

联立式（2.17）、式（2.20）和式（2.13）至式（2.15）可得式（2.21）：

$$W_{T+1} = HW_{T+1} + FW_{T+1} = \frac{1}{(1+\beta)^{\frac{1}{\eta}}(1+r)^T}\left(\frac{1+r}{1+\beta}\right)^{\frac{T}{\eta}} C_t \tag{2.21}$$

当效用最大化时，让式（2.19）左右两边相等，再联立式（2.17）、式（2.18）和式（2.21），得到式（2.22）：

$$\left[\sum_{t=o}^{T}\left(\frac{1+r}{1+\beta}\right)^{\frac{t}{\theta}}\frac{1}{(1+r)^t} + \frac{1}{(1+\beta)^{\frac{1}{\eta}}(1+r)^T}\left(\frac{1+r}{1+\beta}\right)^{\frac{T}{\eta}}\right]C_t$$

$$= W_{jt} + \left[\sum_{t=0}^{T}\left(\frac{\varphi}{1+r}\right)^t\right]Y_t \tag{2.22}$$

为了便于计算，令

$$k = \sum_{t=o}^{T}\left(\frac{1+r}{1+\beta}\right)^{\frac{t}{\theta}}\frac{1}{(1+r)^t} + \frac{1}{(1+\beta)^{\frac{1}{\eta}}(1+r)^T}\left(\frac{1+r}{1+\beta}\right)^{\frac{T}{\eta}} \tag{2.23}$$

我们进一步将式（2.22）简化为式（2.24）的形式：

$$C_t = \gamma_1 W_t + \gamma_2 Y_t \tag{2.24}$$

其中，$\gamma_1 = \dfrac{1}{k}$，$\gamma_2 = \dfrac{\sum\limits_{t=0}^{T}\left(\dfrac{\varphi}{1+r}\right)^t}{k}$。

由式（2.24）可知，家庭的当期消费可以写成当期财富与收入的函数。

（二）收入与财富的关系

我们进一步定义当期财富和当期收入。家庭收入主要来自期初财富的回报和劳动所得，即资本与劳动的要素报酬，用 W_{t-1} 表示某家庭的初始财富，A_t 表示当期家庭获得的劳动收入，μ_t 表示其他随机收入，那么家庭总收入可以表示为式（2.25）：

$$Y_t = r\,W_{t-1} + A_t + \mu_t \tag{2.25}$$

其中，r 表示资产收益率，$r\,W_{t-1}$ 则表示当期的财产性收入，包括房租、地租、利息等。式（2.25）将总收入分为三个部分：资本收入、劳动收入和其他收入。资本收入由初始资本量和资本收益率共同决定，劳动收入则由个人的能力和努力等因素共同决定。

式（2.26）是新定义的家庭财富方程，当期财富可以表示为初始财富加上当期收入减去消费支出后的剩余，C_t 仍然表示当期的家庭消费，式（2.26）表明家庭消费倾向越低，财富积累越多。

$$W_t = W_{t-1} + (Y_t - C_t) \tag{2.26}$$

式（2.17）是将家庭效用函数表示成由当期的消费水平决定，家庭效用函数还可以用期末的财富水平表示（Banerjee and Newman, 1993），将式（2.25）和式（2.26）带入效用函数，新的效用函数如式（2.27）所示：

$$U_t = (1 - \beta)\,u(C_t) + \beta u(W_t) \tag{2.27}$$

其中，β 表示贴现率，参照王弟海和龚六堂（2006）的思路，假设效用函数的形式可表示为 $u(C) = \ln(C)$，那么家庭效用最大化时如式（2.28）所示[①]：

$$\frac{\partial u_t}{\partial C_t} = \frac{1 - \beta}{C_t} - \frac{\beta}{W_t + Y_t - C_t} = 0 \tag{2.28}$$

则最优化的家庭消费方程还可以表示为式（2.29）的形式：

$$C_t = (1 - \beta)(W_{t-1} + Y_t) \tag{2.29}$$

式（2.29）与式（2.24）相似，家庭消费都由家庭收入和财富决定，只是式（2.29）的财富是期初的财富。我们发现，β 越大，家庭越重视未来财富积累，当期的消费就会降低。进一步地，如果我们把 β 看作广义的储蓄率，是家庭拥有的财富和收入中用于积累的比率，那么家庭储蓄率 s 可以表示为

$$s = \frac{Y_t - C_t}{Y_t} = \frac{Y_t - (1 - \beta)(W_{t-1} + Y_t)}{Y_t} = \beta - (1 - \beta)\frac{W_{t-1}}{Y_t} \tag{2.30}$$

根据式（2.30），储蓄率定义成贴现率和财富收入比之间的关系，当贴现率升高时，家庭的未来财富积累也会随之提高，表现出家庭对子代的关心程度高，财富收入比的作用也就降低了；当家庭财富收入比升高时，

---

① 王弟海，龚六堂. 新古典模型中收入和财富分配持续不均衡的动态演化 [J]. 经济学（季刊），2006，5（3）：777-802.

当期收入在整体财富积累中的比重变小，那么当期的储蓄率也随之降低。家庭财富方程还可以表示为式（2.31）的形式：

$$W_t = W_{t-1} + s\,Y_t = W_{t-1} + \left[\beta - (1-\beta)\frac{W_{t-1}}{Y_t} \right] Y_t \qquad (2.31)$$

根据式（1.24）、式（1.25）和式（1.31）发现家庭的收入、财富和消费相互作用、相互影响。根据上文关于收入方程、财富方程和消费方程的探讨，可以将家庭收入、财富和消费相互影响的基本模型写成式（2.32）的形式：

$$\begin{cases} Y_1 = r\,W_0 + A_1 + \mu_1 \\ W_1 = W_0 + s\,Y_1 \\ C_1 = \gamma_1\,W_1 + \gamma_2\,Y_1 \end{cases} \qquad (2.32)$$

二、收入、财富与消费不均衡的关联性分析

收入、财富与消费之间的联系是以家庭这一级的经济活动、消费行为等为基础的。每个家庭收入来源不同、财富积累过程不同以及消费观念不同，都会导致最终在收入、财富与消费上的不均衡。因此，收入不均衡、财富不均衡和消费不均衡从宏观层面而言，是由每个家庭不同的消费行为和经济活动所造成的。我们参照王晶（2021）的做法，从收入、财富与消费三者的关联公式中演变出了收入不均衡、财富不均衡以及消费不均衡的相互影响。

假设社会中存在 j 个家庭，且每个家庭的收入、财富与消费三者的关联关系符合式（2.32）的形式，则全部家庭 j 和单独的每个家庭都可以看成不均衡研究的对象，而家庭收入、财富或消费等经济特征可以看成主要变量。因此，这些变量的经济特征代表了整个社会的经济特征。举例来说，j 个家庭的收入均值就代表了总体社会收入水平，j 个家庭收入的变异程度就是收入不均衡程度。而其他实证分析中常用的方差、标准差等，都是利用上述思想，用个体与总体均值的差表示个体之间的差异。于是，我们也利用这种"平均离差"的思想，分别对式（2.32）中的三个方程两边求方差，试图将家庭微观层面的收入、财富与消费的关联关系研究拓展到宏观层面的收入不均衡、财富不均衡和消费不均衡研究。

（一）收入不均衡方程

在式（2.32）中，我们假设家庭随机收入服从正态分布 μ_1 ~

$N(0, \sigma_{\mu}^2)$ ，且独立于家庭财富水平、劳动收入，即与 W_0、A_1 不相关，对收入方程两边求方差可以得到收入不均衡方程式（2.33）：

$$\text{Var}(Y_1) = r^2\text{Var}(W_0) + \text{Var}(A_1) + 2r\text{cov}(W_0, A_1) + \sigma_{\mu}^2 \quad (2.33)$$

根据式（2.33），忽略在其他收入上的差距，不同家庭收入的方差主要由财产性收入的方差 $[r^2\text{Var}(W_0)]$、劳动收入的方差 $[\text{Var}(A_1)]$ 以及财产性收入与劳动收入的协方差 $[2r\text{cov}(W_0, A_1)]$ 三个部分构成。由 $r^2\text{Var}(W_0)$ 可知，家庭在财产性收入上的不均衡是由财富不均衡造成的，且资本收益率 r 的大小决定了家庭财富对财产性收入的影响程度。r 越高，从初始财富中得到的财产性收入越多，初始财富不均衡会进一步加剧收入不均衡。除此之外，由于每个家庭在金融素养、理财手段等方面的差距，家庭间资产回报率 r 也不一样。总的来说，高财富家庭一般可以通过合理有效的投资谋求更高的收益率。这也就意味着，财富不均衡会加剧财产性收入和家庭总收入的不均衡。

影响收入不均衡的另一个因素就是劳动收入的不均衡，而这一因素又与家庭财富水平紧密联系。一方面，高财富家庭容易获得优质的社会资源以及更多的人力资本，从而使得家庭成员能够拥有更好的机遇和更高的综合素质，那么，家庭成员获得的劳动收入也较高；另一方面，人们参与劳动的时间与积极性也受到自身家庭财富水平的影响。将这两方面的影响叠加就是家庭财富对劳动收入的最终作用。

（二）财富不均衡方程

家庭收入一般用于消费和储蓄，而储蓄又是长久的积累过程，这个过程也是财富的形成和分化过程。对式（2.32）中的财富方程求方差从而推导出财富不均衡方程式（2.34）：

$$\text{Var}(W_1) = \text{Var}(W_0) + s^2\text{Var}(Y_1) + 2s\text{cov}(W_0, Y_1) \quad (2.34)$$

家庭财富可以表示成初始财富，也就是继承与当期储蓄的和，那么不同家庭财富的方差也主要由初始财富（继承）的方差、当期储蓄的方差和二者之间的相关性三个部分构成。

由式（2.34）可知，收入不均衡对财富不均衡的作用是通过影响家庭储蓄来实现的，既有直接作用，又有间接作用。而式（2.30）显示家庭储蓄率是由消费贴现率和财富收入比两个指标组成的。贴现率跟我们的传统习惯和预防风险的意识有关，体现了在做出家庭决策时，对未来财富积累或者说子女福利的关心；而家庭的财富收入比能够在某种程度上体现当期收入对于整个长期财富积累过程的影响程度，在相同的收入下，越富有的家庭，其财富收入比指标就越高，此时家庭对于储蓄的需求减少，储蓄率也下降。总之，在收入对储蓄直接和间接双重作用下，收入不均衡成为影响财富不均衡的重要因素之一。

（三）消费不均衡方程

由于每个家庭收入和财富的差距，自然而然地形成了消费的差距，对式（2.32）中消费方程求方差可以得到消费不均衡方程式（2.35）：

$$\mathrm{Var}(C_1) = \gamma_1^2 \mathrm{Var}(W_1) + \gamma_2^2 \mathrm{Var}(Y_1) + 2\gamma_1\gamma_2 \mathrm{cov}(W_1, Y_1) \quad (2.35)$$

由式（2.35）可知，家庭消费由当期收入和财富构成，所以家庭间消费不均衡也由财富不均衡和收入不均衡以及二者之间的相关性构成，二者相关性又取决于 γ_1、γ_2 的大小。家庭财富不均衡和收入不均衡的增加都会直接导致家庭消费不均衡的增加，其作用程度也都取决于 γ_1、γ_2 的大小，即取决于资本收益率 r 和消费贴现率 β 的大小。

本章模型显示，增加的劳动收入大部分用于消费，而增加的资产性收入大部分用于储蓄，收入和财富不均衡的扩大会抑制穷人的消费，穷人会提高储蓄，从而增加财富积累，但是增加财富积累又会扩大财富收入比，从而减小财富不均衡，但是最终对消费不均衡的影响大小取决于财富不均衡减小的程度与消费不均衡的增加程度的相对大小。所以，就收入不均衡、财富不均衡和消费不均衡三者之间的关系而言，前两者虽然直接影响第三者，但如何发挥作用是研究中的难题。

三、收入、财富与消费不均衡的作用机制分析

为了简化运算和理论推导的严谨，上文中对收入不均衡、财富不均衡及消费不均衡之间的相互关系是在严格的假设条件下推导得出的，比如假设每个家庭是相互独立同分布的，家庭的其他收入与财产性收入、劳动收入等二者之间并不存在关联等。但与假设条件不同，如果在现实当中进行考虑，家庭收入的获得、财富的积累以及消费的决策还会受到其他外界因素影响，并且三者之间的关系也不会如此简单，会产生较为复杂的联系。本节将根据多数学者研究的路径详细分析收入不均衡、财富不均衡和消费不均衡关联关系的作用机制。

（一）储蓄的作用

财富积累本身是财富在初始值中不断增加的过程，而储蓄是收入与消

费之间的差值，一旦出现收入不均问题就会随之导致储蓄形成的差异，进而对消费不均衡和财富不均衡产生影响。收入、财富与消费相互之间最直接的联系就是储蓄。收入乘上储蓄率进而得到储蓄，在各个家庭储蓄率相同的情况下，能够获得更高的收入就会获得更高的储蓄水平，而在储蓄率相同的情况下所产生的储蓄差异都是收入不均衡造成的；同时，储蓄率也在不同家庭间发生改变，储蓄本身的不均衡会进一步加剧收入与财富不均衡。

消费率或者消费倾向也能够从侧面来反映储蓄。居民消费决策是学者们关心的重要问题。家庭消费倾向与储蓄率会在消费者习惯、生命周期、预防性储蓄以及其他因素共同作用下产生较为复杂的形成过程（Hall，1978；Zeldes，1989；Huntley and Michelangeli，2014）。本书通过储蓄率模型演算得出贴现率和家庭财富收入比都能够对家庭储蓄率产生影响。贴现率跟我们的传统习惯和预防风险的意识有关，体现了在做出家庭决策时，对未来财富积累或者说子女福利的关心。而家庭的财富收入比能够在某种程度上体现当期收入对于整个长期财富积累过程的影响程度。在相同的财富下，一个家庭的收入越低，而本身的财富收入比会越高；而收入越高则意味着财富收入比下降。从终生财富积累角度来看，家庭本身的储蓄需求低，会进一步导致储蓄率下降。因此，在储蓄环节，不同家庭在储蓄率上的差异会进一步导致相互之间收入水平、财富水平与消费水平的差距被不断拉大。

（二）房产的作用

房产是我国居民家庭财富中最重要的组成部分（杨灿明和孙群力，2019），在我国的财富不均衡现象中，房产起着主导作用（岳希明和英成金，2022），房产本身也会进一步扩大家庭之间的财富差距。如具有房产的家庭和不具有房产的家庭、只有一套房产和同时拥有多套房产的家庭之间的财富差距被迅速扩大，房产拥有的不均衡是财富不均衡扩大的重要原因（靳永爱和谢宇，2015）。

同时，作为家庭财富构成中最重要的部分，房产本身既能够投资也可以消费，家庭财富以及消费水平在一定程度上都会受到房价波动的影响。一些学者通过研究得出房价上涨会促进家庭消费，产生正向促进作用，也就是说房产的财富效应不但存在，还会随着时间的积累不断增强（Ludwig and Sløk，2004；宋勃，2007；Peltonen et al.，2012；宫健和高铁梅，

2014）。但是也有学者研究发现财富效应不存在，即消费不受房价波动的影响（王蕾和赵岩，2011；高波和王辉龙，2011）。此外，另有学者发现财富效应存在且为负，即房价上涨对消费有着挤出效应（袁冬梅和刘建江，2009；李春风 等，2014）。因此，房产对消费的作用学者们并未得出较为统一的结论。

另外，房产不仅影响财富不均衡和消费不均衡，还影响收入不均衡。随着越来越多的消费者接受了按揭贷款买房的观念，成为"房奴"的个体数量不断增加。而按揭贷款的本质就是在本身资金不足的情况下通过杠杆效应来购买房产，对于资金有限的家庭来说，其借款能力大小就成为能否购买房产和使用杠杆的关键，同时住房贷款需要申请人具备还款能力，在基本财富相同的情况下，有较高收入和稳定工作的个人能够享受到按揭贷款买房和杠杆红利，从而促进财富的快速累积；而无法拥有按揭贷款资格和享受杠杆红利的低收入群体，被迫加大与通过按揭贷款买房者之间的财富差距。因此，在家庭的初始财富较低的情况下，收入水平的差距会直接影响后续的贷款和购房，从而进一步加剧财富的不均衡。

（三）财产性收入

只有拥有较多的财富才能在后续衍生出财产性收入，但是财产性收入形成之后，又具有独立收入的形式。资产所有权转让收入不计算在财产性收入当中，转让金融资产、住宅及非生产性资产使用权的收入被称作财产性收入，比如土地出租、房屋出租、购买股票带来的收益以及购买其他金融产品带来的收益等。财产性收入是家庭收入的一部分，财富不均衡所带来的收入不均衡最直接的表现就是其获得的财产性收入的不均衡。一方面，我们假设资本收益率不发生改变，收入的不均衡是通过家庭财富的不均衡影响财产性收入的不均衡所带来的。财产性收入对总收入不均衡影响的大小主要还是由财产性收入所占比例的大小决定的。另一方面，家庭间的资本收益率是不相同的。特别是在金融市场发展不完善，金融理财知识并未普及的情况下，不同家庭的财富收益率存在很大差异。吴卫星等（2015，2016）发现高财富家庭往往拥有更有效的资产组合，从而获得更高的资本收益。因此，资本收益率的差异导致财产性收入差距进一步扩大，并进一步增强收入不均衡。此外，也有一些学者认为财产性收入的增加会缩小贫富差距（袁文平，2007；赵人伟，2007），有利于中低收入阶层从中获得实际利益，也有利于低收入家庭增加消费支出，缩小家庭间的消费不均衡。

总体而言，一方面，财产性收入容易导致"富者越富，穷者越穷"的马太效应，即财富不均衡会进一步导致家庭收入不均衡；另一方面，财产性收入也可以提高低收入群体的收入水平，推动低收入阶层向中高收入阶层转移，达到缩小总体收入差距的目的，即缩小财产性收入不均衡，有利于缩小收入不均衡和消费不均衡。

（四）劳动收入

财富不均衡除了直接形成财产性收入影响收入不均衡与消费不均衡外，还可以通过劳动收入影响收入不均衡和消费不均衡。

一方面，家庭财富差异会反映在个人人力资本投资当中。拥有较多财富的家庭能够提供更为优质的外部环境和教育，而对于人力资本投资回报的衡量主要是通过劳动者的能力、劳动者的收入以及其消费行为进行的。所以个人教育回报率的差异是由于财富分布的差异所造成的，而财富分布差异对后续的劳动收入不均衡和消费不均衡的产生具有推动作用。同时，高财富家庭往往比低财富家庭拥有更广的社会人脉等，这也有利于个人的工作选择，进而决定其劳动收入水平。

另一方面，家庭财富还可能影响人们的劳动供给，进而对劳动收入产生负作用。无论是收入还是财富都是家庭的经济资源，在满足家庭消费需求、保障家庭成员的福利水平上具有可替代性。因此，如果家庭财富较多，生活富足，这种情况下，人们对于劳动以及劳动所带来的收入需求就会降低，会更多偏向于享受生活进而减少劳动，从而导致劳动收入的降低；反之，在财富较少的情况下，为了达到相当的福利水平，得到更高的收入和更多的财富，人们被迫参与更多的劳动从而付出更多的劳动时间，促进劳动收入增加。因此，结合生存所带来的压力和劳动时间供给二者的影响，财富不均衡与劳动收入不均衡二者是负相关的，从而也加剧了总体收入不均衡。

总的来说，总体收入不均衡当中包含劳动收入不均衡，后者是前者的重要部分。不同财富水平带来的社会资源差异和教育回报率不同会导致劳动收入的不均衡，从而对总的不均衡产生影响。

第三章 经济不均衡的分布、测度与分解

在第二章理论分析基础上，本章首先给出了收入、财富和消费在单一维度、二维和三维上的分布状况，并分析其随时间的变动趋势；其次，测度并分析了收入、财富和消费在单一维度上的不均衡程度与变动趋势；最后，基于单一维度不均衡合成多维不均衡、Tsui 指数和多维基尼系数完成了对多维经济不均衡的测度，并将 Tsui 指数分解以探究各维度的贡献率，为后续研究打下基础。

第一节 数据来源与指标选择

一、数据来源

本章采用的是北京大学中国社会科学调查中心发布的 2010 年、2012 年、2014 年、2016 年和 2018 年中国家庭追踪调查（CFPS）数据。CFPS 的目的是跟踪调查并采集个体、家庭、社区三个方面的数据，获取有关中国经济、社会、教育、人口变迁的珍贵信息，从而在数据上支持相关学术研究。

相比于其他微观数据，本书采用 CFPS 数据的理由是：第一，CFPS 是一项全国性的大规模社会跟踪调查项目，其调查对象不仅包括上海市、辽宁省、河南省、广东省和甘肃省这样的大样本省份，还包括 20 个小样本省份，这些样本覆盖了东、中、西部地区，且样本数量为 16 000 户家庭的36 000 个个体。其抽样方法的科学性使得样本的代表性更广泛，能够代表约 95% 的人口，从而使得本研究的数据可靠性更高。第二，CFPS 项目在

2010年正式启动，每隔两年进行一次调查，截至2021年年底，一共进行了五次正式调查，且于2020年公布了2018年的调查结果，能够比较准确地揭示2010—2018年我国经济不均衡的变化情况。第三，CFPS公布的是追踪数据，为我们研究经济不均衡的变化趋势提供了数据支持，且CFPS公布的数据指标比较全面，涵盖了收入、财富和消费维度，保障了本书多维研究的可操作性。

二、指标选择

因为本章的目的是将收入、财富和消费三个维度纳入统一的框架对中国经济不均衡问题进行实证分析，所以我们采用的是相同家庭的收入、财富和消费数据。本章的数据全部来自CFPS各年份家庭经济库。

（一）收入维度

首先，2010年CFPS在家庭经济库中同时公布了家庭总收入和家庭纯收入指标，但从2012年起，CFPS就只公布家庭纯收入指标；其次，在2010年CFPS的数据中公布了调整后的家庭纯收入与未调整的家庭纯收入，但从2012年起，CFPS的家庭经济问卷已将农业产品的自身消费部分纳入了问卷，并在构造农业收入综合变量时纳入了这部分价值，因此就没有公布特殊调整的数据①；最后，从2012年起，家庭经济库开始公布与2010年可比收入、与2010年不可比收入两个版本。鉴于我们不仅想测度中国多维经济不均衡程度，还想探究多维经济不均衡程度的变化趋势，因此，我们选择能够在5个年份中都能比较的、未调整的、与2010年可比的家庭纯收入指标，并且为了避免样本选择偏误问题，我们将与2010年可比的家庭纯收入除以家庭人口数，即采用家庭人均纯收入作为收入维度的衡量指标。本书删除了收入数据存在缺失、异常的样本，并剔除了分项收入相加不等于纯收入的样本。

（二）财富维度

CFPS数据中家庭净资产由耐用消费品的价值、家庭金融资产、生产性固定资产、家庭房产净值、土地资产相加，再减去非住房负债构成。若家庭经历土地征用，则将土地征用补偿总额纳入财富计算；并将房屋或土地所得纳入财产性收入。与处理收入一样，为了避免样本选择偏误问题，

---

① CFPS项目办公室. CFPS小课堂［EB/OL］.［2023-12-10］. http://www.isss.pku.edu.cn/cfps/xzyj/wxzsm/1295352. htm.

我们采用家庭人均净财富作为财富维度的衡量指标，即用家庭净资产除以家庭人口数。本章删除了财富数据存在缺失、异常的样本，并剔除了分项资产相加不等于家庭净资产的样本。同时，本章剔除了财富为负的样本，占总样本的2%~3%。

（三）消费维度

CFPS数据中消费支出分类与国家统计局公布的消费分类一致①，包括食品、衣着、居住、医疗保健、交通通信、文教娱乐、日用品和其他八项支出。CFPS数据分别公布了八项消费支出和总的居民消费性支出。我们采用家庭人均消费支出作为消费维度的衡量指标，即用总的居民消费性支出除以家庭人口数。本书删除了消费数据存在缺失、异常的样本，并剔除了分项消费相加不等于总的消费性支出的样本。

为了剔除物价的影响，本章采用2018年不变价，用各省份城乡居民消费价格指数对收入、财富和消费价格进行缩减。本章使用的数据为2010—2018年的平衡面板数据，样本量为20 685个，共4 137户。

第二节 收入、财富与消费分布状况

一、基于五等分的分布分析法

Piketty（2014）率先使用收入分布表对收入不均衡的内在结构进行分析。他在研究收入不均衡的结构时，先将全样本按照10%、40%和50%三个收入分位数分成三组：收入最高的10%群体、收入位于中间层的40%群体和收入位于底端的50%群体，在此基础上，分别计算三个组占全样本总收入的比重，并用表格展示出来，能够直观、准确地揭示不均衡结构的变化趋势，为学者们研究收入不均衡问题提供了新思路，即采用百分位数分组方法分析不均衡问题。本书将借鉴Piketty百分位数结构分析法以及Fisher et al.（2021）②的研究思路对我国经济不均衡的分布展开分析，以直观展示经济不均衡的结构。本书将收入、财富和消费分别按由低到高排

---

① 国家统计局. 国家统计局公告：2013年第1号[EB/OL].（2023-03-18）[2023-12-10].http://www.gov.cn/zwgk/2013-03/18/content_2356851.htm.

② FISHER J D, JOHNSON D S, SMEEDING T M, et al. Inequality in 3-D：income, consumption, and wealth [J]. Review of income and wealth, 2021：67.

序后再五等分，使用各维度自身份额、各维度交叉份额等指标来测度经济指标的分布状况。

二、单一维度分布状况

我们从较成熟的单一维度分析入手，从收入、财富和消费维度将样本五等分，分别计算 2010 年、2012 年、2014 年、2016 年、2018 年各组家庭的收入、财富、消费占总收入、总财富和总消费的比重，如表 3.1 所示。

表 3.1 从收入、财富和消费维度五等分及占比

内容	五等分	2010 年	2012 年	2014 年	2016 年	2018 年	增长幅度/%
收入维度	低收入组	2.93	2.17	2.56	2.39	1.86	−1.07
	中等偏下收入组	7.45	7.69	8.33	7.68	7.16	−0.29
	中等收入组	12.78	14.20	14.69	13.84	13.61	0.83
	中等偏上收入组	21.01	22.84	23.05	22.85	23.35	2.34
	高收入组	55.84	53.10	51.37	53.24	54.01	−1.83
财富维度	低财富组	1.88	2.05	1.84	1.45	1.17	−0.71
	中等偏下财富组	4.83	5.10	5.13	3.90	3.29	−1.54
	中等财富组	8.52	8.78	9.08	7.18	6.40	−2.12
	中等偏上财富组	15.44	16.17	16.42	13.67	12.94	−2.50
	高财富组	69.32	67.89	67.52	73.80	76.20	6.88
消费维度	低消费组	5.02	4.99	4.53	4.10	4.47	−0.55
	中等偏下消费组	9.49	9.65	8.84	8.21	8.71	−0.78
	中等消费组	14.26	14.48	13.66	13.12	13.34	−0.92
	中等偏上消费组	21.53	21.76	21.34	20.83	21.74	0.21
	高消费组	49.71	49.13	51.64	53.75	51.74	2.03

从收入维度看，高收入组家庭获得了全样本家庭总收入的 50% 以上，而低收入组、中等偏下收入组和中等收入组家庭相加的收入占全样本家庭总收入的比例只有 20% 左右；高收入组家庭的收入份额从 2010 年的 55.84% 下降到 2018 年的 54.01%，下降了 1.83 个百分点，下降幅度大于低收入组和中等偏下收入组，说明家庭收入分布总体上向中间阶层靠拢。

从财富维度看，高财富组家庭的财富份额持续增加。2018 年，高财富组家庭获得了全样本总财富的 70% 以上，且低财富组、中等偏下财富组、中等财富组以及中等偏上财富组的财富份额都在下降，说明大量财富从底端阶层转向富裕阶层，即有钱人越来越有钱，穷人越来越穷。从消费维度看，与 2010 年相比，2018 年高消费组和中等偏上消费组家庭的消费份额在上升，而低消费组、中等偏下消费组和中等消费组家庭的消费份额在下降，消费不均衡在扩大。

图 3.1 更直观地展示了分布前 20% 家庭的收入、财富和消费份额变化。收入分布前 20% 家庭的收入占总收入的比例从 2010 年的 55.84% 下降到 2018 年的 54.01%。但财富分布前 20% 家庭的财富占总财富的比例从 2010 年的 69.32% 上升到 2018 年的 76.20%，财富向富裕阶层转移，财富分布的不均衡程度加深。而消费分布前 20% 家庭的消费支出占总消费支出的比例从 2010 年的 49.71% 上升到 2018 年的 51.74%。总体而言，从分布前 20% 的家庭来看，财富不均衡程度远大于收入和消费不均衡程度。

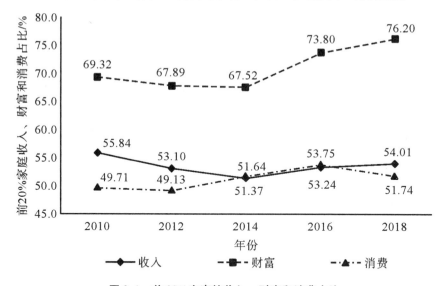

图 3.1　前 20% 家庭的收入、财富和消费占比

进一步地，表 3.2 分别测算了收入分布前 20% 家庭与底端 20% 家庭的收入之和的比值、财富分布前 20% 家庭与底端 20% 家庭的财富之和的比值、消费分布前 20% 家庭与底端 20% 家庭的消费之和的比值。可以看出，无论是收入维度、财富维度还是消费维度，分布前 20% 家庭与底端 20% 家庭所占份额之比都在增大，说明分布前 20%家庭与底端 20%家庭的收入差距、财富差距和消费差距都在扩大。

表 3.2　前 20%家庭与底端 20%家庭的收入、财富和消费之和的比值

年份	2010	2012	2014	2016	2018
收入维度	19.06	24.47	20.07	22.28	29.04
财富维度	36.87	33.12	36.70	50.90	65.13
消费维度	9.90	9.85	11.40	13.11	11.57

三、二维分布状况

衡量二维不均衡的第一个方法是分别测算收入和财富均进入前 20%的家庭数与底端 20%的家庭数的比值、收入和消费均进入前 20%的家庭数与底端 20%的家庭数的比值、财富和消费均进入前 20%的家庭数与底端 20%的家庭数的比值，若该比值增长，说明二维上的不均衡有所加剧。测算结果如图 3.2 所示，同时处于收入和财富前 20%的家庭数与底端 20%的家庭数的比值从 2010 年的 1.41 上升到 2018 年的 1.54，同时处于收入和消费前 20%的家庭数与底端 20%的家庭数的比值从 2010 年的 1.31 上升到 2018 年的 1.49，同时处于财富和消费前 20%的家庭数与底端 20%的家庭数的比值从 2010 年的 1.33 略微下降到 2018 年的 1.30，说明总体上二维不均衡有所加剧。

衡量二维不均衡的第二个方法是测算交叉份额，即分别测算同时处于收入和财富前 20%家庭的收入份额、财富份额和消费份额，同时处于收入与消费前 20%家庭的收入份额、财富份额和消费份额，同时处于财富与消费前 20%家庭的收入份额、财富份额和消费份额，以及前 20%家庭与底端 20%家庭的各项份额之比。由表 3.3 至表 3.5 可知，对于收入份额，2010—2018 年，同时处于收入与财富前 20%家庭所占的收入份额下降了 2.23 个百分点，同时处于收入与财富底端 20%家庭所占的收入份额下降了 0.42 个百分点。为了便于比较，我们将收入与财富前 20%家庭所占的收入份额除以底端 20%家庭所占的收入份额，发现该比值从 2010 年的 33.00 倍上升到 2018 年的 50.62 倍；同时处于收入和消费前 20%家庭与底端 20%家庭的收入份额的比值从 2010 年的 29.49 倍上升到 2018 年的 48.26 倍；而同时处于财富和消费前 20%家庭与底端 20%家庭的收入份额的比值从 2010 年的 13.15 倍下降到 2018 年的 9.82 倍。总体而言，二维上的收入份额比

值在增大，说明二维上的不均衡在扩大。

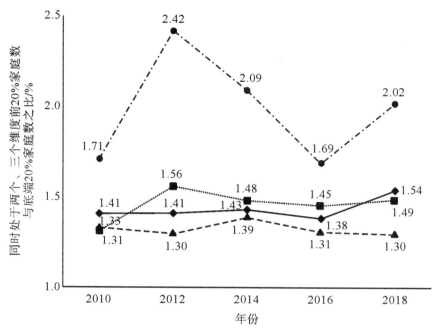

图 3.2　同时处于两个、三个维度前 20% 的家庭数与底端 20% 的家庭数之比

对于财富份额，2010—2018 年，同时处于收入与财富前 20% 家庭所占的财富份额下降了 0.53 个百分点，同时处于收入与财富底端 20% 家庭所占的财富份额下降了 0.38 个百分点，而同时处于收入与财富前 20% 家庭与底端 20% 家庭的财富份额之比从 2010 年的 62.04 倍上升到 2018 年的 124.32 倍；同时处于收入与消费前 20% 家庭与底端 20% 家庭的财富份额之比从 2010 年的 7.82 倍上升到 2018 年的 19.90 倍；同时处于财富与消费前 20% 家庭与底端 20% 家庭的财富份额之比从 2010 年的 58.25 倍上升到 2018 年的 110.43 倍。比值都在增大，说明二维不均衡在扩大。

同样地，对于消费份额，同时处于收入与财富前 20% 家庭与底端 20% 家庭的消费份额之比从 2010 年的 7.42 倍上升到 2018 年的 9.48 倍；同时处于收入与消费前 20% 家庭与底端 20% 家庭的消费份额之比从 2010 年的 15.33 倍上升到 2018 年的 19.76 倍；同时处于财富与消费前 20% 家庭与底端 20% 家庭的消费份额之比从 2010 年的 16.43 倍上升到 2018 年的 17.41 倍。比值都在增大，说明二维不均衡在扩大。

表 3.3 收入、财富和消费前 20% 家庭的交叉份额   单位:%

年份	收入与财富前 20% 家庭			收入与消费前 20% 家庭			财富与消费前 20% 家庭		
	收入份额	财富份额	消费份额	收入份额	财富份额	消费份额	收入份额	财富份额	消费份额
2010	35.64	46.53	25.89	37.16	38.56	31.89	29.32	41.36	27.43
2012	31.99	43.36	22.32	27.93	33.71	25.11	24.75	42.03	27.91
2014	30.79	46.38	25.76	32.35	40.43	31.13	25.72	44.61	29.54
2016	34.07	53.46	26.55	33.28	45.25	31.13	27.40	50.75	31.62
2018	33.41	46.00	26.08	33.30	40.19	30.23	28.76	50.80	30.99
增长幅度	-2.23	-0.53	0.19	-3.86	1.63	-1.66	-0.56	9.44	3.56

表 3.4 收入、财富和消费底端 20% 家庭的交叉份额   单位:%

年份	收入与财富底端 20% 家庭			收入与消费底端 20% 家庭			财富与消费底端 20% 家庭		
	收入份额	财富份额	消费份额	收入份额	财富份额	消费份额	收入份额	财富份额	消费份额
2010	1.08	0.75	3.49	1.26	4.93	2.08	2.23	0.71	1.67
2012	0.76	0.72	3.73	0.61	1.53	1.42	3.85	0.79	1.84
2014	0.95	0.67	3.38	0.95	1.92	1.65	2.98	0.68	1.55
2016	0.87	0.54	3.06	0.89	1.37	1.47	2.66	0.56	1.52
2018	0.66	0.37	2.75	0.69	2.02	1.53	2.93	0.46	1.78
增长幅度	-0.42	-0.38	-0.74	-0.57	-2.91	-0.55	0.70	-0.25	0.11

表 3.5 同时处于两个维度前 20% 家庭与底端 20% 家庭的各项份额之比

年份	收入份额之比			财富份额之比			消费份额之比		
	收入与财富维度	收入与消费维度	财富与消费维度	收入与财富维度	收入与消费维度	财富与消费维度	收入与财富维度	收入与消费维度	财富与消费维度
2010	33.00	29.49	13.15	62.04	7.82	58.25	7.42	15.33	16.43
2012	42.09	45.79	6.43	60.22	22.03	53.20	5.98	17.68	15.17
2014	32.41	34.05	8.63	69.22	21.06	65.60	7.62	18.87	19.06
2016	39.16	37.39	10.30	99.00	33.03	90.63	8.68	21.18	20.80
2018	50.62	48.26	9.82	124.32	19.90	110.43	9.48	19.76	17.41

四、三维分布状况

我们对三维分布的衡量方法遵循了对二维分布的衡量方法。第一个方法是测算同时处于收入、财富和消费前20%的家庭数与底端20%的家庭数的比值，若该比值增加，说明三维上的不均衡有所加剧。测算结果如图3.2所示，同时处于收入、财富和消费前20%的家庭数与底端20%的家庭数的比值从2010年的1.71倍下降到2016年的1.69倍，再上升到2018年的2.02倍，说明收入、财富与消费三维分布的不均衡程度在扩大。

衡量三维不均衡的第二个方法是分别测算同时处于收入、财富与消费三个维度前20%家庭与底端20%家庭的收入份额、财富份额、消费份额，以及同时处于收入、财富与消费分布前20%家庭与底端20%家庭的收入份额、财富份额、消费份额的比值。如表3.6和图3.3所示，2010—2018年，同时处于三个维度前20%家庭的收入份额下降了0.96个百分点，同时处于三个维度底端20%家庭的收入份额下降了0.24个百分点。为了便于比较，我们测算了前20%家庭与底端20%家庭的收入份额的比值，发现同时处于三个维度前20%家庭与底端20%家庭的收入份额的比值从2010年的45.63倍提高到2018年的73.39倍。该比值在增加，说明三维分布上的收入不均衡在加剧。

表3.6　同时处于三个维度前20%与底端20%家庭的交叉份额

单位:%

年份	收入、财富与消费前20%家庭			收入、财富与消费底端20%家庭		
	收入份额	财富份额	消费份额	收入份额	财富份额	消费份额
2010	27.38	36.24	22.53	0.60	0.42	0.97
2012	21.96	32.15	18.94	0.30	0.31	0.75
2014	23.53	38.26	22.90	0.45	0.30	0.75
2016	24.98	43.37	23.16	0.48	0.30	0.84
2018	26.42	38.47	23.02	0.36	0.20	0.74
增长幅度	-0.96	2.23	0.49	-0.24	-0.22	-0.23

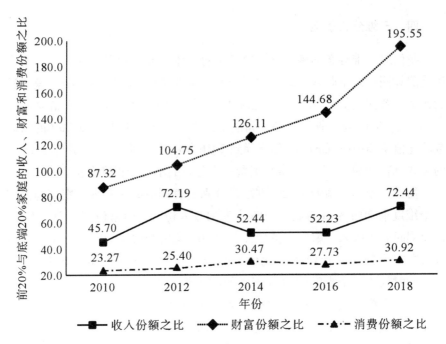

图 3.3　同时处于三个维度前 20% 家庭与底端 20% 家庭的各项份额之比

2010—2018 年，同时处于三个维度前 20% 家庭的财富份额提高了 2.23 个百分点，同时处于三个维度底端 20% 家庭的财富份额下降了 0.22 个百分点，而同时处于三个维度前 20% 家庭与底端 20% 家庭的财富份额的比值从 2010 年的 86.28 倍大幅度地上升到 2018 年的 192.35 倍，说明三维分布上的财富不均衡在扩大。

2010—2018 年，同时处于三个维度前 20% 家庭的消费份额提高了 0.49 个百分点，同时处于三个维度底端 20% 家庭的消费份额下降了 0.23 个百分点，而同时处于三个维度前 20% 家庭与底端 20% 家庭的消费份额的比值从 2010 年的 23.23 倍增加到 2018 年的 31.11 倍，说明三维分布上的消费不均衡在扩大。

因此，前 20% 家庭与底端 20% 家庭的收入、财富与消费份额的比值都在上升，说明三维联合分布的不均衡程度在加剧，其中，财富不均衡扩大的程度最大，收入不均衡扩大的程度次之，消费不均衡扩大的程度最小。

综上所述，2010—2018 年，从前 20% 的家庭数与底端 20% 的家庭数的比值来看，同时处于财富与消费前 20% 的家庭数与底端 20% 家庭数的比值从 2010 年的 1.33 倍下降到 2018 年的 1.30 倍，同时处于收入与财富前

20%的家庭数与底端 20%的家庭数的比值从 2010 年的 1.41 倍上升到 2018 年的 1.54 倍，同时处于收入与消费前 20%的家庭数与底端 20%的家庭数的比值从 2010 年的 1.31 倍上升到 2018 年的 1.49 倍，同时处于收入、财富与消费前 20%的家庭数与底端 20%的家庭数的比值从 2010 年的 1.71 倍上升到 2018 年的 2.02 倍，三维不均衡在扩大。从交叉份额来看，首先，对于二维分布，2010—2018 年，除了财富与消费前 20%家庭与底端 20%家庭的收入份额的比值有所下降外，其余两两维度的前 20%家庭与底端 20%家庭的收入份额、财富份额、消费份额的比值都在增大，说明总体上二维不均衡在扩大。其次，对于三维分布，同时处于收入、财富与消费前 20%家庭与底端 20%家庭的收入份额、财富份额、消费份额的比值都在增大，意味着三维不均衡程度在扩大。因此，无论收入、财富还是消费，三维分布上的不均衡程度都在扩大，若仅考虑单一维度，并不能反映我国经济不均衡的广度和深度，并且收入、财富和消费三者存在一定的联系，这种关联效应必然会对整体不均衡产生重大影响。那么，这种叠加效应是加剧还是改善整体经济不均衡呢？接下来，本章将三者放入统一框架中测度整体经济不均衡程度。

第三节　单一维度不均衡的测度

一、单一维度的测度方法

本节将分别采用根据洛伦兹曲线推导出的基尼系数和根据社会福利函数推导出的 Atkinson 指数两个指标测度收入、财富和消费单一维度的不均衡程度。

（一）基尼系数

基尼系数是由经济学家基尼根据洛伦兹曲线推导出的判断分配均衡程度的指标，用 45°线与洛伦兹曲线围成的面积与 45°线以下整个三角形面积的比值表示，其比值越大，不均衡程度越高。我们采用 Sen（1973）所定义的基尼系数度量方法，计算公式如式（3.1）所示：

$$\text{Gini} = 1 + \frac{1}{n} - \frac{2}{n^2 \bar{y}} \sum_{i=1}^{n} \left[(n - i + 1) \, y_i \right] \tag{3.1}$$

在式（3.1）中，Gini 代表基尼系数，n 表示样本数，y_i 表示第 i 个人的收入（财富或消费），$\bar{y}$ 表示平均收入（财富或消费）。

（二） Atkinson 指数

Atkinson 指数是由 Atkinson 在 1970 年根据社会福利函数推导出的一种度量社会不均衡程度的新指标。该指数的使用有一个重要的前提条件，即假设社会福利水平保持不变。该指数主要衡量收入的平均分配在多大程度上节省了总资源。Atkinson 认为将所有个体的效用水平加总就可以得到社会福利水平，用函数表示就是 $W(X) = \sum_i U(x_i)$ ，进而提出具有如式（3.2）和式（3.3）形式的 Atkinson 指数：

$$A(\varepsilon) = 1 - \frac{y_\varepsilon}{\mu} \tag{3.2}$$

$$y_\varepsilon = \left[\sum_{i=1}^n f(y_i) \cdot y_i^{1-\varepsilon} \right]^{\frac{1}{1-\varepsilon}} \tag{3.3}$$

Atkinson 指数的取值范围为 0~1，其值越靠近 1，表示不均衡程度越大。其中，ε 表示不均衡厌恶系数，在实证中一般取 0.5、1 或 2。μ 为平均收入，y_i 表示第 i 个人或第 i 组的实际收入或总收入，$f(y_i)$ 为第 i 个人或第 i 组占总人口比例的密度函数。

二、收入不均衡的测度

表 3.7 汇总了采用基尼系数、Atkinson 指数测度的收入不均衡结果。从总体样本看，基尼系数和 Atkinson 指数测度结果比较一致，即 2010—2014 年，我国居民收入不均衡程度在逐渐下降，2016—2018 年，我国居民收入不均衡程度又缓慢上升。国家统计局公布的我国 2010 年、2012 年、2014 年、2016 年和 2018 年的收入基尼系数分别为 0.481、0.474、0.469、0.465、0.474。对比发现，本书的基尼系数下降以及上升趋势与国家统计局公布的结果是相同的，然而我们测度的基尼系数值比国家统计局公布的数值要大。这既可能由于我们的数据与国家统计局数据的样本数量不同，还可能由于两套数据在统计时的抽样方法不同，从而出现结果上的误差。

表 3.7　收入不均衡测度结果

年份	总体		城镇		农村	
	基尼系数	Atkinson 指数	基尼系数	Atkinson 指数	基尼系数	Atkinson 指数
2010	0.519 0	0.224 4	0.472 3	0.183 8	0.484 7	0.200 3

表3.7(续)

年份	总体		城镇		农村	
	基尼系数	Atkinson 指数	基尼系数	Atkinson 指数	基尼系数	Atkinson 指数
2012	0.507 1	0.226 4	0.485 4	0.210 6	0.485 3	0.208 4
2014	0.483 6	0.203 0	0.454 0	0.179 4	0.473 4	0.197 9
2016	0.504 8	0.220 6	0.467 6	0.192 4	0.469 9	0.194 8
2018	0.518 6	0.234 2	0.474 1	0.198 3	0.496 7	0.218 7

注：Atkinson 指数中参数 $\varepsilon = 0.5$，下同。

分城乡来看，无论是基尼系数还是 Atkinson 指数测度结果均显示，除了 2012 年，其余年份的农村收入不均衡程度大于城市，即农村收入不均衡问题更为严重。且除开 2012 年，城镇、农村收入不均衡程度也经历了下降到上升的过程。

三、财富不均衡的测度

表 3.8 汇总了采用基尼系数、Atkinson 指数测度的财富不均衡结果。从总体样本看，忽略基尼系数和 Atkinson 指数两个不均衡指标的大小值差异，整体而言，两者呈现的我国居民财富不均衡的变化趋势比较一致。2010—2012 年，我国财富不均衡程度在逐渐下降，但 2010—2018 年，居民财富不均衡程度在扩大。

分城乡来看，总体上，2010—2018 年，城镇、农村居民财富不均衡程度都呈现先下降后上升的趋势，各年份的城镇基尼系数大于农村，且 2018 年都比 2010 年有所上升，说明城镇、农村居民的财富不均衡程度都在扩大，且城镇的财富不均衡程度大于农村。同时，农村居民财富基尼系数提高了 9.71 个百分点，城镇居民财富基尼系数提高了 4.92 个百分点，农村居民财富不均衡扩大的速度快于城镇。此外，对比表 3.7 和表 3.8 可知，财富不均衡的波动幅度大于收入不均衡，财富的城乡差异大于收入的城乡差异。

表 3.8　财富不均衡测度结果

年份	总体		城镇		农村	
	基尼系数	Atkinson 指数	基尼系数	Atkinson 指数	基尼系数	Atkinson 指数
2010	0.651 3	0.358 7	0.617 5	0.320 0	0.565 0	0.292 4
2012	0.636 0	0.338 0	0.615 8	0.316 4	0.535 7	0.246 2
2014	0.636 0	0.340 8	0.626 1	0.328 9	0.522 0	0.230 7
2016	0.701 4	0.425 3	0.691 2	0.412 0	0.549 4	0.261 0
2018	0.723 1	0.446 0	0.666 7	0.370 1	0.662 1	0.406 9

四、消费不均衡的测度

表 3.9 汇总了采用基尼系数和 Atkinson 指数测度的消费不均衡测度结果，忽略指标大小，两者反映的消费不均衡变化趋势一致。从总体样本看，2010—2018 年，居民消费不均衡程度在波动中上升，虽然在 2018 年消费不均衡程度较 2016 年有所下降，但仍高于 2010 年消费不均衡程度。

表 3.9　消费不均衡测度结果

年份	总体		城镇		农村	
	基尼系数	Atkinson 指数	基尼系数	Atkinson 指数	基尼系数	Atkinson 指数
2010	0.441 3	0.161 2	0.411 9	0.140 4	0.415 9	0.146 8
2012	0.435 9	0.156 7	0.429 6	0.153 3	0.403 2	0.133 4
2014	0.462 5	0.173 5	0.424 5	0.147 0	0.438 9	0.158 8
2016	0.488 6	0.197 0	0.462 0	0.177 8	0.442 9	0.162 2
2018	0.466 0	0.176 2	0.441 8	0.159 7	0.419 1	0.143 0

从城乡样本看，2010—2018 年，城镇、农村居民消费不均衡程度都呈现出波动性上升的趋势。即与 2010 年相比，无论是城镇还是农村，居民消费不均衡程度都有所加剧。

由图 3.4 可知，从总体上看：①我国居民的收入基尼系数显示出先下降后上升的趋势，财富基尼系数也显示出先下降后上升的趋势，消费基尼系数呈现波动性上升的趋势。②财富不均衡程度高于收入和消费不均衡程度，且消费不均衡程度最低。由于财富具有可积累、可继承的特点，经过日积月累以及代际传递后，财富不均衡程度普遍高于收入不均衡程度。总结各国学者的测度结果可知，收入基尼系数普遍在0.3~0.5之间徘徊，而财富基尼系数通常在0.6~0.9区间内①。消费是消费者综合考虑收入、财富、信贷约束等条件做出的消费决策结果。根据生命周期理论和持久收入假说，消费具有平滑性，一般而言，消费基尼系数低于收入基尼系数，上述分析结果与图3.4所呈现的结果相符。③同一个家庭中收入不均衡与消费不均衡、财富不均衡与消费不均衡的趋势并不一致。例如在2014年，收入不均衡、财富不均衡都在下降，而消费不均衡在上升。在2018年，收入不均衡与财富不均衡都处在较高值时，消费不均衡反而在下降。这可能是因为受到中美贸易冲突的影响，消费增速持续下滑②。而国家发展改革委表示，汽车消费减速是2018年消费增速下滑的一个主要原因③。

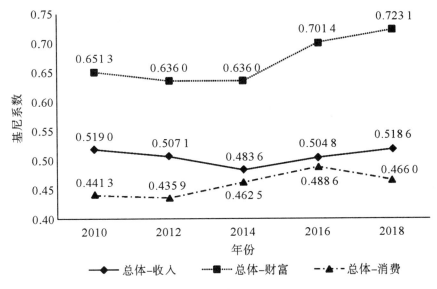

图3.4　收入、财富和消费基尼系数对比

①　DAVIES J B, SANDSTRÖM S, SHORROCKS A, et al. The level and distribution of global household wealth [J]. Economic journal, 2011, 121 (551): 223-254.

②　中国人民大学中国宏观经济分析与预测课题组, 刘元春, 刘晓光, 等. 2018—2019年中国宏观经济报告：改革开放新征程中的中国宏观经济 [J]. 经济理论与经济管理, 2019 (1): 4-26.

③　中新经纬. 发改委：汽车消费减速是去年消费增速下滑的一个主要因素[EB/OL]. (2019-01-29) [2023-10-20]. https://baijiahao.baidu.com/s? id = 1623964556499503622&wfr = spider&for = pc.

由图 3.5 可知，对于城镇居民：①财富不均衡程度远远高于收入和消费不均衡程度。②消费不均衡程度呈现波动性上升趋势，并且与收入不均衡和财富不均衡的趋势并不一致，说明消费不均衡与收入不均衡和财富不均衡的形成机制可能不同，但是消费不均衡趋势更接近财富不均衡趋势。

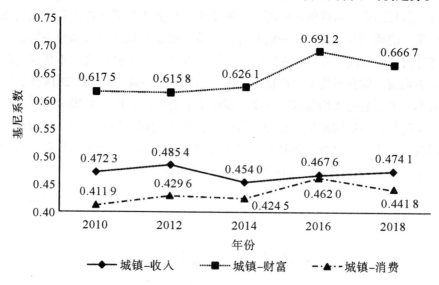

图 3.5　城镇居民收入、财富和消费基尼系数对比

由图 3.6 可知，对于农村居民：①2010—2014 年，收入不均衡程度小幅度下降，而财富不均衡程度更大幅度下降；2016—2018 年，收入不均衡程度较大幅度上升，财富不均衡程度更大幅度上升，可以看出收入与财富存在正向相关关系。②2010—2014 年，收入和财富不均衡程度不同程度地下降，但消费不均衡程度却在上升；2016—2018 年，收入与财富不均衡程度上升，而消费不均衡程度在下降，说明除了收入和财富外，其他因素在一定程度上影响了消费不均衡程度。

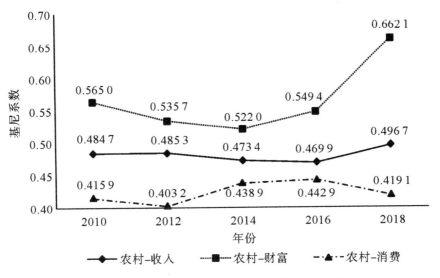

图 3.6 农村居民收入、财富和消费基尼系数对比

第四节 多维不均衡的测度与分解

一、多维不均衡的测度与分解方法

（一）单维加权法

为了多维经济不均衡测度结果的稳健性，根据多维不均衡的含义，本节将上节中收入、财富和消费的单一维度不均衡的测度结果，采用不同的赋权方式并赋予不同的权重合成多维不均衡指数。

（二）Tsui 指数

Tsui 指数是从福利角度入手测度多维不均衡的指数。假设 $W(X)$ 是一个连续的社会福利函数，表示整个社会的福利水平。社会人口数为 n，要素种类为 m，社会要素分布情况用 X_{nm} 表示，则 X_{ij} 表示第 i 个人的第 j 种要素持有量。此外，我们设定 $\bar{X}$ 表示 X 的均匀分布，$\bar{X}$ 的第 i 行第 j 列的要素 $\bar{X}_{ij} = \mu_j = \sum_{i=1}^{n} \dfrac{X_{ij}}{n}$。由于现实中要素分布是不均匀的，那么 $\bar{X}$ 往往不等于 X。

Tsui（1995）指出如果满足社会福利函数的六个性质①，社会福利函数的形式如式（3.4）或式（3.5）所示：

$$W(X) = \frac{a_1}{n} \sum_{i=1}^{n} \prod_{j=1}^{m} x_{ij}^{w_j(1-\varepsilon)} \tag{3.4}$$

或

$$W(X) = \frac{a_2}{n} \sum_{i=1}^{n} \prod_{j=1}^{m} w_j \log(x_{ij}) \tag{3.5}$$

其中，a_1、a_2 为参数，进而根据式（3.4）和式（3.5）建立多维不均衡度量指标，主要思想是找到 $\theta(X)$，使得式（3.6）成立：

$$W(\theta(X)\,\bar{X}) = W(X) \tag{3.6}$$

基于福利函数的 Pigou-Dalton 原则（第四个性质），社会福利函数严格拟凹，即 $0 \leq \theta(X) \leq 1$，$\theta(X)$ 值越小意味着社会福利水平越低，所以，我们可以根据 $\theta(X)$ 确定不均衡程度的大小。由于人们更偏向于值越大代表程度越深，实际使用时则将不均衡指标设定为式（3.7）的形式：

$$I(X) = 1 - \theta(X) \tag{3.7}$$

如果社会福利函数具备式（3.4）或式（3.5）的形式，可结合式（3.7）构建出具体的多维不均衡指标，即式（3.8）或式（3.9）。式（3.8）被称作第一类 Tsui 指数，记为 Tsui 1，式（3.9）被称作第二类 Tsui 指数，记为 Tsui 2。

$$I_1^{\varepsilon}(X) = 1 - \theta_1^{\varepsilon}(X) = 1 - \left[\frac{1}{n} \sum_{i=1}^{n} \prod_{j=1}^{m} \left(\frac{x_{ij}}{\mu_j} \right)^{w_j(1-\varepsilon)} \right]^{\frac{1}{(1-\varepsilon)}} \tag{3.8}$$

或

$$I_2^{\varepsilon}(X) = 1 - \theta_2^{\varepsilon}(X) = 1 - \prod_{i=1}^{n} \left[\prod_{j=1}^{m} \left(\frac{x_{ij}}{\mu_j} \right)^{w_j} \right]^{\frac{1}{n}} \tag{3.9}$$

其中，w_j 表示每个维度赋予的权重，且 $w_j > 0(j = 1, \cdots, m)$，$\sum_{j=1}^{m} w_j = 1$，$\varepsilon$ 表示不均衡厌恶系数。此外，江求川（2015）还提出，为了确保社会福利函数满足严格拟凹性和相关性增加占优原则，要求 $a_1 < 0$、$a_2 > 0$，且 $1 - \varepsilon < 0$。

（三）多维基尼系数

Decancq and Lugo（2012）提出了两种不同的广义多维基尼系数形式，

---

① 一个合理的社会福利函数具有以下六个基本性质：帕累托原则、匿名原则、尺度无关性、庇古-道尔顿原则、可分性、复制不变性。

与 Tsui 指数类似，主要问题也是找到合适的社会福利函数 $W(X)$，使得分布矩阵能够在实数集合上得到全部映射，从而测度全部群体的福利水平和群体之间的差距。社会福利函数的形式如式（3.10）和式（3.11）所示：

$$W(X) = \left(\sum_{j=1}^{m} w_j \left\{ \sum_{i=1}^{n} \left[\left(\frac{r_j^i}{n} \right)^{\delta} - \left(\frac{r_j^i - 1}{n} \right)^{\delta} \right]^{\beta} x_j^i \right\} \right)^{\frac{1}{\beta}} \quad (3.10)$$

$$W(X) = \sum_{i=1}^{n} \left[\left(\frac{r^i}{n} \right)^{\delta} - \left(\frac{r^i - 1}{n} \right)^{\delta} \right] \left[\sum_{j=1}^{m} w_j (x_j^i)^{\beta} \right]^{\frac{1}{\beta}} \quad (3.11)$$

这里的 w_j 表示维度 j 的权重，且满足 $w_j > 0 (j = 1, 2, \cdots, m)$，$\sum_{j=1}^{m} w_j = 1$。参数 β 代表了不同维度之间相互替代的程度，β 值越小，说明不同维度之间相互替代的可能性就越小。δ 代表了社会福利函数的底部敏感度，δ 越大越敏感，说明分配给分布最底端的权重就越高。r_j^i 表示个体 i 在单一维度 j 上的福利排名，也就是将单一维度 j 从最大值到最小值进行排列，个体 i 所处的排序名次。r^i 则表示个体在整体福利 Z_i 上的排名，也就是将整体福利水平 $Z_i = \left[\sum_{j=1}^{m} w_j (x_j^i)^{\beta} \right]^{\frac{1}{\beta}}$ 从大到小进行排列，个体所处的排序名次。

此时的福利不均衡指数 $I(X)$ 可以从式（3.12）中得到：

$$W(I(X) X_{\mu}) = W(X) \quad (3.12)$$

式中的 X_{μ} 表示均匀分布后的要素，$I(X)$ 表示均衡程度，这时多维基尼系数表达式如式（3.13）和式（3.14）所示：

$$I^1(X) = 1 - \frac{\left(\sum_{j=1}^{m} w_j \left\{ \sum_{i=1}^{n} \left[\left(\frac{r_j^i}{n} \right)^{\delta} - \left(\frac{r_j^i - 1}{n} \right)^{\delta} \right] x_j^i \right\}^{\beta} \right)^{\frac{1}{\beta}}}{\left[\sum_{j=1}^{m} w_j \mu(x_j)^{\beta} \right]^{\frac{1}{\beta}}} \quad (3.13)$$

$$I^2(X) = 1 - \frac{\sum_{i=1}^{n} \left[\left(\frac{r^i}{n} \right)^{\delta} - \left(\frac{r^i - 1}{n} \right)^{\delta} \right] \left[\sum_{j=1}^{m} w_j (x_j^i)^{\beta} \right]}{\left[\sum_{j=1}^{m} w_j \mu(x_j)^{\beta} \right]^{\frac{1}{\beta}}} \quad (3.14)$$

其中，$I^2(X)$ 在对多维福利不均衡进行测度时还考察了不同维度之间的相关关系。

在具体的实证研究中，学者们往往将维度之间可替代程度 β 设置为 1，底部敏感参数 δ 取值 2（王曦璟和高艳云，2018），此时 $Z_i = \sum_{j=1}^{m} w_j x_j^i$，那么多维基尼系数的形式如式（3.15）和式（3.16）所示：

$$I^1(X) = 1 - \frac{\sum_{j=1}^{m} w_j \sum_{i=1}^{n} \left(\frac{2 r_j^i - 1}{n^2} \right) x_j^i}{\sum_{j=1}^{m} w_j \mu_j} \qquad (3.15)$$

$$I^2(X) = 1 - \frac{\sum_{i=1}^{n} \left(\frac{2 r^i - 1}{n^2} \right) Z_i}{\sum_{j=1}^{m} w_j \mu_j} \qquad (3.16)$$

这里我们将多维基尼系数 $I^1(X)$ 和 $I^2(X)$ 分别记为 I1 和 I2。

（四）多维不均衡的分解

在众多测量多维不均衡的指标中，Tsui 指数具有可以分解的特殊性质。从上文 Tsui 指数的构造公式中可知，Tsui 指数是在构造社会福利函数 $W(X)$ 之后再寻找 θ，使其满足 $W(\theta(X) \bar{X}) = W(X)$ 的条件，其中 θ 表示均衡程度。在具体的实证研究中，学者普遍用 $1 \sim \theta$ 来表示社会资源分配不均衡程度，而 Naga and Geoffard（2006）指出 Tsui 指数分解方法的本质就是对 θ 进行分解。其具体步骤是先在分解方法中采用 Coupla 函数，再将 θ 细分为单一维度边际分布的影响与维度间相关性的影响两部分，可以用式（3.17）表示：

$$H(\theta(X)) = \sum_{j=1}^{m} g^j(\theta(X_{*j})) + k(X_{*1}, X_{*2}\cdots, X_{*m}) \qquad (3.17)$$

此时维度 j 对福利不均衡的贡献大小表示为 $\dfrac{g^j(\theta(X_{*j}))}{H(\theta(X))}$，而不同维度之间的相关性对于福利不均衡的贡献大小则表示为 $\dfrac{k(X_{*1}, X_{*2}, \cdots, X_{*m})}{H(\theta(X))}$。基于此，$\theta_1(X)$ 可以表示为式（3.18）的形式：

$$\ln(\theta_1(X)) = \sum_{j=1}^{m} w_j \ln(\gamma_j) + \frac{1}{1-\varepsilon} \ln(\rho) \qquad (3.18)$$

其中，γ_j 表示第 j 维的不均衡指数，ρ 表示各维度之间的相关程度，具体表示形式如式（3.19）和式（3.20）所示：

$$\gamma_j = \frac{1}{\mu_j} \left[\frac{1}{n} \sum_{i=1}^{n} x_{ij}^{w_j(1-\varepsilon)} \right]^{\frac{1}{w_j(1-\varepsilon)}} \qquad (3.19)$$

$$\rho = \frac{n^{k-1} \sum_{i=1}^{n} \prod_{j=1}^{m} x_{ij}^{w_j(1-\varepsilon)}}{\prod_{j=1}^{m} \sum_{i=1}^{n} x_{ij}^{w_j(1-\varepsilon)}} \tag{3.20}$$

因此，维度 j 对 Tsui 1 指数的贡献率为 $\dfrac{w_j \ln(\gamma_j)}{\ln(\theta_1(X))}$ ，维度间关联关系的贡

献率为 $\dfrac{\dfrac{1}{1-\varepsilon}\ln(\rho)}{\ln(\theta_1(X))}$ 。进一步，$\theta_2(X)$ 可以表示为式（3.21）和式（3.22）

的形式：

$$\ln(\theta_2(X)) = \sum_{j=1}^{m} w_j \ln(\gamma_j) \tag{3.21}$$

$$\gamma_j = \prod_{i=1}^{n} \left(\frac{x_{ij}}{\mu_j}\right)^{\frac{1}{n}} \tag{3.22}$$

对两种不同的 Tsui 指数分解过程对比研究发现，Tsui 1 和 Tsui 2 指数都能分解出各个单一维度对总体不均衡的贡献度，但 Tsui 1 指数还能分解出不同维度之间的相关性的贡献大小，而 Tsui 2 指数则无法实现这一点。

二、权重的确定

对于多维不均衡问题，首先要解决维度赋权问题。学者们为了解决权重参数的问题，相应地提出了多种设定方式。正因为如此，本书为了保证结论的稳健性，选用了三种赋权方法：其一，等权重赋权法，这是最常见的赋权方法（Decancq and Lugo，2012；Justino，2012）；其二，主成分赋权法（王曦璟和高艳云，2018），表 3.10 是该方法下得到的各年权重；其三，数据驱动赋权法，参照 Banerjee（2018）在多维基尼系数研究中提出的数据驱动型（data-driven）的赋权方法，将权重设定为要素矩阵 $X^{*\prime}X^{*}$ 的最大特征值对应的单位特征向量，X^{*} 表示将 X 中的每项要素除以平均值而得到的矩阵，这样可以保证 $I(X)$ 所对应的社会福利函数满足六个性质，表 3.11 给出了数据驱动赋权法下的各年权重结果[1]。

---

[1] 以往学者采用的是 Banerjee（2018）提出的将权重设定为要素矩阵 $X'X$ 的最大特征值对应的单位特征向量（江求川，2015；王曦璟和高艳云，2018），而本书进一步改进了赋权方式。

表 3.10　主成分赋权法下的各维度权重

年份		2010	2012	2014	2016	2018
总体	收入维度	0.365 3	0.334 0	0.336 6	0.370 5	0.354 5
	财富维度	0.295 3	0.347 8	0.336 6	0.281 0	0.293 7
	消费维度	0.339 4	0.318 1	0.326 8	0.348 5	0.351 8
城镇	收入维度	0.356 5	0.346 1	0.348 7	0.376 5	0.345 1
	财富维度	0.320 7	0.344 0	0.330 1	0.270 2	0.318 6
	消费维度	0.322 7	0.309 9	0.321 1	0.353 3	0.336 3
农村	收入维度	0.407 8	0.285 6	0.313 3	0.362 7	0.424 6
	财富维度	0.193 0	0.369 4	0.354 3	0.357 1	0.144 7
	消费维度	0.399 2	0.345 0	0.332 4	0.280 2	0.430 7

表 3.11　数据驱动赋权法下的各维度权重

年份		2010	2012	2014	2016	2018
总体	收入维度	0.241 3	0.293 2	0.271 0	0.116 3	0.165 4
	财富维度	0.558 8	0.467 6	0.471 3	0.780 4	0.672 9
	消费维度	0.200 0	0.239 2	0.257 7	0.103 3	0.161 7
城镇	收入维度	0.312 3	0.319 7	0.282 4	0.130 1	0.251 0
	财富维度	0.409 1	0.417 6	0.448 1	0.751 2	0.498 6
	消费维度	0.278 6	0.262 7	0.269 5	0.122 3	0.250 3
农村	收入维度	0.083 5	0.276 0	0.330 3	0.274 4	0.030 0
	财富维度	0.844 1	0.476 7	0.376 3	0.484 7	0.937 4
	消费维度	0.072 4	0.247 3	0.293 4	0.240 8	0.032 7

三、基于单一维度不均衡的合成

前文中我们分别测度了单一维度的基尼系数，这里采用不同赋权方法对单一维度基尼系数进行合成。由表 3.12 可知，从整体上看，尽管多维不均衡的测度结果存在着差异，但用任何一种赋权方法测度，其动态变动的趋势大体上相同，即 2010—2018 年，同时考虑收入、财富和消费三个维度的经济不均衡程度在加剧。

表 3.12　单一维度不均衡合成的多维不均衡

年份		2010	2012	2014	2016	2018	增长幅度/%
总体	等权重赋权法	0.537 2	0.526 3	0.527 3	0.564 9	0.569 3	5.98
	主成分赋权法	0.531 7	0.529 3	0.528 0	0.554 4	0.560 2	5.36
	数据驱动赋权法	0.577 4	0.551 7	0.550 0	0.656 5	0.647 7	12.18
城镇	等权重赋权法	0.500 6	0.510 3	0.501 5	0.540 3	0.527 6	4.98
	主成分赋权法	0.499 4	0.512 9	0.501 3	0.526 0	0.524 6	4.78
	数据驱动赋权法	0.514 9	0.525 2	0.523 1	0.636 6	0.562 1	8.52
农村	等权重赋权法	0.488 6	0.474 7	0.478 1	0.487 4	0.526 0	8.25
	主成分赋权法	0.472 7	0.475 6	0.479 1	0.490 7	0.487 2	4.67
	数据驱动赋权法	0.546 9	0.489 0	0.481 5	0.501 9	0.649 2	19.31

　　我国的城镇家庭和农村家庭受到城乡二元结构的影响，在收入、财富和消费资源的配置上存在着很大差距，使得城镇家庭和农村家庭在多维经济不均衡程度上也存在这种差距，所以，分析城乡的多维经济不均衡差异，需要将样本拆分成城镇和农村两个子样本，以实现城镇和农村的不均衡研究。基于此，本书对两个子样本进行了组内测算，如表 3.13 所示，从城镇来看，2010—2018 年，不均衡的动态变化趋势在任何赋权方法下都呈现出较一致的趋向，城镇多维经济不均衡程度表现为波动性上升趋势，说明在这一时期，城镇居民的多维经济不均衡程度在加剧。从农村来看，2010—2018 年，无论采用何种赋权方法，其动态变动趋势基本一致，农村多维不均衡程度呈现先下降后上升的趋势，农村居民的不均衡指数在上升，说明在这一时期，农村居民的多维经济不均衡程度在加剧。对比城乡来看，等权重赋权法和数据驱动赋权法下的农村多维经济不均衡的增长幅度大于城镇，说明农村的多维经济不均衡扩大速度快于城镇。

四、Tsui 指数

　　Tsui 指数是基于社会福利函数的不均衡测度方法。之所以选择这一指标，是基于如下考虑：一是 Tsui 指数在实证中被普遍采用，并且其可以呈现众多因素对个体的效应。二是 Tsui 指数与单一维度测度的 Atkinson 指数的构造思路相同，从而便于单一维度不均衡和多维不均衡的前后对比。

我们参照上文中所介绍的 Tsui 指数的构造方法来测算多维经济不均衡，并且式（3.4）和式（3.5）中的参数 a_1 和 a_2 的取值大小不会影响最终的不均衡测度结果。但为了便于计算，本书假设 $a_1 = -1$，$a_2 = 1$，此外，将 Tsui 指数的不均衡厌恶系数 ε 设置为 1.5。

江求川（2015）[①] 对 Tsui 指数给出了两种解释：一是在保证社会总福利不变的情形下，可以通过资源的平均分配来节省的总资源量，即在维持社会总资源恒定的情况下，平均分配在多大程度上有利于社会福利的提高。2010 年 Tsui 1 指数为 0.542 7，意味着在维持社会总福利水平不变的情形下，对资源进行平均分配可以节省 54.27% 的总资源，即在总资源平均分配的情况下，只需要 45.73% 的资源就可以达到最初的福利水平。二是 Tsui 指数越大，多维经济不均衡程度越严重。表 3.13 是基于式（3.8）和式（3.9）测度的结果，其符合上文中采用单一维度不均衡合成多维不均衡的结果：在不同赋权方法下，多维经济不均衡程度都呈现出先下降后上升的趋势，且 2018 年的不均衡指数大于 2010 年的不均衡指数，整体多维经济不均衡在加剧。此外，由于 Tsui 1 指数和 Tsui 2 指数所依托的福利函数不同，个别年份的指标略有差异，但是它们呈现的经济不均衡变动趋势基本一致。

表 3.13　总体 Tsui 指数测度结果

年份	等权重赋权法		主成分赋权法		数据驱动赋权法	
	Tsui 1	Tsui 2	Tsui 1	Tsui 2	Tsui 1	Tsui 2
2010	0.542 7	0.441 1	0.533 9	0.433 3	0.622 0	0.494 5
2012	0.530 3	0.436 6	0.535 0	0.440 5	0.564 1	0.465 2
2014	0.539 1	0.438 0	0.540 6	0.439 1	0.574 4	0.467 1
2016	0.592 6	0.491 2	0.580 8	0.477 9	0.723 7	0.598 9
2018	0.616 0	0.511 2	0.604 7	0.499 4	0.724 0	0.602 8

注：Tsui 1 表示第一类 Tsui 指数；Tsui 2 表示第二类 Tsui 指数。$\varepsilon = 1.5$，ε 与 Tsui 2 无关。

在 2012 年，我国经济不均衡程度出现较为明显的下降，其主要原因是

---

① 江求川. 中国福利不均衡的演化及分解 [J]. 经济学（季刊），2015, 14（4）：1417-1444.

收入、财富和消费不均衡同时在下降。但从 2014 年开始，我国经济不均衡程度开始上升，虽然在 2014 年收入不均衡和财富不均衡程度有所下降，但是消费不均衡程度却较大幅度地上升；在 2016 年后，经济不均衡上升的主要原因是这个时期收入不均衡和财富不均衡迅速上升。

表 3.14 展示了城镇和农村两个子样本的 Tsui 指数测度结果，其同样符合上文中采用单一维度不均衡合成多维不均衡的结果。从城镇来看，无论采用何种赋权方法，城镇居民的多维经济不均衡程度呈现波动性上升的趋势。从农村来看，等权重赋权法和数据驱动赋权法下的农村居民的多维经济不均衡程度呈现先下降后上升的趋势。无论城镇还是农村，2018 年的不均衡指数都大于 2010 年的不均衡指数，且农村增长率大于城镇增长率，即城镇和农村居民的整体多维经济不均衡程度都在上升，且农村居民的多维经济不均衡程度上升速度快于城镇。

表 3.14　城乡内部 Tsui 指数测度结果

	指标	赋权方法	2010 年	2012 年	2014 年	2016 年	2018 年	增长幅度/%
城镇	Tsui 1	等权重赋权法	0.536 8	0.536 9	0.530 3	0.587 4	0.560 5	4.42
		主成分赋权法	0.533 3	0.543 5	0.531 6	0.569 3	0.557 4	4.52
		数据驱动赋权法	0.578 1	0.562 8	0.569 1	0.737 3	0.607 8	5.14
	Tsui 2	等权重赋权法	0.414 0	0.429 5	0.421 4	0.474 6	0.453 2	9.47
		主成分赋权法	0.411 5	0.434 1	0.421 8	0.455 1	0.449 8	9.31
		数据驱动赋权法	0.437 4	0.450 1	0.451 5	0.591 9	0.494 9	13.15
农村	Tsui 1	等权重赋权法	0.451 3	0.443 7	0.455 5	0.470 3	0.539 8	19.61
		主成分赋权法	0.433 2	0.440 1	0.455 8	0.481 2	0.500 4	15.51
		数据驱动赋权法	0.561 0	0.462 2	0.463 4	0.494 8	0.744 2	32.66
	Tsui 2	等权重赋权法	0.370 2	0.364 6	0.366 9	0.382 1	0.451 0	21.83
		主成分赋权法	0.350 5	0.362 7	0.367 4	0.388 7	0.403 2	15.04
		数据驱动赋权法	0.439 0	0.378 2	0.372 1	0.399 3	0.578 4	31.75

五、多维基尼系数

为了保障测量结果的稳健性，本书在采用上述单一维度不均衡合成多维不均衡和 Tsui 指数测度的基础上，还引入了多维基尼系数来测度多维经济不均衡程度。一方面，考虑到不均衡测度指标中不同指标所指向的社会福利函数迥异，因此正确选取不均衡测度指标是保证测度结果有效的重中之重。事实上，在以往的研究中，很多研究者也都会采取不同指标来进行测量①，以得到较为稳健的结果。另一方面，Tsui 与 Atkinson 指数、多维基尼系数与基尼系数都源自同一理论框架，有利于单维到多维的结果对比。

表 3.15 是基于式（3.15）和式（3.16）的测度结果，多维基尼系数测度的不均衡程度变动趋势和 Tsui 指数测度的不均衡程度变动趋势大体一致。2010—2018 年，整体多维经济不均衡程度呈现先下降后上升的趋势，且 2018 年的不均衡指数大于 2010 年的不均衡指数，即我国多维经济不均衡程度在加剧。这也反映出本书的测度结果满足了稳健性要求。对比上文的单一维度不均衡结果可知，如果我们关注的焦点仅在收入不均衡维度，其基尼系数表现为收入不均衡在 2018 年比 2010 年有所改善，而多维不均衡却呈现出加剧的趋势，因此，多维分析可以使我们更全面地认识经济不均衡问题。

表 3.15　总体多维基尼系数测度结果

年份	等权重赋权法		主成分赋权法		数据驱动赋权法	
	I1	I2	I1	I2	I1	I2
2010	0.622 8	0.595 8	0.618 6	0.588 2	0.638 9	0.625 4
2012	0.606 8	0.573 7	0.608 4	0.576 7	0.618 0	0.596 4
2014	0.607 8	0.578 1	0.608 2	0.578 7	0.618 9	0.599 5
2016	0.671 7	0.647 3	0.664 9	0.636 0	0.696 6	0.692 1
2018	0.692 6	0.670 5	0.687 4	0.662 0	0.714 9	0.708 3

表 3.16 给出了城镇和农村两个子样本的多维基尼系数测度结果，与 Tsui 指数的结论比较一致。从城镇来看，城镇居民的多维经济不均衡程度呈现波动性上升的趋势。从农村来看，不管采用何种赋权方式，农村居民的多维经济不均衡程度都呈现先下降后上升的趋势。无论城镇还是农村，2018 年的不均衡指数都大于 2010 年的不均衡指数，即整体多维经济不均衡都在加剧，且从增长率来看，农村的多维经济不均衡加剧速度快于城镇。

---

① 万广华. 不均衡的度量与分解 [J]. 经济学（季刊），2009, 8（1）：347-368.

表 3.16　城乡内部多维基尼系数测度结果

	指标	赋权方法	2010 年	2012 年	2014 年	2016 年	2018 年	增长幅度/%
城镇	I1	等权重赋权法	0.592 2	0.592 4	0.598 8	0.663 8	0.643 6	8.68
		主成分赋权法	0.591 0	0.593 5	0.598 6	0.655 7	0.642 2	8.66
		数据驱动赋权法	0.598 5	0.598 9	0.608 3	0.686 0	0.654 4	9.34
	I2	等权重赋权法	0.567 0	0.565 6	0.574 0	0.642 8	0.624 1	10.07
		主成分赋权法	0.564 6	0.567 5	0.573 5	0.629 6	0.621 7	10.11
		数据驱动赋权法	0.578 6	0.578 6	0.591 3	0.681 6	0.643 6	11.23
农村	I1	等权重赋权法	0.541 3	0.514 4	0.507 1	0.529 6	0.623 1	15.11
		主成分赋权法	0.524 8	0.516 1	0.508 0	0.531 5	0.577 7	10.08
		数据驱动赋权法	0.562 3	0.522 9	0.509 3	0.537 8	0.660 5	17.46
	I2	等权重赋权法	0.503 2	0.462 0	0.460 8	0.484 3	0.581 4	15.54
		主成分赋权法	0.469 5	0.469 2	0.464 4	0.489 3	0.505 1	7.58
		数据驱动赋权法	0.557 0	0.488 1	0.468 2	0.509 0	0.658 5	18.22

六、多维不均衡的分解

利用上文求得的 Tsui 指数和式（3.18）、式（3.21）可知，Tsui 指数中的 Tsui 1、Tsui 2 指数都可以分解，并且 Tsui 1 指数能够分解出各单一维度不均衡和维度间相关性对于经济不均衡的贡献。一方面，合理测度不同维度对于经济不均衡的贡献，有利于我们分析出对多维经济不均衡贡献最大的维度，从而在实践中帮助政府部门以该维度为切入点，制定并采取相关有针对性的改善不均衡的政策。另一方面，分解出三个维度间的相关性，不仅可以帮助我们确定不同维度间相互作用的方向，还可以测度维度间相关性对多维不均衡的影响大小，有利于我们深挖经济不均衡的内在作用机制。

表 3.17 展示了我国总体、城镇和农村的多维经济不均衡的分解结果。从总体分解结果可知，Tsui 1 和 Tsui 2 指数分解结果的变动趋势基本一致，即 2010—2018 年，财富不均衡对于经济不均衡的贡献度最大，若不考虑维度间相关性的贡献，其贡献率平均在 50% 左右，且呈现上升趋势，因此，财富不均衡是导致多维经济不均衡的最主要因素；收入不均衡是导致多维经济不均衡的第二关键因素，若不考虑维度间相关性的贡献，其对经济不

均衡的贡献率在 30%左右；消费不均衡对多维经济不均衡的贡献小于收入和财富维度。

表 3.17　各维度不均衡对多维不均衡的贡献度

	指标	维度	2010 年	2012 年	2014 年	2016 年	2018 年	平均贡献度
总体	Tsui 1	收入维度	27.35	32.61	28.39	27.01	28.46	28.76
		财富维度	44.23	40.93	42.07	44.05	45.32	43.32
		消费维度	17.01	17.16	18.76	18.27	15.48	17.34
	Tsui 2	收入维度	30.66	34.21	30.39	28.37	29.92	30.71
		财富维度	49.68	46.37	47.90	50.66	52.27	49.38
		消费维度	19.66	19.43	21.71	20.97	17.81	19.92
城镇	Tsui 1	收入维度	22.49	31.23	26.68	24.72	27.90	26.60
		财富维度	49.62	41.55	45.84	46.55	43.86	45.48
		消费维度	15.19	16.46	16.39	16.63	16.62	16.26
	Tsui 2	收入维度	26.82	33.15	28.76	26.25	29.69	28.93
		财富维度	54.46	47.45	51.87	54.03	50.99	51.76
		消费维度	18.72	19.40	19.37	19.72	19.32	19.31
农村	Tsui 1	收入维度	31.41	38.07	34.46	33.68	33.21	34.17
		财富维度	39.16	35.56	34.95	36.74	44.10	38.10
		消费维度	19.62	18.91	21.03	20.93	15.14	19.13
	Tsui 2	收入维度	33.93	39.54	36.74	35.08	33.57	35.77
		财富维度	44.12	39.52	39.04	41.10	49.57	42.67
		消费维度	21.95	20.94	24.22	23.82	16.86	21.56

本书认为，首先，财富不均衡对多维经济不均衡的影响应该受到广泛关注，应该从财富不均衡入手去改善我国多维经济不均衡。其次，应该继续重视收入不均衡问题，收入不均衡对多维经济不均衡的贡献仍占 1/3 左右。最后，消费不均衡对多维经济不均衡的贡献率在 2018 年有所上升，且结合前文的单一维度消费不均衡测度结果可知，2018 年的消费基尼系数大于 2010 年，消费不均衡问题不容忽视。

进一步探讨城乡内部的不同维度是否存在差异，以便采取更有针对性的政策。由分城乡的分解结果可知，无论城镇还是农村，Tsui 1 和 Tsui 2 指数分解结果的变动趋势基本一致。对于城镇居民而言，2010—2018 年，虽然财富不均衡对城镇居民经济不均衡的贡献率有所下降，但财富不均衡仍是解释城镇居民多维经济不均衡的最主要因素；收入不均衡是解释城镇居民多维经济不均衡的第二关键因素，且其对多维经济不均衡的贡献率有所上升，在 2012 年，收入不均衡对城镇居民多维经济不均衡的贡献率达到最大；消费不均衡对城镇居民多维经济不均衡的贡献小于收入和财富维度，但呈现上升趋势。

对于农村居民而言，在 2012 年，收入不均衡对农村居民多维经济不均衡的贡献率最大，即在 2012 年，收入不均衡是解释农村居民多维经济不均衡的最主要因素。除了 2012 年外，其余年份中财富不均衡是解释农村居民多维经济不均衡的最主要因素。2014—2018 年，收入不均衡和消费不均衡的贡献率有所下降，但财富不均衡的贡献率有较大幅度的上升。总体而言，2010—2018 年，若不考虑维度间相关性的贡献，财富不均衡对农村居民多维经济不均衡的贡献率平均在 42% 左右。

综上所述，对于 Tsui 1 指数的分解而言：①2010—2018 年，农村居民的财富不均衡对多维经济不均衡的贡献率在上升，而城镇居民的财富不均衡对多维经济不均衡的贡献率在下降。这可能是因为近几年部分农村居民也能掌握更广阔的投资渠道，与城镇居民对房地产和金融资产的投资理念的差异正在缩小（林芳 等，2014）①，但农村内部的财富不均衡在扩大。②农村居民的收入不均衡对多维经济不均衡的贡献率大于城镇，这可能是因为农村居民可选择的就业渠道有限，缺少最低收入保障，而城镇居民就业范围较广，也有最低工资保障，收入分布范围也比较广泛②。③2010—2016 年，城镇居民的消费不均衡对多维经济不均衡的贡献率小于农村，而在 2018 年，城镇居民的消费不均衡对多维经济不均衡的贡献率大于农村。城镇内部的消费分化和农村内部的消费趋同，可能是中央一系列支农惠农政策的落实，电商加速向农村渗透，农村居民的收入差距在缩小，而购买能力和消费意愿都在加强，导致农村内部消费趋同③。

①　林芳，蔡翼飞，高文书. 城乡居民财富持有不均衡的折射效应：收入差距的再解释［J］.劳动经济研究，2014（6）：154-174.

②　张骞，刘晓光. 去年居民收入差距缩小，农村收入不平等比城镇更明显［EB/OL］.（2019-01-24）［2023-12-10］.https://www.sohu.com/a/291008221_100160903.

③　孙豪，胡志军，陈建东. 中国消费基尼系数估算及社会福利分析［J］.数量经济技术经济研究，2017，34（12）：41-57.

第四章 经济不均衡的关联性分析

第三章主要分析了 2010—2018 年我国居民收入、财富和消费在一维、二维和三维上的分布状况，测度了单一维度和多维不均衡程度，且对多维经济不均衡进行了分解。本章将基于第三章对我国经济不均衡状况和变迁过程的分析，挖掘出不同维度间的作用机制。因此，本章将采用三种方法，从不同的角度来进一步研究维度之间的相互关系，进而掌握不同维度之间相互影响的机制。具体而言，先通过 Tsui 1 指数的分解构建维度间关联关系的框架，再通过回归分析的 Oaxaca-Blinder 分解法和 RIF 无条件分位数回归，更加深入地探讨不均衡维度间的关联关系。

第一节 基于 Tsui 1 指数分解的相关性分析

一、总体相关性

在上一章测算 Tsui 1 指数的基础上，根据式（3.18）的结构可知，多维经济不均衡包括两个方面：其一是不同维度的不均衡，具体就是收入不均衡、财富不均衡和消费不均衡；其二是收入、财富和消费三者不均衡之间的相关性 ρ，ρ 表示不同维度之间的相关程度，那么如果 $\rho > 1$，即 $\ln(\rho) > 0$，表示各维度之间正相关。因此，我们按照式（3.18），准确分解出维度不均衡间的相关性。这不仅可以帮助我们明确维度不均衡间相互影响的方向，还可以测度出维度间相关性对多维不均衡的影响大小，有助于我们深挖多维不均衡的内在作用机制。

由于 Tsui 2 指数对应的分解式（3.21）不考虑各因素相关性的影响，本节仅对 Tsui 1 指数进行分解，在分解过程中可以得到 ρ 值，可以判断出维度不均衡间的相关性。表4.1是等权重赋权法下的分解结果①，ρ大于1，证实收入、财富和消费之间有正相关关系，三者的相关性对经济不均衡的影响占10%左右。虽然收入、财富和消费相关性对经济不均衡的影响相对较小，但ρ值在2014—2018年呈现上升趋势，ρ值的连续上升说明穷人和富人之间在收入和消费上的差距越来越大，这种差异将会进一步加剧我国经济不均衡。

表4.1　维度间相关性对经济不均衡的贡献度

年份	总体		城镇		农村	
	ρ	维度相关性/%	ρ	维度相关性/%	ρ	维度相关性/%
2010	1.045 7	11.41	1.050 1	12.71	1.029 9	9.81
2012	1.035 8	9.31	1.042 2	10.75	1.022 1	7.46
2014	1.042 6	10.77	1.042 8	11.08	1.029 5	9.56
2016	1.049 1	10.68	1.055 0	12.10	1.027 8	8.64
2018	1.052 7	10.73	1.048 9	11.62	1.029 7	7.55

二、分城乡相关性

本节还测算了城镇和农村内部维度不均衡间的相关性，进一步探讨城乡内部维度间的贡献率是否存在差异。测算结果如表4.1所示，城镇和农村的ρ都大于1，说明城乡内部的收入、财富和消费之间都存在正相关关系。且2010—2018年，城镇的ρ都高于农村，这说明收入、财富和消费的正相关性在城镇居民中表现得更为明显。无论城镇还是农村，虽然ρ对经济不均衡的影响程度有着较大的波动，且其影响在整体上呈现下降的趋势，但总体和城镇的ρ对经济不均衡的影响程度仍大于10%。因此，收入、财富和消费的相关性对经济不均衡的影响应该受到重视。

---

① 等权重赋权法下各维度的分解结果已经给出。需要说明的是，本书也测算了主成分赋权法和数据驱动赋权法下的分解结果。经过测算，虽然在数值上两者与等权赋权法略有不同，但结论却是一致的，所以这里只展示了等权重赋权法下的分解情况。

第二节 收入、财富与消费的分组回归分析

一、分组回归分析方法

由于不同收入、财富与消费水平的个体受到物质生活水平的影响不尽相同，本节将对不同收入、不同财富与不同消费阶层分别考察，按照收入高低、财富高低与消费高低，用均值将其分别区分为高收入组和低收入组、高财富组和低财富组、高消费组和低消费组，进行分组回归，再根据回归结果，进一步采用 Oaxaca-Blinder 分解法，分解出财富维度对收入不均衡的贡献、收入维度对财富不均衡的贡献、收入与财富维度对消费不均衡的贡献，以期得到收入不均衡、财富不均衡与消费不均衡的关系。

本节的实证方法主要采用由 Oaxaca 和 Blinder 在 1973 年共同提出来的 Oaxaca-Blinder 分解法。该方法的基本思路是先通过 OLS 回归分解出两个样本被解释变量的差异，再通过具体模型考察解释变量差异和回归系数差异影响被解释变量的方向和大小。因此，该方法通常被用于分析两个不同群体由于禀赋不同等造成的差异，如分析城乡收入差距等。并且，该方法通常采用线性回归模型和半对数回归模型，对数据也有一定要求，需要符合回归的基本条件，主要从特征效应入手得出各影响因素的影响程度（郭继强 等，2011）。

本书假设将总样本进行分组，分为 H 组和 L 组，那么两组样本的线性回归方程如式（4.1）和式（4.2）所示：

$$Y_H = \beta_H X_H + \varepsilon_H \tag{4.1}$$

$$Y_L = \beta_L X_L + \varepsilon_L \tag{4.2}$$

Y_H 和 Y_L 分别是 H 组和 L 组的因变量，X_H 和 X_L 分别为 H 组和 L 组的自变量，ε_H 和 ε_L 分别为 H 组和 L 组的随机误差项。

将两个组的样本个体特征向量的平均值分别表示为 $\bar{X}_H$ 和 $\bar{X}_L$，那么，根据最小二乘法（OLS）残差均值为零的性质，这两个群组的工资均值之差为

$$\bar{X}_H - \bar{X}_L = \beta_H \bar{X}_H - \beta_L \bar{X}_L \tag{4.3}$$

Neumark（1988）改进了式（4.3）的方法，把所有样本的回归系数

β^* 视为没有歧视的工资结构。因此，根据 Neumark（1988）的方法，改进后的 Oaxaca-Blinder 分解式为

$$\bar{Y}_H - \bar{Y}_L = \beta^*(\bar{X}_H - \bar{X}_L) + [(\hat{\alpha}_H - \hat{\alpha}_L) + \bar{X}_H(\hat{\beta}_H - \beta^*) + \bar{X}_L(\beta^* - \hat{\beta}_L)]$$

(4.4)

其中，β^* 是将 H 组和 L 组合为一个组时的回归系数，$\beta^*(\bar{X}_H - \bar{X}_L)$ 是由个体特征差异而引起的差距，即可解释部分；$(\hat{\alpha}_H - \hat{\alpha}_L) + \bar{X}_H(\hat{\beta}_H - \beta^*) + \bar{X}_L(\beta^* - \hat{\beta}_L)$ 是由系数差异而引起的差距，即不可解释部分。

二、变量选择与描述性统计

（一）变量选择

本章计量所使用的数据与第二章使用的数据相同。数据来源于北京大学中国社会科学调查中心开发的中国家庭追踪调查（CFPS）2010 年、2012 年、2014 年、2016 年和 2018 年的平衡面板数据，样本量为 20 685 个，共 4 137 户。由于本书的研究都是基于相同家庭的收入、财富和消费水平，且 CFPS 调查问卷中没有统一的"户主"概念，为了便于前后文的比较分析，本节采用家庭整体特征表示家庭层面的控制变量，包括家庭人均纯收入（lnincome），家庭人均净财富（lnwealth），家庭人均消费支出（lnconsumption），家庭规模（fsize），家庭成员的平均年龄（age），家庭成员最高受教育年限（fedu），家庭成员是否有党员（party），家庭成员是否在党政机关、事业单位或国有企业工作（work），家庭成员是否担任行政管理职务（leader），家庭所在地为城镇还是农村（urban）。

同时，本书采用省际的经济指标来衡量宏观经济因素，包括地区经济水平（lngdp）、人均公共财政教育支出（lnedu）、房价水平（lnhprice）。本书采用宏观经济指标的理由如下：一是由于在面板数据中，每个年度内宏观因素的差异较大；二是由于我国东中西部地区的经济社会发展差距较大，这种差距也会造成家庭收入、财富和消费的地区差距，因而控制省际经济指标来消除宏观因素对不均衡的影响。

（二）描述性统计

为了保证估计结果的可靠性和可比性，在第二章实证数据基础上，针对除了收入、财富和消费的其他变量的数据缺失情况，我们通过补漏、替代和估算等方式全部保留了第二章的样本量。主要变量的基本描述性统计如表 4.2 所示。

表 4.2 变量定义和描述性统计结果

变量	变量定义	均值	标准误	最小值	最大值	样本数
lnincome	家庭人均纯收入的对数	8.954 6	1.237 0	−1.296 7	13.203 6	20 685
lnwealth	家庭人均净财富的对数	10.904 9	1.364 2	−1.169 9	17.566 8	20 685
lnconsumption	家庭人均消费支出的对数	9.072 7	0.881 4	2.713 8	13.111 1	20 685
age	家庭成员的平均年龄	41.584 2	18.632 8	0	89	20 685
fedu	家庭成员最高受教育年限	9.724 1	4.045 2	0	22	20 685
urban	家庭所在地（城镇=1，乡村=0）	0.418 2	0.493 3	0	1	20 685
fsize	家庭成员人数	2.447 0	1.176 0	1	10	20 685
work	家庭成员中：在党政机关、事业单位或国有企业工作=1，其他=0	0.183 2	0.386 8	0	1	20 685
party	家庭成员中：有党员=1，否=0	0.184 0	0.387 5	0	1	20 685
leader	家庭成员中：从事行政管理职务=1，其他=0	0.072 7	0.259 6	0	1	20 685
lngdp	各省份人均 GDP（元）的对数	10.528 9	0.491 8	9.303 0	11.767 5	20 685
lnhprice	各省份商品房平均销售价格（元/平方米）的对数	8.539 9	0.443 4	7.817 2	10.377 9	20 685
lnedu	各省份人均公共财政教育支出（元）的对数	7.177 6	0.415 6	6.269 3	8.399 1	20 685
year	年份	—	—	2010	2018	—

数据来源：根据 2010 年、2012 年、2014 年、2016 年和 2018 年中国家庭追踪调查（CFPS）数据计算得到。

三、模型设定

基于 Tsui 1 指数分解得出的维度不均衡间的正相关关系，本节采用基于回归分析的 Oaxaca-Blinder 分解法进一步从特征因素角度分析变量之间的关联关系，从而考察维度间相互作用的动态变化。本节给出收入维度、财富维度和消费维度的基本回归方程如式（4.5）至式（4.7）所示。

收入方程：本节在收入方程中加入的控制变量包括家庭人均净财富（lnwealth），家庭成员平均年龄（age），家庭成员最高受教育年限（fedu），城乡（urban），家庭规模（fsize），家庭成员是否在党政机关、事业单位或国有企业工作（work），家庭成员是否有党员（party），地区经济水平（lngdp）。

$$\text{lnincome}_{(H, L)} = \delta_0 + \beta_1 \text{lnwealth}_{it} + \delta_1 \text{age}_{it} + \delta_2 \text{fedu}_{it} + \delta_3 \text{urban}_{it} + \delta_4 \text{fsize}_{it}$$
$$+ \delta_5 \text{work}_{it} + \delta_6 \text{party}_{it} + \delta_7 \text{lngdp}_{it} + \varepsilon_{it} \qquad (4.5)$$

财富方程：本节在财富方程中加入的控制变量包括家庭人均纯收入（lnincome），家庭成员平均年龄（age），家庭成员最高受教育年限（fedu），城乡（urban），家庭规模（fsize），家庭成员是否在党政机关、事业单位或国有企业工作（work），家庭成员中是否有党员（party），家庭成员是否担任行政管理职务（leader），房价水平（lnhprice）。

$$\text{lnwealth}_{(H, L)} = \delta_0 + \alpha_1 \text{lnincome}_{it} + \delta_1 \text{age}_{it} + \delta_2 \text{fedu}_{it} + \delta_3 \text{urban}_{it} + \delta_4 \text{fsize}_{it}$$
$$+ \delta_5 \text{work}_{it} + \delta_6 \text{party}_{it} + \delta_7 \text{leader}_{it} + \delta_8 \text{lnhprice}_{it} + \varepsilon_{it} \qquad (4.6)$$

消费方程：本节在消费方程中加入的控制变量包括家庭人均纯收入（lnincome），家庭人均净财富（lnwealth），家庭成员平均年龄（age），家庭成员最高受教育年限（fedu），城乡（urban），家庭规模（fsize），家庭成员是否在党政机关、事业单位或国有企业工作（work），家庭成员中是否有党员（party），人均公共财政教育支出（lnedu）。

$$\text{lnconsumption}_{(H, L)} = \delta_0 + \alpha_1 \text{lnincome}_{it} + \beta_1 \text{lnwealth}_{it} + \delta_1 \text{age}_{it}$$
$$+ \delta_2 \text{fedu}_{it} + \delta_3 \text{urban}_{it} + \delta_4 \text{fsize}_{it} + \delta_5 \text{work}_{it} + \delta_6 \text{party}_{it}$$
$$+ \delta_7 \text{lnedu}_{it} + \varepsilon_{it} \qquad (4.7)$$

式（4.5）至式（4.7）中等式左边变量的下标 L 分别表示低收入组、低财富组和低消费组，下标 H 分别表示高收入组、高财富组和高消费组。

四、模型估计和结果分析

（一）基本回归结果分析

根据式（4.5）至式（4.7）的模型设定，我们逐一加入变量后得到了表4.3至表4.5的各维度分年份的回归结果。由于本节的回归分析是为下文的 Oaxaca-Blinder 分解做准备，所以我们暂时忽略了截面数据存在异方差的情况。

表 4.3 按收入高低分组的 OLS 回归

变量	2010 年			2012 年			2014 年			2016 年			2018 年		
	低	高	总体	低	高	总体	低	高	总体	低	高	总体	低	高	总体
lnwealth	0.155 *** (11.32)	0.140 *** (14.80)	0.256 *** (24.75)	0.108 *** (4.50)	0.128 *** (14.08)	0.237 *** (14.59)	0.074 *** (3.61)	0.136 *** (16.94)	0.235 *** (15.31)	0.105 *** (4.92)	0.123 *** (14.83)	0.260 *** (18.29)	0.033 (1.52)	0.140 *** (15.13)	0.245 *** (15.37)
age	-0.002 *** (-2.68)	0.006 *** (8.18)	-0.003 *** (4.59)	-0.003 * (-1.88)	0.002 *** (3.57)	-0.007 * (-1.71)	-0.000 (-0.28)	0.006 *** (9.45)	0.005 *** (4.95)	-0.002 (-1.17)	0.005 *** (7.97)	0.004 *** (3.34)	-0.011 *** (-6.73)	0.004 *** (5.66)	-0.008 *** (-6.58)
fedu	0.024 *** (4.77)	0.037 *** (9.55)	0.058 *** (14.19)	0.021 *** (2.90)	0.023 *** (7.04)	0.069 *** (13.07)	0.023 *** (3.07)	0.026 *** (8.31)	0.060 *** (11.13)	0.012 (1.50)	0.030 *** (9.36)	0.052 *** (9.59)	0.014 * (1.86)	0.023 *** (7.29)	0.054 *** (9.79)
urban	-0.012 (-0.30)	0.072 *** (2.76)	0.193 *** (6.57)	-0.141 ** (-2.51)	0.022 (0.97)	0.035 (0.88)	-0.094 * (-1.81)	-0.016 (-0.79)	0.036 (0.94)	-0.063 (-1.12)	0.105 *** (4.87)	0.184 *** (4.80)	0.090 (1.47)	0.049 ** (2.12)	0.204 *** (4.73)
fsize	0.007 (0.48)	-0.073 *** (-6.31)	-0.063 *** (-5.00)	0.078 *** (3.62)	-0.007 (-0.80)	0.064 *** (4.17)	-0.024 (-1.16)	-0.066 *** (-7.26)	-0.068 *** (-4.15)	0.039 * (1.74)	-0.054 *** (-5.70)	-0.030 * (-1.87)	0.061 ** (2.57)	-0.064 *** (-6.58)	-0.023 (-1.30)
work	0.178 *** (2.36)	0.030 (0.96)	0.210 *** (5.09)	0.331 *** (3.58)	0.022 (0.91)	0.372 *** (9.31)	0.415 *** (5.21)	0.065 *** (2.92)	0.394 *** (11.01)	0.365 *** (4.06)	0.062 *** (2.67)	0.409 *** (8.68)	0.478 *** (4.52)	0.078 *** (3.26)	0.486 *** (9.12)
party	0.001 (0.01)	0.109 *** (3.58)	0.118 *** (3.21)	0.049 (0.66)	0.078 *** (3.12)	0.100 ** (2.26)	0.077 (1.06)	0.033 (1.39)	0.089 ** (2.25)	-0.013 (-0.18)	0.046 * (1.94)	0.069 (1.53)	-0.038 (-0.52)	0.090 *** (3.79)	0.060 (1.24)
lngdp	-0.039 (-0.96)	0.123 *** (4.86)	0.202 *** (6.84)	0.192 *** (2.80)	0.185 *** (7.61)	0.378 *** (8.38)	0.265 *** (3.54)	0.167 *** (6.86)	0.558 *** (12.60)	0.168 ** (2.13)	0.185 *** (7.28)	0.492 *** (10.27)	-0.052 (-0.62)	0.149 *** (5.51)	0.240 *** (4.45)
Observations	2 070	2 067	4 137	2 069	2 068	4 137	2 069	2 068	4 137	2 069	2 068	4 137	2 069	2 068	4 137
R^2	0.086 4	0.284 5	0.350 6	0.046 2	0.261 4	0.242 1	0.042 8	0.300 5	0.264 5	0.034 0	0.332 2	0.277 1	0.061 1	0.317 5	0.251 5
F 统计量	24.35	102.31	285.06	12.46	91.10	164.83	11.50	110.58	226.57	9.06	128.03	197.84	16.77	119.90	173.42

注：***、**、* 分别表示系数估计值在 0.01、0.05、0.10 的水平上显著，括号内是 t 统计值。

表 4.4 按财富高低分组的 OLS 回归

变量	2010年			2012年			2014年			2016年			2018年		
	低	高	总体	低	高	总体	低	高	总体	低	高	总体	低	高	总体
lnincome	0.239*** (9.09)	0.222*** (12.90)	0.485*** (23.82)	0.063*** (4.11)	0.089*** (6.90)	0.188*** (13.34)	0.124*** (6.59)	0.096*** (6.96)	0.262*** (16.26)	0.136*** (7.71)	0.098*** (6.90)	0.266*** (17.18)	0.141*** (8.57)	0.075*** (5.52)	0.216*** (15.20)
age	-0.000 (-0.04)	0.006*** (7.29)	0.005*** (8.74)	0.001 (0.48)	0.009*** (9.76)	0.010*** (10.80)	-0.005*** (-3.64)	0.007*** (7.41)	0.004*** (3.31)	-0.003** (-2.49)	0.007*** (6.49)	0.005*** (4.88)	-0.000 (-0.10)	0.010*** (9.67)	0.010*** (9.65)
fedu	-0.004 (-0.54)	0.021*** (4.50)	0.024*** (4.08)	0.015*** (2.82)	0.044*** (9.94)	0.055*** (11.23)	-0.000 (-0.03)	0.032*** (6.79)	0.049*** (8.69)	0.007 (1.10)	0.044*** (8.63)	0.059*** (10.59)	0.011* (1.91)	0.044*** (8.57)	0.054*** (10.36)
urban	-0.369*** (-6.44)	0.278*** (9.28)	0.218*** (5.30)	-0.119*** (-2.78)	0.214*** (6.89)	0.339*** (9.32)	-0.100** (-2.10)	0.236*** (7.83)	0.366*** (9.52)	-0.130*** (-2.80)	0.265*** (7.89)	0.401*** (10.33)	0.210*** (4.37)	0.305*** (8.33)	0.716*** (18.35)
fsize	0.037* (1.71)	-0.099*** (-7.13)	-0.061*** (-3.48)	-0.016 (-1.07)	-0.132*** (-10.08)	-0.150*** (-10.80)	0.022 (1.19)	-0.105*** (-7.67)	-0.112*** (-7.03)	0.018 (1.02)	-0.098*** (-6.39)	-0.112*** (-6.94)	-0.046*** (-2.60)	-0.118*** (-7.16)	-0.162*** (0.016 3)
work	-0.057 (-0.62)	0.006 (0.16)	0.026 (0.44)	-0.040 (-0.67)	-0.012 (-0.34)	0.094** (2.05)	-0.105* (-1.66)	0.051 (1.44)	-0.025 (-0.51)	-0.037 (-0.58)	0.068* (1.77)	0.042 (0.86)	0.039 (0.55)	0.036 (0.86)	0.087* (1.70)
party	0.093 (1.26)	0.012 (0.32)	0.117** (2.28)	0.026 (0.47)	0.057 (1.62)	0.130*** (2.97)	0.170*** (2.62)	0.144*** (4.05)	0.269*** (5.51)	0.043 (0.75)	0.104*** (2.80)	0.182*** (3.98)	0.013 (0.23)	0.029 (0.74)	0.105** (2.32)
leader	0.044 (0.28)	0.215*** (4.33)	0.325*** (4.07)	0.021 (0.30)	0.135*** (3.66)	0.311*** (6.30)	-0.150 (-1.40)	0.093* (1.87)	0.028 (0.39)	-0.257 (-1.62)	-0.088 (-1.01)	-0.118 (-1.03)	-0.142 (-1.38)	0.108** (2.05)	0.141** (2.09)
lnhprice	-0.310*** (-3.57)	0.698*** (24.00)	0.728*** (15.94)	-0.097 (-1.35)	0.693*** (20.98)	0.757*** (16.54)	-0.223** (-2.37)	0.760*** (22.50)	0.869*** (16.67)	-0.166 (-1.59)	0.817*** (23.47)	1.011*** (19.86)	0.041 (0.39)	0.900*** (25.34)	1.146*** (23.46)
Observations	2 069	2 068	4 137	2 069	2 068	4 137	2 069	2 068	4 137	2 069	2 068	4 137	2 069	2 068	4 137
R²	0.063 6	0.465 0	0.326 2	0.020 9	0.395 3	0.316 7	0.037 3	0.391 7	0.286 1	0.041 4	0.408 0	0.336 4	0.059 8	0.404 9	0.403 5
F 统计量	15.53	198.74	222.03	4.89	149.48	212.58	8.88	147.24	183.75	9.89	157.62	232.50	14.55	155.61	310.22

注：***、**、* 分别表示该系数估计值在 0.01、0.05、0.10 的水平上显著，括号内是 t 统计值。

表 4.5 按消费高低分组的 OLS 回归

变量	2010年			2012年			2014年			2016年			2018年		
	低	高	总体	低	高	总体	低	高	总体	低	高	总体	低	高	总体
lnincome	0.143 *** (10.57)	0.169 *** (12.79)	0.312 *** (25.38)	0.006 (0.62)	0.046 *** (4.96)	0.051 *** (5.36)	0.051 *** (5.02)	0.059 *** (5.65)	0.114 *** (11.15)	0.035 *** (3.39)	0.069 *** (6.46)	0.113 *** (10.99)	0.054 *** (6.07)	0.054 *** (5.97)	0.107 *** (11.95)
lnwealth	0.076 *** (7.24)	0.037 *** (4.50)	0.082 *** (9.36)	0.133 *** (11.86)	0.098 *** (10.26)	0.212 *** (20.54)	0.097 *** (9.28)	0.086 *** (9.41)	0.167 *** (17.56)	0.107 *** (10.14)	0.094 *** (9.45)	0.195 *** (19.69)	0.086 *** (9.11)	0.111 *** (11.02)	0.222 *** (23.45)
age	0.001 (0.91)	0.003 *** (4.66)	0.003 *** (6.05)	-0.001 ** (-2.26)	0.000 (0.23)	0.002 ** (2.40)	0.000 (0.30)	0.002 *** (2.58)	0.003 *** (4.15)	-0.000 (-0.39)	0.001 ** (1.98)	0.002 *** (3.33)	-0.001 * (-1.86)	0.003 *** (4.22)	0.002 *** (3.01)
fedu	0.011 *** (3.23)	0.014 *** (4.08)	0.031 *** (9.33)	0.003 (0.80)	0.011 *** (3.43)	0.019 *** (5.65)	0.010 *** (2.76)	0.022 *** (6.407)	0.037 *** (10.60)	0.011 *** (2.93)	0.016 *** (4.27)	0.038 *** (10.22)	0.009 *** (2.73)	0.013 *** (3.76)	0.026 *** (8.02)
urban	0.060 ** (2.26)	0.007 (0.29)	0.152 *** (6.60)	0.028 (1.13)	0.052 ** (2.29)	0.149 *** (6.14)	0.116 *** (4.71)	0.044 * (1.83)	0.303 *** (12.74)	0.107 *** (4.12)	0.088 *** (3.37)	0.299 *** (11.82)	0.035 (1.41)	0.061 ** (2.44)	0.172 *** (6.89)
fsize	-0.026 ** (-2.49)	-0.039 *** (-3.74)	-0.058 *** (-5.80)	-0.022 ** (-2.41)	-0.032 *** (-3.31)	-0.066 *** (-6.95)	-0.032 *** (-3.41)	-0.051 *** (-4.79)	-0.081 *** (-8.25)	-0.041 *** (-4.10)	-0.051 *** (-4.42)	-0.097 *** (-9.23)	-0.016 * (-1.68)	-0.053 *** (-5.01)	-0.059 *** (-5.83)
work	-0.086 * (-1.73)	0.096 *** (3.51)	0.112 *** (3.43)	0.006 (0.18)	-0.018 (-0.69)	0.069 ** (2.27)	-0.055 (-1.59)	0.021 (0.77)	0.060 ** (2.01)	0.051 (1.39)	-0.019 (-0.65)	0.044 * (1.83)	0.035 (0.93)	0.004 (0.14)	0.065 ** (2.08)
party	-0.016 (-0.44)	0.039 (1.48)	0.020 (0.67)	0.031 (0.95)	0.045 * (1.77)	0.098 *** (3.36)	0.010 (0.30)	0.028 (1.03)	0.071 ** (2.37)	0.005 (0.16)	0.085 *** (3.09)	0.093 *** (3.15)	0.047 (0.029 8)	0.045 * (1.76)	0.069 ** (2.49)
lnedu	0.110 * (1.91)	0.152 *** (4.32)	0.275 *** (6.80)	0.204 *** (3.04)	0.094 ** (2.42)	0.339 *** (7.00)	0.211 *** (2.77)	0.197 *** (4.18)	0.418 *** (7.65)	-0.026 (-0.40)	0.087 * (1.89)	0.135 ** (2.59)	-0.104 (-1.64)	0.110 *** (2.57)	0.085 * (1.71)
Observations	2 069	2 068	4 137	2 069	2 068	4 137	2 069	2 068	4 137	2 069	2 068	4 137	2 069	2 068	4 137
R²	0.128 6	0.245 0	0.401 4	0.097 1	0.164 6	0.279 6	0.106 2	0.190 1	0.356 9	0.102 0	0.189 5	0.356 4	0.102 6	0.224 1	0.366 8
F统计量	33.78	74.20	307.43	24.60	45.06	177.98	27.18	53.66	254.46	25.99	53.46	253.90	26.17	66.04	265.61

注：*** 、** 、* 分别表示该系数估计值在 0.01、0.05、0.10 的水平上显著，括号内是 t 统计值。

1. 财富对收入的影响

分析收入方程的回归结果，根据表 4.3，我们可以得到以下结论：第一，除了 2010 年外，高收入组的财富回归系数值都高于低收入组。第二，低收入群体随着年龄的增长，收入不断下降；而高收入群体收入水平随着年龄的增加而增加，导致低收入群体和高收入群体随着年龄的增加收入差距扩大。第三，高收入组的教育回报率均高于低收入组，家庭成员中有在党政机关、事业单位或国有企业工作的家庭更有利于收入的提高，且低收入组的工作回归系数值远远高于高收入组，说明中国行业收入差距较大。第四，除了 2012 年外，家庭成员人数的增加不利于家庭收入的提高；地区经济水平的提高有利于家庭收入的提高。

2. 收入对财富的影响

分析财富方程的回归结果，根据表 4.4，我们可以得到以下结论：第一，增加家庭收入均显著增加了高财富组和低财富组的家庭财富，且除了 2012 年外，低财富组的收入回归系数值都高于高财富组，说明对于穷人来说，收入的提高更有利于家庭财富的积累。第二，除了 2012 年外，低财富组的财富水平随着年龄的增加不断下降；而高财富组的财富水平随着年龄的增加显著提高，即富人的财富随着年龄的增加而不断积累，导致穷人和富人的财富差距进一步扩大。第三，高财富组的教育回报率均显著大于低财富组，往往富人更重视教育投资①，教育回报率的差异使得穷人和富人之间的财富差距进一步扩大。第四，从总体样本和高财富组样本来看，城镇居民更有利于提高财富；对于低财富组而言，2010—2016 年，农村居民更有利于提高财富，这可能是由于党的十八大以来脱贫攻坚成绩巨大，农村居民收入大幅度提高。第五，家庭成员的增加不利于总体样本和高财富组家庭的财富积累。2010—2012 年，家庭成员中有行政管理职务的家庭更容易提高财富，而 2014—2016 年，这一结果并不显著，这可能是党的十八大后中央反腐倡廉效果显著。

3. 收入和财富对消费的影响

我们分析消费方程的回归结果，根据表 4.5，我们可以得到以下结论：第一，增加家庭收入和财富都会显著提高家庭消费支出，但是高消费组和

---

① 金烨，李宏彬，吴斌珍. 收入差距与社会地位寻求：一个高储蓄率的原因 [J]. 经济学（季刊），2011，10（3）：887-912.

低消费组的收入回归系数值和财富回归系数值有显著差异，即收入和财富对不同消费组的影响程度存在差异。具体而言，增加家庭收入，更有利于高消费组提高消费支出；除了 2018 年外，增加家庭财富更有利于低消费组提高消费支出。第二，除了 2010 年外，财富回归系数值明显高于收入回归系数值，说明财富对消费的影响作用大于收入对消费的影响作用。第三，对于总体样本和高消费组样本而言，随着年龄的增加，消费支出不断上升；而对于低消费组而言，消费支出随着年龄的增加而下降，这就导致了老年人的消费差距扩大。第四，除了 2012 年外，高消费组的教育回报率均高于低消费组；增加家庭成员均不利于高消费组和低消费组提高消费支出；对于总体样本而言，家庭成员在党政机关、事业单位或国有企业工作的家庭更有利于提高消费支出；人均公共财政教育支出更有利于总体样本和高消费组提高消费支出。

（二）Oaxaca-Blinder 分解结果分析

Oaxaca-Blinder 分解是一种常用的差异分解方法。本书将在上述 OLS 回归的基础上，进一步利用 Oaxaca-Blinder 分解均值收入差距、财富差距和消费差距，识别出个体特征差异导致的收入、财富和消费差异，即可解释部分和系数差异导致的收入、财富和消费差异，即不可解释部分，也就是歧视。本节将先从总体上给出各维度差异中的可解释部分与不可解释部分，再逐项给出可解释部分中具体解释变量的 Oaxaca-Blinder 分解结果。

对于指数基准问题，本书报告了 pooled 分解结果。一般而言，利用 Oaxaca-Blinder 分解可得到四种分解结构，分别为标准分解、反向分解、omega 分解和 pooled 分解。以城乡工资差距为例，标准分解指使用城镇居民样本估计系数作为无歧视工资结构；反向分解指使用农村居民样本估计系数作为无歧视工资结构；omega 分解指使用不含户籍身份指示变量的全样本估计系数作为无歧视工资结构；pooled 分解指使用含户籍身份指示变量的全样本估计系数作为无歧视工资结构。由理论可知，由于标准分解使用较高估计系数作为无歧视工资结构将高估可解释部分，从而低估歧视部分，同理反向分解将高估歧视部分，而 omega 分解使用了不区分户籍身份的全样本估计结果，显然存在偏差，因而 pooled 分解得到的结果偏差相对较小且比较有说服力。因此，本书给出了 pooled 分解结果。

表 4.6 是 2010—2018 年高低收入组、高低财富组和高低消费组总体差

异的 Oaxaca-Blinder 分解结果。与 2010 年相比，高收入组和低收入组的收入差距、高财富组和低财富组的财富差距以及高消费组和低消费组的消费差距都在扩大，并且不可解释部分占绝对主导地位。

表 4.6　总体差异 Oaxaca-Blinder 分解

收入方程	2010 年	2012 年	2014 年	2016 年	2018 年
group_1	9.549 9 ***	9.796 2 ***	9.895 5 ***	9.970 0 ***	10.026 6 ***
group_2	8.087 9 ***	7.934 9 ***	8.141 7 ***	8.130 1 ***	8.015 6 ***
difference	1.462 0 ***	1.861 3 ***	1.753 8 ***	1.839 8 ***	2.011 0 ***
explained	0.287 6 ***	0.229 0 ***	0.246 3 ***	0.278 6 ***	0.250 0 ***
unexplained	1.174 5 ***	1.632 3 ***	1.507 5 ***	1.561 2 ***	1.761 0 ***
财富方程	2010 年	2012 年	2014 年	2016 年	2018 年
group_1	11.505 0 ***	11.751 8 ***	11.923 0 ***	12.098 6 ***	12.268 3 ***
group_2	9.552 3 ***	9.873 1 ***	9.967 6 ***	10.042 6 ***	10.069 1 ***
difference	1.952 7 ***	1.878 7 ***	1.955 5 ***	2.056 0 ***	2.199 2 ***
explained	0.362 7 ***	0.293 8 ***	0.279 2 ***	0.352 1 ***	0.471 1 ***
unexplained	1.590 0 ***	1.584 9 ***	1.676 3 ***	1.703 9 ***	1.728 0 ***
消费方程	2010 年	2012 年	2014 年	2016 年	2018 年
group_1	9.295 5 ***	9.640 7 ***	9.788 6 ***	9.917 6 ***	10.055 9 ***
group_2	8.028 7 ***	8.377 4 ***	8.438 8 ***	8.501 6 ***	8.683 8 ***
difference	1.266 9 ***	1.263 3 ***	1.349 7 ***	1.416 0 ***	1.372 1 ***
explained	0.264 8 ***	0.160 4 ***	0.224 7 ***	0.240 1 ***	0.238 2 ***
unexplained	1.002 1 ***	1.102 9 ***	1.125 0 ***	1.175 8 ***	1.133 8 ***

注：***、**、*分别表示该系数估计值在 0.01、0.05、0.10 的水平上显著。

表 4.7 是 2010—2018 年收入差距、财富差距和消费差距中具体解释变量的 Oaxaca-Blinder 分解结果，对于不可解释部分一般不做分析，因此，表中给出了各个解释变量对差异的可解释部分。对于收入、财富和消费方程中的核心变量，虽然 2010—2018 年的贡献率有所波动，但是仍可以得出以下结论：第一，家庭财富是解释收入差距的最主要因素，由于家庭财富的特征效应为正数，所以财富会导致收入差距的扩大，即家庭财富差距越大，收入差距就越大。第二，在 2010 年，收入是解释财富差距最主要因素，但从 2012 年起，地区房价水平成为解释财富差距的最主要因素，虽然家庭收入的贡献率在下降，但是家庭收入的特征效应为正，说明家庭收入会导致财富差距的扩大，即收入差距越大，财富差距就越大。并且在 2018 年，城乡成为解释财富差距的第二重要因素，说明城乡之间的财富差距在迅速扩大。第三，在 2010 年，收入是解释消费差距的最主要因素，财富是解释消费差距的第二重要因素，但从 2012 年起，财富成为解释消费差距的最主要因素，收入成为解释消费差距的第二重要因素，且收入和财富的特征效用为正数，说明家庭收入和财富都会导致消费差距的扩大。此外，财富对消费差距的贡献率持续增加且大于收入贡献率，说明财富差距对消费不均衡的影响大于收入差距对消费不均衡的影响。

表 4.7 基于可解释部分的分项分解结果

年份	2010		2012		2014		2016		2018	
收入方程	贡献量	贡献率/%	贡献量	贡献率/%	贡献量	贡献率/%	贡献量	贡献率/%	贡献量	贡献率/%
lnwealth	0.162 3	11.10	0.097 2	5.22	0.104 1	5.94	0.134 9	7.33	0.102 1	5.08
age	0.002 8	0.19	-0.000 2	-0.01	0.004 7	0.27	0.001 7	0.09	0.015 2	0.76
fedu	0.071 8	4.91	0.069 1	3.71	0.055 3	3.15	0.049 0	2.66	0.061 9	3.08
urban	0.013 7	0.94	-0.011 2	-0.60	-0.011 9	-0.68	0.011 0	0.60	0.019 5	0.97
fsize	0.000 8	0.05	0.006 7	0.36	0.001 5	0.09	0.000 1	0.00	0.000 0	0.00
work	0.011 1	0.76	0.023 8	1.28	0.033 8	1.93	0.032 5	1.77	0.035 8	1.78
party	0.008 4	0.57	0.008 5	0.46	0.005 8	0.33	0.004 0	0.22	0.003 6	0.18
lngdp	0.016 5	1.13	0.035 0	1.88	0.053 1	3.03	0.045 4	2.47	0.011 9	0.59
财富方程	贡献量	贡献率/%	贡献量	贡献率/%	贡献量	贡献率/%	贡献量	贡献率/%	贡献量	贡献率/%
lnincome	0.205 4	10.52	0.063 2	3.36	0.094 9	4.85	0.110 6	5.38	0.099 2	4.51
age	0.007 3	0.37	0.017 3	0.92	-0.000 0	-0.00	0.002 8	0.14	0.011 8	0.54
fedu	0.011 4	0.58	0.057 1	3.04	0.028 2	1.44	0.047 1	2.29	0.053 0	2.41
urban	-0.004 3	-0.22	0.021 4	1.14	0.024 6	1.26	0.029 0	1.41	0.106 9	4.86
fsize	0.001 1	0.06	0.010 0	0.53	0.005 9	0.30	0.005 4	0.26	0.012 8	0.58

表4.7（续）

年份	2010 贡献量	2010 贡献率/%	2012 贡献量	2012 贡献率/%	2014 贡献量	2014 贡献率/%	2016 贡献量	2016 贡献率/%	2018 贡献量	2018 贡献率/%
work	0.003 8	0.19	0.000 8	0.04	−0.000 1	−0.00	0.006 1	0.30	0.003 5	0.16
party	0.007 2	0.37	0.008 6	0.46	0.017 0	0.87	0.010 9	0.53	0.005 0	0.23
leader	0.014 7	0.75	0.015 7	0.84	0.000 0	0.00	−0.002 0	−0.10	0.002 9	0.13
lnhprice	0.116 0	5.94	0.099 7	5.31	0.108 7	5.56	0.142 3	6.92	0.176 0	8.00
消费方程	贡献量	贡献率/%	贡献量	贡献率/%	贡献量	贡献率/%	贡献量	贡献率/%	贡献量	贡献率/%
lnincome	0.145 6	11.49	0.015 1	1.19	0.044 7	3.31	0.045 5	3.21	0.048 9	3.56
lnwealth	0.049 4	3.90	0.102 5	8.11	0.089 1	6.60	0.111 7	7.89	0.132 9	9.69
age	0.003 9	0.31	−0.001 7	−0.13	0.001 3	0.10	0.000 4	0.03	0.000 2	0.01
fedu	0.029 2	2.30	0.011 7	0.92	0.032 3	2.39	0.029 8	2.11	0.025 9	1.89
urban	0.011 6	0.92	0.011 3	0.90	0.029 9	2.21	0.034 7	2.45	0.016 8	1.22
fsize	0.000 8	0.06	0.004 6	0.37	0.006 1	0.45	0.007 0	0.49	0.002 8	0.20
work	0.007 6	0.60	−0.000 5	−0.04	−0.001 1	−0.08	0.001 3	0.09	0.001 7	0.12
party	0.001 9	0.15	0.004 2	0.33	0.003 0	0.22	0.005 8	0.41	0.004 8	0.35
lnedu	0.014 7	1.16	0.013 3	1.05	0.019 5	1.44	0.003 9	0.27	0.004 3	0.32

（三）分城乡的 Oaxaca-Blinder 分解结果分析

进一步地，我们给出了城镇和农村样本的 Oaxaca-Blinder 分解结果，表 4.8 是 2010—2018 年城镇样本中高低收入组、高低财富组和高低消费组总体差异的 Oaxaca-Blinder 分解结果。与 2010 年相比，城镇居民中高收入组和低收入组的收入差距、高消费组和低消费组的消费差距在扩大，而城镇居民中高财富组和低财富组的财富差距在缩小，并且不可解释部分占绝对主导地位。

表 4.8　城镇样本中总体差异 Oaxaca-Blinder 分解

收入方程	2010 年	2012 年	2014 年	2016 年	2018 年
group_1	9.969 7 ***	10.098 7 ***	10.169 4 ***	10.327 3 ***	10.380 9 ***
group_2	8.519 3 ***	8.314 2 ***	8.513 2 ***	8.612 7 ***	8.558 2 ***
difference	1.450 4 ***	1.784 5 ***	1.656 2 ***	1.714 6 ***	1.822 8 ***
explained	0.258 3 ***	0.283 2 ***	0.317 1 ***	0.315 9 ***	0.246 4 ***
unexplained	1.192 0 ***	1.501 4 ***	1.339 2 ***	1.398 7 ***	1.576 4 ***
财富方程	2010 年	2012 年	2014 年	2016 年	2018 年
group_1	12.168 6 ***	12.352 4 ***	12.462 0 ***	12.722 6 ***	12.953 5 ***
group_2	9.952 5 ***	10.306 5 ***	10.366 5 ***	10.500 8 ***	10.838 8 ***
difference	2.216 1 ***	2.045 9 ***	2.095 5 ***	2.221 8 ***	2.114 7 ***
explained	0.359 8 ***	0.272 9 ***	0.257 9 ***	0.351 4 ***	0.418 2 ***
unexplained	1.856 3 ***	1.773 0 ***	1.837 7 ***	1.870 4 ***	1.696 5 ***
消费方程	2010 年	2012 年	2014 年	2016 年	2018 年
group_1	9.618 0 ***	9.915 9 ***	10.107 4 ***	10.264 3 ***	10.398 1 ***
group_2	8.420 1 ***	8.669 5 ***	8.857 6 ***	8.932 6 ***	9.053 0 ***
difference	1.197 8 ***	1.246 4 ***	1.249 8 ***	1.331 7 ***	1.345 1 ***
explained	0.294 4 ***	0.178 0 ***	0.222 2 ***	0.247 3 ***	0.234 7 ***
unexplained	0.903 5 ***	1.068 4 ***	1.027 6 ***	1.084 4 ***	1.110 4 ***

注：***、**、*分别表示该系数估计值在 0.01、0.05、0.10 的水平上显著。

表 4.9 是 2010—2018 年城镇样本中收入差距、财富差距和消费差距中具体解释变量的 Oaxaca-Blinder 分解结果,同样对不可解释部分不做分析,因此,表中给出了各个解释变量对差异的可解释部分。对于城镇样本中收入、财富和消费方程中的核心变量,虽然 2010—2018 年的贡献率有所波动,但是仍可以得出以下结论:第一,家庭财富是解释城镇居民收入差距的最主要因素,由于家庭财富的特征效应为正,所以财富会导致城镇居民收入差距扩大,即城镇居民财富差距越大,收入差距就越大。第二,最高受教育年限和工作变量是解释城镇居民收入差距的重要因素,虽然收入方程中最高受教育年限的贡献率逐年下降,但仍是解释城镇收入差距的第二重要因素,且工作对城镇居民收入差距的贡献率逐年提高,说明家庭成员在党政机关、事业单位或国有企业工作的家庭更容易提高收入水平。第三,在 2010 年,收入是解释城镇居民财富差距的最主要因素,但从 2012 年起,地区房价水平成为解释城镇居民财富差距的最主要因素;虽然家庭收入的贡献率在下降,但是家庭收入的特征效应为正,说明城镇居民收入差距越大,财富差距就越大;并且财富方程中最高受教育年限的贡献率逐年上升,说明城镇居民教育差距越大,财富差距也就越大。第四,在 2010 年,收入是解释城镇居民消费差距的最主要因素,财富是解释城镇居民消费差距的第二重要因素,但从 2012 年起,财富成为解释城镇居民消费差距的最主要因素,收入成为解释城镇居民消费差距的第二重要因素,且收入和财富的特征效应为正,说明收入和财富都会导致城镇居民消费差距的扩大,财富差距对城镇居民消费不均衡的影响大于收入差距。

表 4.9 城镇样本中基于可解释部分的分项分解结果

年份	2010		2012		2014		2016		2018	
收入方程	贡献量	贡献率/%	贡献量	贡献率/%	贡献量	贡献率/%	贡献量	贡献率/%	贡献量	贡献率/%
lnwealth	0.111 9	7.71	0.070 8	3.97	0.066 1	3.99	0.120 9	7.05	0.096 8	5.31
age	0.007 3	0.51	0.000 6	0.03	0.021 0	1.27	0.008 1	0.47	0.013 8	0.76
fedu	0.098 2	6.77	0.086 0	4.82	0.082 7	4.99	0.061 2	3.57	0.087 3	4.79
fsize	0.002 8	0.19	0.000 2	0.01	0.018 2	1.10	0.002 7	0.16	0.000 6	0.03
work	-0.004 5	-0.31	0.035 5	1.99	0.031 2	1.88	0.037 8	2.21	0.038 7	2.12
party	0.015 1	1.04	0.014 3	0.80	0.011 0	0.66	0.006 9	0.40	0.001 4	0.08
lngdp	0.027 5	1.90	0.075 8	4.25	0.086 9	5.25	0.078 2	4.56	0.007 8	0.43
财富方程	贡献量	贡献率/%	贡献量	贡献率/%	贡献量	贡献率/%	贡献量	贡献率/%	贡献量	贡献率/%
lnincome	0.211 9	9.56	0.068 6	3.35	0.085 3	4.07	0.119 3	5.37	0.083 7	3.96
age	0.000 3	0.01	0.006 0	0.30	-0.006 4	-0.31	-0.000 9	-0.04	0.015 2	0.72
fedu	-0.007 9	0.36	0.040 0	1.95	0.017 1	0.82	0.050 5	2.27	0.060 9	2.88
fsize	-0.000 9	-0.04	0.007 5	0.37	-0.003 5	-0.17	0.003 6	0.16	0.015 3	0.72
work	0.005 3	0.24	0.000 8	0.04	0.005 3	0.25	0.000 5	0.02	0.004 2	0.20
party	0.017 3	0.78	0.008 0	0.39	0.017 5	0.84	0.004 4	0.20	0.012 1	0.57

年份	2010		2012		2014		2016		2018	
	贡献量	贡献率/%	贡献量	贡献率/%	贡献量	贡献率/%	贡献量	贡献率/%	贡献量	贡献率/%
leader	0.012 8	0.58	0.027 4	1.34	-0.001 1	-0.05	-0.000 0	-0.00	0.003 6	0.17
lnhprice	0.121 1	5.46	0.114 6	5.60	0.143 8	6.86	0.174 0	7.83	0.223 2	10.55
消费方程	贡献量	贡献率/%	贡献量	贡献率/%	贡献量	贡献率/%	贡献量	贡献率/%	贡献量	贡献率/%
lnincome	0.169 0	14.11	0.037 6	3.02	0.065 3	5.23	0.086 3	6.48	0.042 6	3.17
lnwealth	0.027 1	2.26	0.088 0	7.06	0.059 4	4.75	0.085 5	6.42	0.147 0	10.93
age	0.009 8	0.82	0.003 8	0.30	0.002 5	0.20	0.001 6	0.12	0.002 4	0.18
fedu	0.059 0	4.93	0.025 3	2.03	0.051 2	4.10	0.044 2	3.32	0.040 1	2.98
fsize	0.002 4	0.20	0.010 8	0.87	0.012 3	0.98	0.012 6	0.94	0.005 8	0.43
work	0.014 6	1.22	0.002 5	0.20	0.001 4	0.11	0.001 4	0.10	-0.003 4	-0.25
party	0.000 3	0.02	0.000 7	0.06	0.008 7	0.70	0.007 3	0.55	0.000 2	0.01
lnedu	0.012 1	1.01	0.009 4	0.75	0.021 4	1.71	0.008 5	0.64	-0.000 1	-0.00

表 4.10 是 2010—2018 年农村样本中高低收入组、高低财富组和高低消费组总体差异的 Oaxaca-Blinder 分解结果，与 2010 年相比，农村居民中高收入组和低收入组的收入差距、高财富组和低财富组的财富差距、高消费组和低消费组的消费差距都在扩大，并且不可解释部分占绝对主导地位。

表 4.10　农村样本中总体差异 Oaxaca-Blinder 分解

收入方程	2010 年	2012 年	2014 年	2016 年	2018 年
group_1	9.202 3 ***	9.534 9 ***	9.635 4 ***	9.598 6 ***	9.642 1 ***
group_2	7.905 1 ***	7.738 0 ***	7.921 1 ***	7.855 2 ***	7.688 8 ***
difference	1.297 2 ***	1.796 9 ***	1.714 3 ***	1.743 4 ***	1.953 3 ***
explained	0.173 8 ***	0.149 4 ***	0.152 4 ***	0.123 6 ***	0.100 5 ***
unexplained	1.123 4 ***	1.647 5 ***	1.561 8 ***	1.619 8 ***	1.852 8 ***
财富方程	2010 年	2012 年	2014 年	2016 年	2018 年
group_1	10.966 3 ***	11.224 8 ***	11.409 7 ***	11.484 6	11.497 6 ***
group_2	9.429 4 ***	9.705 2 ***	9.782 1 ***	9.825 9	9.677 7 ***
difference	1.536 9 ***	1.519 6 ***	1.627 5 ***	1.658 7	1.819 8 ***
explained	0.199 7 ***	0.118 9 ***	0.135 2 ***	0.128 9	0.112 5 ***
unexplained	1.337 2 ***	1.400 8 ***	1.492 4 ***	1.529 8	1.707 3 ***
消费方程	2010 年	2012 年	2014 年	2016 年	2018 年
group_1	9.021 9 ***	9.406 0 ***	9.449 1 ***	9.542 7 ***	9.686 2 ***
group_2	7.858 4 ***	8.230 6 ***	8.229 0 ***	8.278 1 ***	8.485 3 ***
difference	1.163 5 ***	1.175 4 ***	1.220 1 ***	1.264 6 ***	1.200 9 ***
explained	0.148 8 ***	0.102 2 ***	0.107 8 ***	0.088 5 ***	0.092 5 ***
unexplained	1.014 8 ***	1.073 2 ***	1.112 2 ***	1.176 0 ***	1.108 4 ***

注：***、**、* 分别表示该系数估计值在 0.01、0.05、0.10 的水平上显著。

表 4.11 是 2010—2018 年农村样本中收入差距、财富差距和消费差距中具体解释变量的 Oaxaca-Blinder 分解结果，同样对不可解释部分不做分析，因此，表中给出了各个解释变量对差异的可解释部分。对于农村样本中收入、财富和消费方程中的核心变量，虽然 2010—2018 年的贡献率有所波动，但是仍可以得出以下结论：第一，虽然家庭财富的贡献率逐年下降，但家庭财富仍是解释农村居民收入差距的最主要因素，由于家庭财富的特征效应为正，即农村居民财富差距越大，收入差距就越大。第二，收入是解释农村居民财富差距的最主要因素，地区房价水平是解释农村居民财富差距的第二重要因素；虽然家庭收入和地区房价水平的贡献率在下降，但是家庭收入和地区房价水平的特征效应为正，说明农村居民收入差距越大，财富差距就越大；地区房价水平的差距越大，财富差距也就越大。第三，在 2010 年，收入是解释农村居民消费差距的最主要因素，财富是解释农村居民消费差距的第二重要因素，但从 2012 年起，财富成为解释农村居民消费差距的最主要因素，收入成为解释农村居民消费差距的第二重要因素，且收入和财富的特征效应为正，说明收入和财富都会导致农村居民消费差距的扩大，财富差距对农村居民消费不均衡的影响大于收入差距。

综上所述，基于回归分析的 Oaxaca-Blinder 分解法的目的是通过可解释部分来研究不均衡间的维度关联性，即无论总体样本还是分城乡样本，收入不均衡的扩大会进一步加剧财富不均衡和消费不均衡，财富不均衡的扩大会进一步加剧收入不均衡和消费不均衡。这个结论也验证了 Tsui 1 指数分解出的维度间不均衡的正相关关系。

表 4.11 农村样本中基于可解释部分的分项分解结果

年份	2010 年		2012 年		2014 年		2016 年		2018 年	
收入方程	贡献量	贡献率/%	贡献量	贡献率/%	贡献量	贡献率/%	贡献量	贡献率/%	贡献量	贡献率/%
lnwealth	0.145 6	11.22	0.063 7	3.54	0.084 2	4.91	0.072 5	4.16	0.046 7	2.39
age	0.000 3	0.02	0.001 8	0.10	-0.000 5	-0.03	-0.001 4	-0.09	0.017 7	0.91
fedu	0.024 6	1.90	0.051 6	2.87	0.025 9	1.51	0.020 5	1.17	0.015 4	0.79
fsize	-0.000 0	-0.00	0.016 5	0.92	-0.003 8	-0.22	0.001 4	0.08	0.001 7	0.09
work	0.004 5	0.35	0.007 7	0.43	0.018 7	1.09	0.014 4	0.82	0.019 1	0.98
party	0.001 7	0.13	0.002 4	0.13	0.002 1	0.12	0.001 5	0.09	-0.001 3	-0.07
lngdp	-0.002 9	-0.22	0.005 6	0.31	0.025 9	1.51	0.014 8	0.85	0.001 2	0.06
财富方程	贡献量	贡献率/%	贡献量	贡献率/%	贡献量	贡献率/%	贡献量	贡献率/%	贡献量	贡献率/%
lnincome	0.145 6	9.47	0.054 2	3.56	0.082 8	5.09	0.068 6	4.13	0.049 6	2.73
age	0.007 8	0.51	0.012 8	0.85	0.002 2	0.14	0.002 2	0.14	0.005 9	0.32
fedu	0.007 5	0.49	0.024 8	1.63	0.013 2	0.81	0.017 2	1.04	0.010 0	0.55
fsize	0.000 9	0.06	0.002 1	0.14	0.006 6	0.40	0.002 4	0.15	0.006 9	0.38
work	-0.000 3	-0.02	-0.002 9	-0.19	-0.000 6	-0.04	-0.000 4	-0.03	-0.001 3	-0.07
party	-0.000 2	-0.02	-0.000 3	-0.02	0.006 8	0.42	0.001 0	0.06	-0.000 3	-0.01

表4.11（续）

年份	2010年		2012年		2014年		2016年		2018年	
	贡献量	贡献率/%	贡献量	贡献率/%	贡献量	贡献率/%	贡献量	贡献率/%	贡献量	贡献率/%
leader	0.001 4	0.09	0.002 2	0.15	-0.001 4	-0.09	0.000 5	0.03	0.001 1	0.06
lnhprice	0.037 0	2.41	0.025 9	1.71	0.025 5	1.57	0.037 4	2.26	0.040 6	2.23
消费方程	贡献量	贡献率/%	贡献量	贡献率/%	贡献量	贡献率/%	贡献量	贡献率/%	贡献量	贡献率/%
lnincome	0.087 4	7.51	0.017 7	1.51	0.016 3	1.33	0.010 6	0.84	0.021 6	1.80
lnwealth	0.043 8	3.77	0.075 0	6.39	0.069 5	5.70	0.065 4	5.17	0.061 2	5.09
age	0.001 3	0.12	0.001 5	0.13	-0.000 3	-0.02	0.000 3	0.02	-0.000 1	-0.00
fedu	0.008 2	0.71	0.001 9	0.16	0.007 7	0.63	0.008 3	0.66	0.006 3	0.52
fsize	-0.000 1	-0.00	-0.000 6	-0.05	0.001 2	0.10	0.008 3	0.66	0.000 1	0.01
work	-0.000 9	-0.08	0.000 3	-0.02	0.000 0	0.00	-0.000 1	0.01	0.001 6	0.13
party	0.000 8	0.07	0.003 2	0.27	-0.000 1	-0.00	0.001 1	0.09	0.001 7	0.14
lnedu	0.008 2	0.71	0.003 5	0.30	0.013 5	1.11	0.001 3	0.10	0.000 2	0.02

中国居民经济不均衡的测度、关联分析与再分配研究——基于收入、财富与消费的多维视角

第三节　RIF 无条件分位数回归分析

一、RIF 无条件分位数回归方法

（一）RIF 无条件分位数回归理论

Firpo et al.（2009）提出了基于 RIF 回归来获得无条件分位数回归估计值的方法。其不仅能够得到比最小二乘法（OLS）更稳健的估计结果，而且还可以研究各影响因素对被解释变量在不同分位数上的异质性影响，它是条件分位数回归的一个重要补充。

RIF 回归和传统的均值回归方法相似，但被解释变量 Y 不再局限于均值，而可以是统计量的再中心化影响函数，例如均值、分位数、方差和基尼系数等。令 $v=v(F)$ 是定义在任意分布函数 F 上的泛函，任意分布 $F(y)$ 的再中心化影响函数 RIF 定义为（4.8）式的形式：

$$\text{RIF}(y;\ v) \equiv v(F) + \text{IF}(y;\ v) = v(F) + \lim_{\varepsilon \to 0} \frac{v(F_{\varepsilon}) - v(F)}{\varepsilon} \quad (4.8)$$

其中，$\text{IF}(y;\ v)$ 表示特定统计量 $v(F)$ 对应的影响函数，且 $\text{IF}(y;\ v) = \lim_{\varepsilon \to 0} \frac{v(F_{\varepsilon}) - v(F)}{\varepsilon}$，$\text{IF}(y;\ v)$ 是某种意义上的变化率，刻画了统计泛函 $v(F)$ 对于分布扰动的敏感程度。

考虑 τ 分位数上的统计量分布 $v(F)$ 为 q_{τ}，其影响函数为式（4.9）的形式：

$$\text{IF}(y;\ q_{\tau}) = \frac{\tau - I(y \leqslant q_{\tau})}{f_Y(q_{\tau})} \quad (4.9)$$

其中，$f_Y(\cdot)$ 为被解释变量 Y 的密度函数，$I(\cdot)$ 为示性函数，事实上，对于分位数 $v(F) = q_{\tau}$ 而言，其影响函数是二值的，即当 $y \leqslant q_{\tau}$ 时，$\text{IF}(y;\ q_{\tau}) = \frac{\tau - 1}{f_Y(q_{\tau})}$；当 $y > q_{\tau}$ 时，$\text{IF}(y;\ q_{\tau}) = \frac{\tau}{f_Y(q_{\tau})}$。因此，$\tau$ 分位数上的 RIF 函数可以表示为式（4.10）的形式：

$$\text{RIF}(y;\ q_{\tau}) = q_{\tau} + \text{IF}(y;\ q_{\tau}) = q_{\tau} + \frac{\tau - I(y \leqslant q_{\tau})}{f_Y(q_{\tau})} \quad (4.10)$$

因此，$\text{RIF}(y; q_\tau)$ 也是二值的。

由于 IF 函数的无条件期望等于零，Firpo et al. （2009）证明有式 (4.11) 的等式成立：

$$\int \text{RIF}(y; q_\tau) \, dF(y) = E_Y(\text{RIF}(y; v)) = v(F) \qquad (4.11)$$

依据迭代期望原理，统计量 $v(F)$ 可以表示成自变量 X 的函数，即式 (4.12) 的形式：

$$(\text{RIF}(y; v)) = E_X[E_Y(\text{RIF}(y; v) \mid X)] = E[m^v(X)] \qquad (4.12)$$

其中，$E_Y(\text{RIF}(y; v) \mid X) \equiv m^v(X)$。

（二）无条件分位数回归的优越性

无条件分位数回归与传统回归分析的主要区别在于：①无条件分位数回归能够全面刻画解释变量对于被解释变量的无条件分布，而不仅仅是均值分布，可以让我们全面细致地分析不同收入群体、不同财富群体、不同消费群体的收入、财富和消费特征，以及各种因素的影响差异情况；②无条件分位数回归不需要对总体分布作任何假设，所以当样本呈现非正态分布时，采用无条件分位数估计的结果比采用最小二乘估计的结果更加准确；③无条件分位数回归倾向于在存在异方差的模型中使用，因为其估计量难以被极端异常值影响，使得该方法的测度结果更具稳定性。

二、收入、财富与消费分位数模型构建

（一）核密度图分析

从上节的 Oaxaca-Blinder 分解可知，被解释变量收入、财富和消费与各个解释变量间并不服从正态分布，我们进一步给出了全样本的收入、财富和消费的核密度图，如图 4.1 所示。收入、财富和消费都呈现非正态特征，存在异方差，而 OLS 回归方法不能捕捉到异质性，因此，无条件分位数回归分析必不可少。

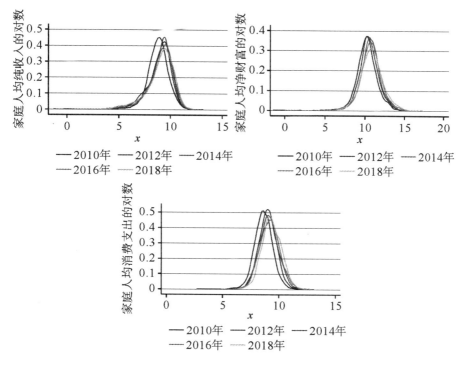

图 4.1　全样本的收入、财富和消费的核密度图

（二）模型设定

由于传统的分位数回归会得到解释变量在各个条件分位数下与被解释变量之间的关系，而我们在实际研究中，只关心收入、财富与消费水平之间的关联关系，而不管其余各协变量的限制条件。因此，本节采用的是基于 RIF 的无条件分位数回归模型进行估计，能够全面地刻画解释变量对于被解释变量的无条件分布的影响。建立如式（4.13）所示的 RIF 回归模型：

$$v(F_Y) = E_Y(\text{RIF}(y;\ v)) = \beta_0 + \beta_1 Z_{it} + \alpha_i + \varepsilon_{it} \qquad (4.13)$$

为了使前后节不同回归方法的结果能够比较，本书收入方程、财富方程和消费方程的控制变量与第二节 OLS 回归一致，具体如下：

对于收入方程，被解释变量 Y 指的是家庭人均纯收入（lnincome），α_i 是个体固定效应，Z_{it} 是解释变量，包括家庭人均净财富（lnwealth），家庭成员平均年龄（age），家庭成员最高受教育年限（fedu），城乡（urban），家庭规模（fsize），家庭成员是否在党政机关、事业单位或国有企业工作

（work），家庭成员是否有党员（party），地区经济水平（lngdp）。

对于财富方程，被解释变量 Y 指的是家庭人均净财富（lnwealth），Z_{it} 包括家庭人均纯收入（lnincome），家庭成员平均年龄（age），家庭成员最高受教育年限（fedu），城乡（urban），家庭规模（fsize），家庭成员是否在党政机关、事业单位或国有企业工作（work），家庭成员是否有党员（party），家庭成员是否担任行政管理职务（leader），房价水平（lnhprice）。

对于消费方程，被解释变量 Y 指的是家庭人均消费支出（lnconsumption），Z_{it} 包括家庭人均纯收入（lnincome），家庭人均净财富（lnwealth），家庭平均年龄（age），家庭成员最高受教育年限（fedu），城乡（urban），家庭规模（fsize），家庭成员是否在党政机关、事业单位或国有企业工作（work），家庭成员是否有党员（party），人均公共财政教育支出（lnedu）。

三、RIF 无条件分位数回归结果分析

（一）面板数据的回归结果分析

在进行面板数据回归分析之前需要先检验面板数据存在固定效应还是随机效应。由表 4.12 可知，收入方程、财富方程和消费方程的 Hausman 检验结果均在 0.01 的显著性水平下拒绝了原假设，即都存在固定效应。

表 4.12 Hausman 检验结果 P 值

	收入方程	财富方程	消费方程
Hausman 检验	0.000 0	0.000 0	0.000 0

本节采用自举法（Bootstrap）迭代 200 次得到的各维度 RIF 无条件分位数固定效应回归结果如表 4.13 至表 4.15 所示。我们展示了 10 分位至 90 分位的全部分位数回归结果。

1. 收入方程的回归结果

对于收入方程，回归结果如表 4.13 所示。第一，在收入分布的不同分位数上，财富的回归系数值均为正，且都在 1% 水平上显著，说明增加财富有利于提高收入水平。同时，财富回归系数值在收入分布在底端 10% 分位数上最大，在顶端 10% 分位数上次之，说明增加财富更有利于分布在底端和顶端上的家庭提高收入水平。第二，收入分布底端 30% 及以下分位数

上的年龄回归系数显著为负，而在收入分布 50% 及以上分位数上的年龄回归系数值显著为正，说明富人随着年龄的增加收入水平提高，而穷人随着年龄的增加收入水平下降。第三，在收入分布的不同分位数上，家庭成员最高受教育年限的回归系数值均显著为正，说明提高受教育水平有助于增加收入，且在收入分布底端 10% 上的教育回报率最大，说明教育对低收入群体的正向作用更为明显，提高教育水平有利于缩小收入差距。第四，除了在收入分布底端 10% 分位数上外，城乡变量的回归系数值显著为正，且当收入分位数由 20% 到 80% 递增时，城乡变量的系数值有所增加，说明城乡二元结构会进一步扩大收入差距。第五，家庭规模变量的回归系数值在50% 及以上分位数上均显著为负，说明增加家庭人口数会使得高收入组的家庭收入减少，家庭人口成为一种负担；在收入分布 20% 及以下分位数上，家庭规模的回归系数值显著为正，说明增加家庭人口数有利于穷人提高家庭收入。第六，在收入分布的各个分位数上，工作变量的回归系数值均显著为正，且在收入分布 50% 及以下分位数上的工作回归系数值大于收入分布 60% 及以上分位数上的系数值，并在底端 10% 上最大，说明家庭成员在政府部门、事业单位或国有企业工作更有利于低收入组增加收入。第七，在收入分布 50% 及以上分位数上，党员变量的回归系数值显著为正，而在收入分布 40% 及以下分位数上，党员变量并不显著，说明政治身份更有利于高收入组提高收入水平。第八，地区经济水平在收入分布的各个分位数上均显著为正，且当分位数由低到高时，系数值越来越大，说明地区经济水平的差异会进一步扩大收入差距。

表 4.13　收入维度的面板数据 RIF 无条件分位数回归结果

收入方程	10%	20%	30%	40%	50%	60%	70%	80%	90%
lnwealth	0.295 0*** (0.021 6)	0.252 2*** (0.014 4)	0.229 0*** (0.010 1)	0.225 4*** (0.008 3)	0.215 8*** (0.008 3)	0.209 1*** (0.008 2)	0.220 3*** (0.007 5)	0.243 7*** (0.008 7)	0.272 9*** (0.011 4)
age	-0.006 6*** (0.001 2)	-0.005 6*** (0.000 9)	-0.002 6*** (0.000 7)	-0.000 5 (0.000 6)	0.001 6*** (0.000 5)	0.003 2*** (0.000 4)	0.004 7*** (0.000 5)	0.006 1*** (0.000 5)	0.007 2*** (0.000 6)
fedu	0.081 6*** (0.008 2)	0.072 6*** (0.005 4)	0.065 6*** (0.003 6)	0.060 3*** (0.003 0)	0.058 3*** (0.002 7)	0.051 8*** (0.002 3)	0.049 9*** (0.002 2)	0.050 6*** (0.002 7)	0.050 7*** (0.002 8)
urban	0.003 2 (0.046 6)	0.125 7*** (0.030 1)	0.131 4*** (0.023 8)	0.159 4*** (0.020 7)	0.177 7*** (0.019 2)	0.183 2*** (0.017 3)	0.197 0*** (0.019 9)	0.210 9*** (0.018 0)	0.170 5*** (0.021 6)
fsize	0.068 7*** (0.021 8)	0.053 2*** (0.012 6)	0.011 0 (0.009 9)	-0.007 9 (0.008 2)	-0.026 9*** (0.007 8)	-0.037 5*** (0.006 9)	-0.053 6*** (0.006 6)	-0.078 1*** (0.007 5)	-0.093 6*** (0.008 2)
work	0.451 9*** (0.046 8)	0.390 7*** (0.031 0)	0.402 4*** (0.024 9)	0.400 1*** (0.024 4)	0.413 7*** (0.023 6)	0.388 4*** (0.022 5)	0.389 5*** (0.023 3)	0.345 0*** (0.027 2)	0.220 5*** (0.029 7)
party	0.061 7 (0.051 8)	0.028 3 (0.032 0)	0.005 4 (0.026 4)	0.024 1 (0.024 5)	0.040 8* (0.023 2)	0.085 8*** (0.020 2)	0.112 3*** (0.021 5)	0.172 4*** (0.022 8)	0.176 8*** (0.029 9)
lngdp	0.281 6*** (0.058 5)	0.344 2*** (0.036 1)	0.372 3*** (0.025 4)	0.363 6*** (0.022 9)	0.365 0*** (0.020 1)	0.336 8*** (0.020 9)	0.346 6*** (0.019 6)	0.401 7*** (0.022 7)	0.418 6*** (0.029 3)
年份					控制				
Observations	20 685	20 685	20 685	20 685	20 685	20 685	20 685	20 685	20 685
R²	0.056 7	0.112 4	0.158 8	0.196 5	0.226 2	0.244 6	0.256 6	0.248 7	0.202 9
F 统计量	155.44	327.29	487.89	631.96	755.27	836.56	891.88	855.20	657.81

注：***、**、* 分别表示该系数估计值在 0.01、0.05、0.10 的水平上显著，括号内是 Bootstrap 标准误，迭代次数为 200 次，下同。

2. 财富方程的回归结果

对于财富方程，回归结果如表 4.14 所示。第一，在财富分布的不同分位数上，收入的回归系数值均为正，且都在 1% 水平上显著，说明增加收入会提高财富水平。同时，收入的回归系数值在财富分布底端 10% 上最大、在底端 20% 上次之，且收入的回归系数值在财富分布 50% 及以下分位数上大于财富分布 60% 及以上分位数，说明增加收入更有利于穷人的财富积累。第二，随着财富分位数由低到高，年龄的回归系数值逐渐增大，说明随着年龄的增加，高财富组的财富积累效应更明显，即随着年龄的增加财富差距会进一步扩大。第三，在财富分布的不同分位数上，家庭成员最高受教育年限的回归系数值均显著为正，说明提高受教育水平有助于增加财富，且当财富分位数由低到高时，教育回报率越来越大，说明富裕阶层的教育回报率高于贫困阶层，而往往富裕阶层的文化水平高于穷人，即教育不均衡会进一步加剧财富不均衡。第四，城乡变量的回归系数值均显著为正，且当财富分位数由 10% 到 80% 递增时，城乡变量的回归系数值逐渐增大，说明城乡二元结构会进一步扩大居民的财富差距。第五，家庭规模的回归系数值显著为负，说明增加家庭人口会减少财富积累。第六，在财富分布的 50%～90% 分位数上，工作变量的回归系数值显著为正，而在 10%～20% 分位数上却显著为负，说明家庭成员在政府部门、事业单位或国有企业工作更有利于高财富组家庭增加财富，而低财富组中家庭成员在政府部门、事业单位或国有企业工作反而不利于财富积累。第七，党员变量的回归系数值在各个分位数上显著为正，且当分位数从低到高时，系数值越来越大，说明政治身份对高财富组家庭的财富积累作用大于低财富组家庭。第八，在财富分布 30%～90% 分位数上，家庭成员中有担任行政管理职务的家庭更容易增加财富。第八，当财富分位数由低到高时，房价水平的回归系数值逐渐增大，且都显著为正，说明房价水平的提高更有利于高财富组家庭增加财富，而往往高财富组家庭比低财富组家庭拥有更多的房产，因此，房价上涨会进一步加剧财富不均衡。第九，如果我们把家庭成员中是否有党员和家庭成员工作单位性质作为家庭的政治资本，那么对比政治资本和收入的回归系数值，发现政治资本对高财富组家庭的财富积累作用大于收入对高财富组家庭的积累作用，这也与靳永爱和谢宇（2015）[1] 的结论类似。

---

[1] 靳永爱，谢宇. 中国城市家庭财富水平的影响因素研究 [J]. 劳动经济研究，2015，3 (5)：3-27.

表 4.14　财富维度的面板数据 RIF 无条件分位数回归结果

财富方程	10%	20%	30%	40%	50%	60%	70%	80%	90%
lnincome	0.333 3*** (0.019 3)	0.294 0*** (0.012 4)	0.264 7*** (0.011 0)	0.244 5*** (0.010 8)	0.246 7*** (0.010 3)	0.235 0*** (0.010 3)	0.214 8*** (0.010 8)	0.223 7*** (0.011 2)	0.239 0*** (0.016 1)
age	0.002 7** (0.001 0)	0.004 8*** (0.000 8)	0.005 3*** (0.000 7)	0.006 2*** (0.000 6)	0.007 9*** (0.000 5)	0.008 9*** (0.000 6)	0.010 2*** (0.000 5)	0.012 3*** (0.000 8)	0.012 9*** (0.001 0)
fedu	0.040 9*** (0.005 7)	0.037 9*** (0.004 0)	0.040 0*** (0.003 4)	0.041 0*** (0.002 9)	0.045 8*** (0.003 0)	0.049 7*** (0.002 9)	0.053 9*** (0.003 2)	0.062 3*** (0.003 8)	0.078 3*** (0.005 3)
urban	0.141 6*** (0.035 1)	0.283 6*** (0.027 1)	0.370 1*** (0.022 0)	0.463 6*** (0.023 1)	0.541 1*** (0.024 9)	0.630 9*** (0.026 2)	0.673 1*** (0.028 3)	0.689 6*** (0.033 7)	0.565 6*** (0.034 9)
fsize	-0.065 4*** (0.016 3)	-0.079 9*** (0.011 2)	-0.104 5*** (0.009 9)	-0.108 8*** (0.008 7)	-0.131 2*** (0.007 9)	-0.152 1*** (0.008 3)	-0.170 5*** (0.008 8)	-0.188 4*** (0.010 3)	-0.208 2*** (0.015 7)
work	-0.083 46** (0.040 9)	-0.055 6* (0.030 2)	-0.015 9 (0.025 5)	0.016 0 (0.023 0)	0.049 6** (0.023 9)	0.084 0*** (0.025 5)	0.123 7*** (0.030 5)	0.138 8*** (0.036 3)	0.205 7*** (0.057 7)
party	0.072 8* (0.039 9)	0.107 5*** (0.030 1)	0.106 5*** (0.023 9)	0.096 4*** (0.024 4)	0.108 2*** (0.025 1)	0.145 4*** (0.026 2)	0.204 8*** (0.029 1)	0.274 6*** (0.037 8)	0.361 2*** (0.046 0)
leader	-0.009 6 (0.052 0)	0.024 0 (0.035 9)	0.098 3*** (0.033 2)	0.151 0*** (0.031 1)	0.187 2*** (0.032 5)	0.259 3*** (0.036 1)	0.292 9*** (0.043 0)	0.327 5*** (0.053 8)	0.295 5*** (0.083 8)
lnhprice	0.079 4** (0.033 0)	0.227 0*** (0.024 5)	0.304 3*** (0.021 6)	0.388 1*** (0.022 2)	0.488 4*** (0.024 0)	0.672 5*** (0.027 3)	0.910 6*** (0.034 5)	1.437 8*** (0.048 6)	2.587 3*** (0.111 0)
年份	控制								
Observations	20 685	20 685	20 685	20 685	20 685	20 685	20 685	20 685	20 685
R²	0.050 3	0.096 8	0.142 2	0.184 9	0.225 6	0.262 0	0.283 0	0.292 0	0.277 1
F统计量	121.67	246.28	380.83	520.95	669.15	815.57	906.61	947.45	880.34

3. 消费方程的回归结果

对于消费方程，回归结果如表 4.15 所示。第一，在消费分布的不同分位数上，收入和财富的回归系数值均为正，且都在 1% 水平上显著，说明增加收入和财富都会使消费水平上升。同时，收入的回归系数值在消费分布 80% 分位数上最大，财富的回归系数值在消费分布 90% 分位数上最大，说明增加收入和财富更有利于高消费组家庭提高消费水平。第二，除 90%分位数上外，年龄的回归系数值逐渐增大，说明随着年龄的增加，高消费组家庭的消费水平越来越高。第三，在消费分布的各个分位数上，家庭成员最高受教育年限的回归系数值均显著为正，说明提高受教育水平有助于增加消费支出，且当消费分位数由低到高时，整体的教育回报率增大，说明高消费阶层的教育回报率大于低消费阶层，而往往富人对教育的投入大于穷人，教育不均衡会进一步加剧消费不均衡。第四，城乡变量的回归系数值均显著为正，说明城镇家庭消费水平高于农村家庭。第五，家庭规模的回归系数值显著为负，说明增加家庭人口数会阻碍消费水平的提高。第六，除了在消费分布的 20% 分位数上外，工作变量的回归系数值均显著为正，说明家庭成员在政府部门、事业单位或国有企业工作更容易提高消费水平。第七，在消费分布 20%~90% 分位数上，人均财政教育支出均显著为正，且当分位数由低到高时，系数值越来越大，说明增加人均公共财政教育支出有利于提高消费支出，且对高消费组家庭的作用更明显，即各地区人均公共财政教育支出的差距会进一步加剧消费不均衡。

表 4.15 消费维度的面板数据 RIF 无条件分位数回归结果

消费方程	10%	20%	30%	40%	50%	60%	70%	80%	90%
lnincome	0.115 0*** (0.008 7)	0.116 9*** (0.008 6)	0.116 1*** (0.008 0)	0.113 7*** (0.007 3)	0.111 6*** (0.007 2)	0.116 0*** (0.007 7)	0.133 6*** (0.007 3)	0.140 0*** (0.009 3)	0.130 3*** (0.010 0)
lnwealth	0.165 2*** (0.012 4)	0.153 9*** (0.008 1)	0.148 1*** (0.007 5)	0.148 5*** (0.006 9)	0.149 9*** (0.007 4)	0.159 6*** (0.007 1)	0.180 2*** (0.007 6)	0.206 5*** (0.009 3)	0.229 4*** (0.012 0)
age	0.000 2 (0.000 6)	0.001 4*** (0.000 5)	0.002 4*** (0.000 4)	0.002 7*** (0.000 4)	0.003 3*** (0.000 4)	0.003 5*** (0.000 4)	0.003 8*** (0.000 4)	0.004 7*** (0.000 4)	0.003 9*** (0.000 6)
fedu	0.020 6*** (0.003 2)	0.028 0*** (0.002 5)	0.030 8*** (0.002 5)	0.032 4*** (0.002 2)	0.034 1*** (0.002 2)	0.035 5*** (0.002 2)	0.034 5*** (0.002 3)	0.037 3*** (0.002 7)	0.034 8*** (0.003 2)
urban	0.156 1** (0.022 5)	0.202 1*** (0.017 6)	0.236 1*** (0.016 1)	0.263 2*** (0.015 3)	0.268 1*** (0.016 5)	0.281 7*** (0.016 3)	0.299 0*** (0.018 5)	0.276 2*** (0.019 2)	0.194 4*** (0.022 7)
fsize	-0.060 3*** (0.009 1)	-0.068 7*** (0.007 9)	-0.073 5*** (0.007 1)	-0.073 5*** (0.006 5)	-0.069 6*** (0.005 4)	-0.078 5*** (0.006 3)	-0.091 5*** (0.006 7)	-0.102 2*** (0.007 1)	-0.101 1*** (0.008 8)
work	0.035 6* (0.021 5)	0.014 5 (0.020 5)	0.053 5*** (0.018 2)	0.079 6*** (0.016 8)	0.125 6*** (0.018 5)	0.120 9*** (0.018 7)	0.148 1*** (0.021 7)	0.146 0*** (0.028 1)	0.080 1** (0.036 3)
party	0.040 1** (0.020 4)	0.005 8 (0.018 6)	0.027 5 (0.017 2)	0.050 0*** (0.016 2)	0.061 9*** (0.017 0)	0.074 6*** (0.019 2)	0.117 4*** (0.021 0)	0.134 1*** (0.022 6)	0.166 9*** (0.032 9)
lnedu	-0.003 0 (0.035 9)	0.081 3*** (0.027 5)	0.179 9*** (0.029 8)	0.226 9*** (0.025 7)	0.273 0*** (0.025 0)	0.331 2*** (0.028 0)	0.357 8*** (0.035 3)	0.396 7*** (0.047 5)	0.472 7*** (0.055 8)
年份	控制								
Observations	20 685	20 685	20 685	20 685	20 685	20 685	20 685	20 685	20 685
R^2	0.075 0	0.118 8	0.162 5	0.197 1	0.222 6	0.239 3	0.246 4	0.217 9	0.147 9
F统计量	186.27	309.70	445.71	563.95	657.65	722.46	751.09	639.85	398.61

（二）分年度的回归结果

在前述面板数据的 RIF 无条件分位数回归中，我们从整体上了解了收入、财富和消费间的正相关关系，我们将进一步分年度研究各维度关联关系的变化趋势，从动态角度分析经济不均衡问题。回归参数的估计同样采用 Bootstrap 方法迭代 200 次得到，附录 A1 至附录 A15 给出了 5 年间的无条件分位数回归结果，我们在这里仅用图形展示其变化趋势。

1. 各年度收入方程的回归结果

在收入方程中，我们主要分析财富对收入的影响。图 4.2 给出了 2010—2018 年收入方程中财富的回归系数值在各个分位数上的变化趋势。我们发现：第一，除了 2012 年外，财富的回归系数值在收入分布底层 10%分位数上最大，当收入分布分位数由低到高时，财富的回归系数值呈现先下降后上升的趋势。从 2010—2018 年整体来看，收入分布顶端和底端的财富系数值大于收入分布中间分位数上的值，说明增加财富对收入分布底端和顶端家庭的影响更大。因此，假定目前家庭财富差距不再扩大，财富回归系数值的差异也会导致收入差距扩大；如果财富差距扩大，加上本身系数的差异使得收入差距进一步扩大。

同时，在 2010—2018 年，从纵向时间变化看，收入分布底端 10%家庭的财富系数值提高了，收入分布顶端 10%家庭的财富系数值降低了。结合第二章的分析表明 2018 年的收入不均衡程度小于 2010 年的收入不均衡程度，说明提高低收入群体的财富回归系数值可以带来实际中收入不均衡的改善，即增加低收入群体的财产性收入可以改善整体收入不均衡。

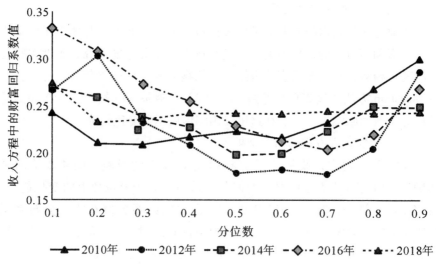

图 4.2　2010—2018 年收入方程中财富的回归系数分位图

2. 各年度财富方程的回归结果

在财富方程中，我们主要分析收入和房价对财富的影响。首先，分析收入对财富的影响。图 4.3 给出了 2010—2018 年财富方程中收入的回归系数值在各个分位数上的变化趋势。从高低分位数的收入系数值对比可知，在财富分布底端 10% 分位数上的收入系数值最高，虽然在财富分布 90% 分位数上，收入的系数值有所提高，但总体上随着财富分位数由低到高，收入的回归系数值呈现下降的趋势。因此，收入的提高更有利于低财富组家庭提高财富水平。

同时，在 2010—2018 年，从纵向时间变化看，除财富分布的 80% 分位数上外，2012 年的其余各个分位数上的收入回归系数值都最低，结合第二章对财富不均衡的测度结果发现，2012 年的财富不均衡程度最低，说明增加收入有利于改善财富不均衡。

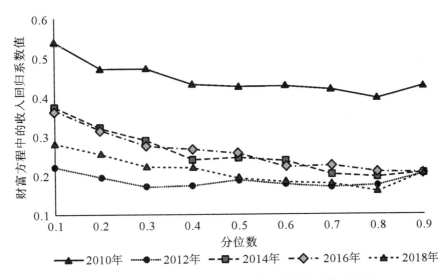

图 4.3 2010—2018 年财富方程中收入的回归系数分位图

然后，我们分析地区房价水平对财富的影响。图 4.4 给出了 2010—2018 年财富方程中地区房价水平的回归系数值在各个分位数上的变化趋势。从高低分位数的房价系数值对比可知，在财富分布顶端 90% 分位数上的房价系数值最高，总体上随着财富分布分位数由低到高，房价的回归系数值呈现明显上升的趋势。因此，房价上涨更有利于高财富组家庭提高财富水平。

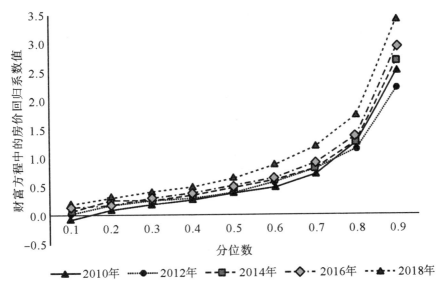

图 4.4 2010—2018 年财富方程中房价的回归系数分位图

同时，在2010—2018年，从纵向时间变化看，各个分位数上的房价回归系数值都明显增加了。结合第二章对财富不均衡的测度结果发现，2018年的财富不均衡程度远大于2010年的财富不均衡程度，再结合前述收入回归系数值在财富各分位数上降低了，说明房价上涨是2014年起财富不均衡逐年上升的主要原因，房价上涨导致财富不均衡进一步扩大。

3. 各年度消费方程的回归结果

在消费方程中，我们主要分析收入和财富对消费的影响。首先，分析收入对消费的影响。图4.5给出了2010—2018年消费方程中收入的回归系数值在各个分位数上的变化趋势。从高低分位数的系数值对比可知，整体而言，收入在消费分布顶端90%分位数的回归系数值较大，且随着消费分位数由低到高，收入的回归系数值呈现波动性上升趋势，说明收入不均衡扩大会进一步加剧消费不均衡。

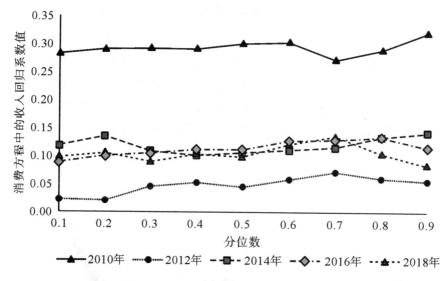

图4.5　2010—2018年消费方程中收入的回归系数分位图

同时，在2010—2018年，从纵向时间变化来看，各个分位数上的收入回归系数值呈现先下降后上升的趋势，在2010年，各个分位数上的收入系数值最大；在2012年，各个分位数上的收入系数值最小，结合第二章对消费不均衡的测度结果发现，2012年的消费不均衡程度最低，说明改善收入不均衡有利于改善消费不均衡。

然后，我们分析财富对消费的影响。图4.6给出了2010—2018年消费方程中财富的回归系数值在各个分位数上的变化趋势。随着消费分位数由低到高，财富的回归系数值呈现波动上升趋势，即财富对消费的影响作用从低分位数到高分位数逐渐增强，增加财富更有利于高消费组家庭提高消费支出，因此，财富不均衡加剧会进一步扩大消费不均衡。

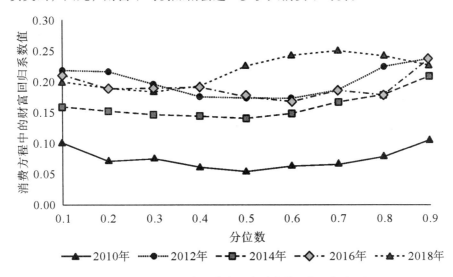

图4.6　2010—2018年消费方程中财富的回归系数分位图

最后，对比收入的回归系数值和财富的回归系数值，我们发现，在2010年，各个分位数上的收入系数值远大于财富系数值，且随着时间的推移，各个分位数上的收入系数值下降，而财富系数值上升，在2018年，各个分位数上的财富系数值远大于收入系数值，说明收入对消费的作用减弱，财富对消费的作用增强。这可能是由于当家庭财富增加时，家庭信贷能力变强，更易满足流动性的需求，且近年来信贷市场的发展缓解了家庭受到的流动性约束，因此，财富对消费的影响作用不断增强①。

（三）分城乡的回归结果

在前述总体面板和分年度的 RIF 无条件分位数回归中，我们从整体、各年度变化趋势上了解了收入、财富和消费间的关联关系，接下来我们将进一步分别对城镇和农村两个样本进行 RIF 无条件分位数回归，考察城乡

---

① 朱梦冰. 我国农村居民消费不均衡的演变趋势 [J]. 北京工商大学学报（社会科学版），2018（1）：9-18.

居民在收入、财富与消费关联关系上的异质性。回归参数的估计同样采用Bootstrap 方法迭代 200 次得到。

1. 分城乡收入方程的回归结果

表 4.16 给出了城镇居民收入方程回归结果。我们发现：第一，在收入分布的不同分位数上，财富的回归系数值在 1% 水平上显著为正，说明增加财富有利于提高城镇居民的收入水平。同时，财富回归系数值在收入分布顶端 90% 分位数上最大，在顶端 80% 分位数上次之，说明增加财富更有利于分布顶端的城镇居民提高收入水平。第二，收入分布 30% 及以上分位数上的年龄回归系数值显著为正，说明城镇居民随着年龄的增加收入水平提高。第三，在收入分布的不同分位数上，家庭成员最高受教育年限的回归系数值均显著为正，且当收入分位数由低到高时，教育回报率呈现下降趋势，即在收入分布 10% 分位数上的教育回报率最大，说明教育对城镇低收入群体的正向作用更为明显，提高教育水平有利于缩小城镇居民收入差距。第四，家庭规模变量的回归系数值在 20% 及以上分位数上显著为负，说明增加家庭人口数不利于提高收入水平。第五，工作变量的回归系数值在收入分布的 10%~80% 分位数上显著为正，且当收入分位数由低到高时，工作变量的系数值逐渐减少，说明家庭成员在政府部门、事业单位或国有企业工作更有利于城镇低收入家庭增加收入。第六，在收入分布的各个分位数上，党员变量的回归系数值均显著为正，且在 10% 分位数上的系数值最大，说明政治身份更有利于城镇低收入家庭提高收入水平。第七，地区经济水平在收入分布的各个分位数上均显著为正，且在 10% 分位数上的系数值最大，说明提高地区经济水平有利于缩小城镇居民的收入差距。

表 4.16 收入维度的面板数据 RIF 无条件分位数回归结果（城镇）

收入方程	10%	20%	30%	40%	50%	60%	70%	80%	90%
lnwealth	0.182 9*** (0.029 1)	0.169 2*** (0.016 0)	0.160 2*** (0.012 8)	0.157 6*** (0.010 1)	0.164 9*** (0.008 5)	0.166 7*** (0.009 6)	0.185 2*** (0.009 9)	0.190 1*** (0.011 2)	0.211 1*** (0.013 6)
age	-0.001 6 (0.002 3)	0.001 5 (0.001 4)	0.003 4*** (0.000 9)	0.006 2*** (0.000 8)	0.008 1*** (0.000 7)	0.008 9*** (0.000 7)	0.009 8*** (0.000 7)	0.009 2*** (0.000 6)	0.007 7*** (0.000 9)
fedu	0.117 5*** (0.013 2)	0.094 8*** (0.006 7)	0.087 4*** (0.005 2)	0.074 2*** (0.004 3)	0.069 7*** (0.003 9)	0.070 4*** (0.003 7)	0.067 7*** (0.004 1)	0.061 5*** (0.003 3)	0.059 4*** (0.004 4)
fsize	-0.036 3 (0.032 9)	-0.068 1*** (0.018 8)	-0.089 1*** (0.016 2)	-0.094 7*** (0.011 7)	-0.102 2*** (0.010 8)	-0.122 1*** (0.010 5)	-0.125 9*** (0.011 0)	-0.119 4*** (0.009 9)	-0.123 3*** (0.012 2)
work	0.648 7*** (0.075 8)	0.503 0*** (0.042 9)	0.429 8*** (0.037 6)	0.363 1*** (0.028 0)	0.352 9*** (0.030 2)	0.311 9*** (0.027 5)	0.207 9*** (0.027 9)	0.105 6*** (0.029 0)	0.022 5 (0.035 1)
party	0.200 7*** (0.074 3)	0.140 0*** (0.044 1)	0.122 4*** (0.035 4)	0.123 1*** (0.027 2)	0.146 1*** (0.027 2)	0.180 4*** (0.029 0)	0.162 6*** (0.026 9)	0.128 1*** (0.028 7)	0.128 4*** (0.037 4)
lngdp	0.562 7*** (0.084 2)	0.529 3*** (0.046 9)	0.514 6*** (0.040 3)	0.459 1*** (0.033 3)	0.419 2*** (0.029 8)	0.445 9*** (0.029 3)	0.438 5*** (0.031 4)	0.425 9*** (0.032 6)	0.409 1*** (0.038 4)
年份	控制								
Observations	8 651	8 651	8 651	8 651	8 651	8 651	8 651	8 651	8 651
R^2	0.066 4	0.144 4	0.195 4	0.239 0	0.268 5	0.280 4	0.276 3	0.244 2	0.180 5
F 统计量	97.89	210.61	292.73	364.73	423.81	451.86	438.58	378.95	261.74

注: ***、**、* 分别表示该系数估计值在 0.01、0.05、0.10 的水平上显著，括号内是 Bootstrap 标准误，迭代次数为 200 次，下同。

表 4.17 给出了农村居民收入方程回归结果。我们发现：第一，在收入分布的不同分位数上，财富的回归系数值在 1% 水平上显著为正，说明增加财富有利于提高农村居民的收入水平。同时，财富回归系数值在收入分布底端 10% 分位数上最大，在底端 20% 分位数上次之，说明增加财富更有利于农村低收入家庭提高收入水平。第二，收入分布 10%～50% 分位数上的年龄回归系数值显著为负，收入分布 80%～90% 分位数上的年龄回归系数值显著为正，说明农村中的穷人随着年龄的增加收入水平下降，而农村中的富人随着年龄的增加收入水平提高。第三，在收入分布的不同分位数上，家庭成员最高受教育年限的回归系数值均显著为正，且当收入分位数由低到高时，教育的回归系数值呈现下降趋势，即在收入分布 10% 分位数上的教育回报率最大，说明教育对农村低收入群体的正向作用更为明显，提高教育水平有利于缩小农村居民收入差距。第四，家庭规模变量的回归系数值在 10%～50% 分位数上显著为正，在 90% 分位数上显著为负，说明增加家庭人口数有利于提高农村低收入群体的收入水平。第五，工作变量的回归系数值在收入分布的各个分位数上均显著为正，且在 10% 分位数上的系数值最大，说明家庭成员在政府部门、事业单位或国有企业工作更有利于农村低收入家庭增加收入。第六，党员变量对农村居民收入的作用并不显著。第七，地区经济水平在收入分布的各个分位数上均显著为正，且在 90% 分位数上的系数值最大，说明地区经济水平的差异会进一步扩大农村居民的收入差距。

表 4.17　收入维度的面板数据 RIF 无条件分位数回归结果（农村）

收入方程	10%	20%	30%	40%	50%	60%	70%	80%	90%
lnwealth	0.428 5*** (0.036 7)	0.356 3*** (0.018 7)	0.325 4*** (0.017 7)	0.298 2*** (0.012 6)	0.294 0*** (0.012 1)	0.277 8*** (0.011 3)	0.261 2*** (0.010 5)	0.250 2*** (0.011 1)	0.262 6*** (0.014 2)
age	−0.006 6*** (0.002 0)	−0.008 0*** (0.000 1 1)	−0.006 4*** (0.000 9)	−0.003 9*** (0.000 7)	−0.001 9*** (0.000 6)	−0.000 6 (0.000 6)	0.000 8 (0.000 6)	0.001 8*** (0.000 5)	0.002 5*** (0.000 6)
fedu	0.071 0*** (0.009 4)	0.056 9*** (0.005 4)	0.056 7*** (0.004 7)	0.051 0*** (0.003 9)	0.045 7*** (0.003 1)	0.041 4*** (0.002 9)	0.038 3*** (0.002 7)	0.035 5*** (0.003 1)	0.029 6*** (0.003 9)
fsize	0.065 0** (0.025 9)	0.078 1*** (0.013 8)	0.068 8*** (0.011 6)	0.036 8*** (0.010 3)	0.022 1** (0.009 9)	0.013 2 (0.008 7)	0.004 9 (0.008 2)	−0.007 1 (0.009 2)	−0.018 0* (0.010 3)
work	0.553 6*** (0.064 2)	0.466 5*** (0.042 3)	0.477 7*** (0.038 9)	0.485 5*** (0.035 1)	0.472 6*** (0.035 8)	0.482 7*** (0.034 4)	0.448 7*** (0.039 7)	0.411 9*** (0.041 8)	0.310 5*** (0.060 3)
party	0.023 3 (0.074 7)	−0.012 9 (0.046 1)	−0.041 0 (0.040 6)	−0.057 7* (0.030 3)	−0.043 9 (0.030 8)	−0.009 3 (0.027 8)	0.040 9 (0.025 9)	0.013 3 (0.031 2)	0.080 6** (0.038 3)
lngdp	0.123 6* (0.074 7)	0.273 3*** (0.045 9)	0.325 0*** (0.040 2)	0.318 8*** (0.036 2)	0.298 0*** (0.029 5)	0.291 3*** (0.029 2)	0.265 9*** (0.026 5)	0.273 0*** (0.029 6)	0.304 3*** (0.034 9)
年份					控制				
Observations	12 034	12 034	12 034	12 034	12 034	12 034	12 034	12 034	12 034
R^2	0.041 6	0.085 9	0.118 6	0.143 3	0.161 5	0.166 0	0.160 0	0.139 7	0.102 1
F 统计量	84.06	172.42	227.42	266.41	296.06	300.29	290.14	247.61	176.85

2. 分城乡财富方程的回归结果

表4.18 给出了城镇居民财富方程回归结果。我们发现：第一，在财富分布的不同分位数上，收入的回归系数值在1%水平上显著为正，说明增加收入有利于提高城镇居民的财富水平。同时，收入的回归系数值在财富分布底端10%分位数上最大，在底端20%分位数上次之，说明增加收入更有利于城镇低财富家庭的财富积累。第二，财富分布20%及以上分位数上的年龄回归系数值显著为正，且除90%分位数外当财富分位数由低到高时，年龄的回归系数值呈现出增大趋势，说明随着年龄的增加城镇居民的财富差距会进一步扩大。第三，在财富分布的不同分位数上，家庭成员最高受教育年限的回归系数值均显著为正，且当财富分位数由低到高时，教育回报率呈现增大趋势，即城镇富裕阶层的教育回报率高于贫困阶层，说明教育不均衡会进一步加剧财富不均衡。第四，家庭规模变量的回归系数值在20%及以上分位数上显著为负，说明增加家庭人口数会降低城镇居民的财富积累。第五，工作变量的回归系数值在财富分布的10%～70%分位数上显著为正，说明家庭成员在政府部门、事业单位或国有企业工作更有利于城镇低财富家庭增加财富。第六，党员变量的回归系数值在财富分布的10%～90%分位数上显著为正，且在10%分位数上的系数值最大，说明政治身份更有利于城镇低财富家庭的财富积累。第七，家庭成员中有担任行政管理职务的回归系数值在财富分布的各个分位数上均显著为正，说明家庭成员中有担任行政管理职务的家庭更容易增加财富。第八，财富分布的各个分位数上的房价水平的回归系数值均显著为正，且当财富分位数由低到高时，房价水平的回归系数值逐渐增大，说明房价水平更有利于城镇高财富组家庭增加财富，而往往高财富家庭比低财富家庭拥有更多的房产，因此，房价上涨会进一步扩大城镇居民的财富差距。

表 4.18 财富维度的面板数据 RIF 无条件分位数回归结果（城镇）

财富方程	10%	20%	30%	40%	50%	60%	70%	80%	90%
lnincome	0.343 5*** (0.037 0)	0.264 6*** (0.023 9)	0.247 3*** (0.018 6)	0.216 0*** (0.016 8)	0.191 1*** (0.016 1)	0.191 4*** (0.016 0)	0.188 0*** (0.017 4)	0.209 1*** (0.020 2)	0.210 4*** (0.024 3)
age	-0.001 8 (0.001 8)	0.006 2*** (0.001 2)	0.008 7*** (0.001 0)	0.010 4*** (0.001 0)	0.011 3*** (0.001 0)	0.012 5*** (0.000 9)	0.012 7*** (0.001 1)	0.012 3*** (0.001 2)	0.011 1*** (0.001 5)
fedu	0.025 1** (0.010 2)	0.051 4*** (0.007 0)	0.062 7*** (0.005 7)	0.066 4*** (0.005 3)	0.073 1*** (0.004 6)	0.073 6*** (0.005 0)	0.076 7*** (0.004 7)	0.083 7*** (0.006 1)	0.086 4*** (0.003 0)
fsize	-0.053 2 (0.033 6)	-0.125 8*** (0.021 4)	-0.160 0*** (0.018 5)	-0.191 4*** (0.014 8)	-0.195 7*** (0.015 2)	-0.187 9*** (0.015 7)	-0.196 0*** (0.015 2)	-0.190 4*** (0.016 9)	-0.168 2*** (0.019 9)
work	0.183 9*** (0.067 6)	0.213 8*** (0.047 8)	0.185 7*** (0.038 2)	0.157 4*** (0.038 2)	0.129 3*** (0.035 0)	0.115 0*** (0.036 0)	0.130 7*** (0.041 6)	0.063 5 (0.049 2)	-0.094 9 (0.067 7)
party	0.333 4*** (0.066 4)	0.180 8*** (0.050 4)	0.180 7*** (0.039 4)	0.232 3*** (0.037 2)	0.259 3*** (0.037 9)	0.289 4*** (0.039 9)	0.274 0*** (0.042 5)	0.234 4*** (0.045 4)	0.115 0 (0.070 4)
leader	0.198 3*** (0.062 4)	0.303 5*** (0.056 8)	0.337 9*** (0.050 8)	0.337 1*** (0.045 2)	0.296 9*** (0.047 0)	0.263 0*** (0.050 6)	0.249 3*** (0.052 9)	0.225 9*** (0.074 4)	0.184 5** (0.089 5)
lnhprice	0.329 7*** (0.050 5)	0.430 7*** (0.035 4)	0.507 8*** (0.031 2)	0.614 7*** (0.033 0)	0.731 5*** (0.031 3)	0.906 7*** (0.036 3)	1.198 1*** (0.053 0)	1.616 9*** (0.080 0)	2.180 4*** (0.120 4)
年份					控制				
Observations	8 651	8 651	8 651	8 651	8 651	8 651	8 651	8 651	8 651
R²	0.055 2	0.111 1	0.165 1	0.207 5	0.237 1	0.264 7	0.277 7	0.294 8	0.262 3
F统计量	57.14	121.65	193.00	254.71	302.95	351.45	384.06	435.48	378.60

表 4. 19 给出了农村居民财富方程回归结果。我们发现：第一，在财富分布的不同分位数上，收入的回归系数值在 1% 水平上显著为正，说明增加收入有利于提高农村居民的财富水平。同时，收入的回归系数值在财富分布底端 10% 分位数上最大，在底端 20% 分位数上次之，说明增加收入更有利于农村低财富家庭的财富积累。第二，财富分布的各个分位数上的年龄回归系数值均显著为正，且当财富分位数由低到高时，年龄的回归系数值呈现出增大趋势，说明随着年龄的增加农村居民的财富差距会进一步扩大。第三，在财富分布的不同分位数上，家庭成员最高受教育年限的回归系数值均显著为正，且教育回报率在 10% 分位数上最大，在 20% 分位数上次之，即农村贫困阶层的教育回报率高于富裕阶层，说明提高教育水平有利于缩小农村居民的财富差距。第四，家庭规模变量的回归系数值在财富分布的各个分位数上均显著为负，说明增加家庭人口数会减少农村居民的财富积累。第五，工作变量的回归系数值在财富分布的 10%~70% 分位数上显著为负，说明家庭成员在政府部门、事业单位或国有企业工作不利于农村居民积累财富。第六，党员变量的回归系数值在财富分布的 30%~80% 分位数上显著为正，且在 50% 分位数上的系数值最大，说明政治身份更有利于农村中等财富家庭的财富积累。第七，家庭成员中有担任行政管理职务的回归系数值在财富分布的 80%~90% 分位数上显著为正，说明农村高财富组家庭成员中有担任行政管理职务的家庭更容易增加财富。第八，在财富分布的 20%~90% 分位数上的房价水平的回归系数值显著为正，且当财富分位数由低到高时，房价水平的回归系数值逐渐增大，说明房价水平更有利于农村高财富组家庭增加财富，而往往高财富组家庭比低财富组家庭拥有更多的房产，因此，房价上涨会进一步扩大农村居民的财富差距。

表 4.19 财富维度的面板数据 RIF 无条件分位数回归结果（农村）

财富方程	10%	20%	30%	40%	50%	60%	70%	80%	90%
lnincome	0.333 2*** (0.024 0)	0.290 0*** (0.015 6)	0.275 0*** (0.012 7)	0.252 8*** (0.011 1)	0.239 7*** (0.011 1)	0.245 1*** (0.011 0)	0.235 4*** (0.012 2)	0.229 2*** (0.013 8)	0.235 4*** (0.016 8)
age	0.005 3*** (0.001 3)	0.005 9*** (0.000 9)	0.006 0*** (0.000 7)	0.005 8*** (0.000 6)	0.005 8*** (0.000 6)	0.007 0*** (0.000 6)	0.008 1*** (0.000 6)	0.009 4*** (0.000 7)	0.010 7*** (0.000 9)
fedu	0.048 5*** (0.006 8)	0.047 3*** (0.005 0)	0.042 7*** (0.003 7)	0.040 3*** (0.003 2)	0.036 5*** (0.003 3)	0.033 8*** (0.003 3)	0.039 3*** (0.003 4)	0.037 7*** (0.003 6)	0.039 9*** (0.005 1)
fsize	-0.094 2*** (0.019 3)	-0.091 4*** (0.013 6)	-0.090 1*** (0.010 8)	-0.103 4*** (0.008 4)	-0.100 1*** (0.009 4)	-0.104 2*** (0.009 4)	-0.119 3*** (0.010 0)	-0.128 9*** (0.010 4)	-0.149 2*** (0.012 8)
work	-0.209 2*** (0.068 9)	-0.189 4*** (0.046 7)	-0.175 3*** (0.044 8)	-0.131 8*** (0.037 9)	-0.109 4*** (0.038 3)	-0.102 5** (0.040 9)	-0.083 5** (0.039 4)	-0.074 1 (0.047 2)	-0.033 9 (0.069 3)
party	0.017 8 (0.054 1)	0.042 1 (0.037 8)	0.090 0*** (0.032 5)	0.089 2*** (0.030 7)	0.096 9*** (0.030 3)	0.072 5** (0.031 0)	0.078 0** (0.033 7)	0.072 2** (0.036 4)	0.058 4 (0.047 4)
leader	-0.065 7 (0.082 9)	-0.056 9 (0.064 7)	-0.048 0 (0.060 5)	-0.003 7 (0.055 8)	0.033 3 (0.053 4)	0.046 3 (0.050 0)	0.053 8 (0.054 7)	0.119 8* (0.069 4)	0.254 3*** (0.089 9)
lnhprice	0.037 3 (0.070 7)	0.292 0*** (0.046 2)	0.402 7*** (0.039 8)	0.458 8*** (0.035 5)	0.532 9*** (0.035 2)	0.609 9*** (0.034 1)	0.755 0*** (0.046 1)	1.015 6*** (0.057 7)	1.630 7*** (0.118 3)
年份					控制				
Observations	12 034	12 034	12 034	12 034	12 034	12 034	12 034	12 034	12 034
R²	0.043 0	0.075 3	0.101 8	0.117 1	0.128 3	0.133 5	0.140 5	0.129 7	0.111 7
F统计量	66.24	111.67	151.75	174.01	185.67	193.93	206.57	196.63	188.79

3. 分城乡消费方程的回归结果

表 4.20 给出了城镇居民消费方程回归结果。我们发现：第一，在消费分布的不同分位数上，收入和财富的回归系数值均在 1% 水平上显著为正，说明增加收入和财富都会使消费水平上升。同时，收入的回归系数值在消费分布底端 10% 分位数上最大，在底端 20% 分位数上次之，财富的回归系数值在顶端 90% 分位数上最大，在顶端 80% 分位数上次之，说明增加收入更有利于城镇低消费组家庭提高消费水平，而增加财富更有利于城镇高消费组家庭提高消费水平。第二，在消费分布的各个分位数上的年龄回归系数值均显著为正，说明消费水平会随着年龄的增加而提高。第三，在消费分布的各个分位数上的家庭成员最高受教育年限的回归系数值均显著为正，说明提高受教育水平有助于增加消费支出，且当消费分位数由低到高时，教育回报率呈现下降趋势，说明城镇低消费组的教育回报率大于高消费组，提高受教育水平有利于缩小城镇居民的消费差距。第四，家庭规模的回归系数值均显著为负，说明增加家庭人口数会阻碍城镇居民消费水平的提高。第五，工作变量的回归系数值在 10%～70% 分位数上显著为正，说明城镇中等及以下消费组家庭成员在政府部门、事业单位或国有企业工作更容易提高消费水平。第六，党员变量的回归系数值在 40%～90% 分位数上显著为正，说明城镇中等及以上消费组家庭成员中有党员的家庭更容易提高消费水平。第七，在消费分布的各个分位数上，人均财政教育支出均显著为正，增加人均公共财政教育支出有利于提高消费支出。

表 4.20 消费维度的面板数据 RIF 无条件分位数回归结果（城镇）

消费方程	10%	20%	30%	40%	50%	60%	70%	80%	90%
lnincome	0.185 0*** (0.018 1)	0.167 7*** (0.014 9)	0.156 0*** (0.013 4)	0.155 1*** (0.011 7)	0.168 2*** (0.010 9)	0.153 0*** (0.011 3)	0.155 2*** (0.010 8)	0.146 9*** (0.011 1)	0.145 6*** (0.015 0)
lnwealth	0.109 5*** (0.015 4)	0.109 6*** (0.011 5)	0.110 2*** (0.011 2)	0.122 2*** (0.009 5)	0.133 8*** (0.008 6)	0.151 7*** (0.008 3)	0.150 7*** (0.009 5)	0.167 0*** (0.010 0)	0.174 4*** (0.014 0)
age	0.005 2*** (0.001 1)	0.005 7*** (0.000 8)	0.006 4*** (0.000 7)	0.005 8*** (0.000 6)	0.005 5*** (0.000 6)	0.006 3*** (0.000 6)	0.006 6*** (0.000 6)	0.005 9*** (0.000 7)	0.004 5*** (0.000 8)
fedu	0.053 1*** (0.005 9)	0.052 1*** (0.004 1)	0.057 8*** (0.004 1)	0.050 5*** (0.003 3)	0.046 2*** (0.003 8)	0.046 0*** (0.003 5)	0.045 2*** (0.003 5)	0.042 4*** (0.003 8)	0.037 1*** (0.004 7)
fsize	-0.126 8*** (0.017 3)	-0.118 3*** (0.012 6)	-0.120 1*** (0.011 3)	-0.119 4*** (0.010 3)	-0.120 0*** (0.010 9)	-0.124 4*** (0.010 2)	-0.118 6*** (0.009 7)	-0.119 0*** (0.011 5)	-0.107 5*** (0.014 1)
work	0.144 2*** (0.030 7)	0.151 1*** (0.027 3)	0.177 0*** (0.023 5)	0.164 8*** (0.023 9)	0.146 4*** (0.024 7)	0.116 4*** (0.025 4)	0.083 5*** (0.024 2)	0.011 9 (0.028 4)	-0.052 5 (0.041 5)
party	-0.045 8 (0.034 7)	0.020 2 (0.025 5)	0.020 2 (0.022 9)	0.060 9*** (0.022 2)	0.068 3*** (0.024 0)	0.096 7*** (0.025 3)	0.093 2*** (0.028 0)	0.114 1*** (0.030 0)	0.082 5* (0.044 2)
lnedu	0.221 1*** (0.053 2)	0.256 2*** (0.037 0)	0.226 9*** (0.038 3)	0.248 6*** (0.031 4)	0.194 5*** (0.034 9)	0.181 1*** (0.036 9)	0.217 7*** (0.041 7)	0.217 6*** (0.045 9)	0.221 5*** (0.064 5)
年份					控制				
Observations	8 651	8 651	8 651	8 651	8 651	8 651	8 651	8 651	8 651
R²	0.117 3	0.197 2	0.245 6	0.271 5	0.281 8	0.276 3	0.259 3	0.216 6	0.128 1
F 统计量	125.75	223.72	299.21	338.01	358.78	348.98	310.04	244.87	128.76

表 4. 21 给出了农村居民消费方程回归结果。我们发现：第一，在消费分布的不同分位数上，收入和财富的回归系数值均在 1% 水平上显著为正，说明增加收入和财富都会使消费水平上升。同时，收入的回归系数值在消费分布顶端 90% 分位数上最大，财富的回归系数值也在顶端 90% 分位数上最大，说明增加收入和财富更有利于农村高消费组家庭提高消费水平。第二，在消费分布的 10% 分位数上的年龄回归系数值显著为负，在消费分布的 40%~90% 分位数上的年龄回归系数值显著为正，说明对于最低消费组家庭而言，消费水平会随着年龄的增加而减少，对于中等及以上消费组家庭而言，消费水平随着年龄的增加而提高。第三，在消费分布的各个分位数上的家庭成员最高受教育年限的回归系数值均显著为正，说明提高受教育水平有助于增加消费支出，且当消费分位数由低到高时，教育回报率呈现上升趋势，说明农村高消费组的教育回报率大于低消费组，教育不均衡会进一步扩大农村居民的消费差距。第四，家庭规模的回归系数值均显著为负，说明增加家庭人口数会阻碍农村居民消费水平的提高。第五，工作变量的回归系数值在 10% 分位数上显著为负，在其他分位数上并不显著，说明农村最低消费组家庭成员在政府部门、事业单位或国有企业工作不利于提高消费水平。第六，除了在消费分布的 30% 分位数上外，党员变量的回归系数值均显著为正，说明农村家庭成员中有党员的家庭更容易提高消费水平。第七，在消费分布的 20%~90% 分位数上，人均财政教育支出均显著为正，且当分位数由低到高时，系数值呈现增大趋势，说明增加人均公共财政教育支出有利于提高消费支出，且对农村高消费组的作用更明显，即各地区人均公共财政教育支出的差距会进一步加剧农村居民消费不均衡。

表 4.21　消费维度的面板数据 RIF 无条件分位数回归结果（农村）

消费方程	10%	20%	30%	40%	50%	60%	70%	80%	90%
lnincome	0.085 1*** (0.012 0)	0.084 5*** (0.009 5)	0.083 6*** (0.008 2)	0.084 7*** (0.007 2)	0.087 0*** (0.008 3)	0.076 5*** (0.007 9)	0.075 6*** (0.008 5)	0.084 3*** (0.010 6)	0.115 1*** (0.016 1)
lnwealth	0.235 3*** (0.014 9)	0.199 6*** (0.012 0)	0.206 6*** (0.010 1)	0.191 1*** (0.009 6)	0.197 6*** (0.009 5)	0.191 7*** (0.010 4)	0.198 0*** (0.009 6)	0.215 2*** (0.011 4)	0.248 1*** (0.016 6)
age	−0.001 4** (0.000 7)	−0.000 1 (0.000 6)	0.000 6 (0.000 5)	0.001 0** (0.000 4)	0.001 0** (0.000 5)	0.001 7*** (0.000 5)	0.001 7*** (0.000 5)	0.001 5** (0.000 6)	0.002 4*** (0.000 7)
fedu	0.015 1*** (0.004 1)	0.018 6*** (0.003 0)	0.020 3*** (0.002 7)	0.021 5*** (0.002 8)	0.021 7*** (0.002 7)	0.021 2*** (0.002 7)	0.020 3*** (0.002 7)	0.021 0*** (0.003 0)	0.023 8*** (0.004 2)
fsize	−0.045 2*** (0.011 0)	−0.054 2*** (0.008 2)	−0.049 3*** (0.007 9)	−0.052 0*** (0.007 6)	−0.051 7*** (0.007 9)	−0.041 1*** (0.007 6)	−0.034 2*** (0.007 3)	−0.047 8*** (0.008 0)	−0.057 4*** (0.010 6)
work	−0.076 3** (0.038 0)	−0.047 0 (0.029 3)	−0.021 4 (0.030 9)	0.011 4 (0.028 3)	0.006 7 (0.028 7)	0.030 1 (0.030 7)	0.013 6 (0.032 4)	0.010 1 (0.040 9)	0.019 5 (0.055 1)
party	0.055 5* (0.029 5)	0.059 0** (0.024 3)	0.037 1 (0.022 8)	0.052 6** (0.024 6)	0.076 6*** (0.022 7)	0.076 6*** (0.025 4)	0.074 6*** (0.025 0)	0.098 8*** (0.032 5)	0.082 7* (0.044 4)
lnedu	0.074 8 (0.066 5)	0.115 2** (0.051 1)	0.170 2*** (0.051 0)	0.259 5*** (0.041 0)	0.279 0*** (0.045 2)	0.341 0*** (0.045 9)	0.427 1*** (0.050 4)	0.526 2*** (0.056 6)	0.585 6*** (0.100 4)
年份					控制				
Observations	12 034	12 034	12 034	12 034	12 034	12 034	12 034	12 034	12 034
R²	0.072 1	0.098 4	0.114 4	0.137 6	0.142 6	0.141 2	0.139 4	0.122 4	0.085 9
F 统计量	98.13	129.08	147.62	171.36	181.70	175.27	173.04	159.26	113.00

第五章　经济不均衡的原因分析
——机会与努力

第三章的分解结论表明，财富不均衡是解释中国当前经济不均衡的最主要因素，并且 2010—2018 年，财富不均衡的贡献率呈现上升趋势。因此，本章从财富维度入手，首先测度我国财富不均衡中机会不均衡的程度，其次将影响机会不均衡的各个因素进行分解，最后探讨个人努力对机会不均衡的削减作用。

第一节　机会不均衡的测度方法

一、参数法

20 世纪 60 年代末至 70 年代初，Hanoch（1967）、Weiss（1970）、Bowles（1972）等众多哲学家率先探讨了"机会不均衡"问题。最初，他们发现即便不同个体付出相同努力，其各自背景的差异仍然会导致迥异的经济结果。于是，他们开始将目标靶向对焦于个体家庭背景对其经济投入产出回报率差异的影响。此后，关于探索不受个人主观控制因素造成的不均衡的文献与研究不计其数，然而这个概念最早由 Roemer（1993，1998）提出并做出界定与阐述，同时 Roemer 将此概念率先运用到经济学的分析框架之中。他将经济差异的产生因素归纳为主观与客观两类，前者主要受个人的选择、偏好等主观因素控制，例如个体学习时长、工作时长等；而后者则是那些个体无法选择、无法操控的因素，类似于性别的选择、父母家庭的选择、父母工作与受教育程度的选择，这便是"机会不均衡"这一概念的核心特点。

大量的文献对收入的机会不均衡进行了研究（史新杰 等，2018；李莹和吕光明，2019）。近年来，一些学者从财富维度入手，对财富不均衡的研究也从结果不均衡分析转向了机会不均衡分析（Ferreira et al.，2011；Palomino et al.，2017；Salas-Rojo and Rodrıguez，2019）。我们不仅想知道财富分配的不均衡程度，还要知道这种不均衡在多大程度上与环境和努力有关。

根据 Roemer（1998）、Bourguignon et al.（2007）所提出的参数估计方法，用 y 表示个体收入，将影响收入的所有因素分为三组：个人无法控制的环境（C）；受个人影响的努力（E）；其他不可观测的因素（μ），比如运气。提出式（5.1）的关系式：

$$y = f(C, E, \mu) \tag{5.1}$$

环境变量可以被视为经济外生的，并且努力变量可以受到环境和其他不可观测因素的影响，式（5.1）可以进一步写为式（5.2）的形式：

$$y = f(C, E(C, v), \mu) \tag{5.2}$$

这个公式中包含环境对收入的直接影响，以及环境通过影响努力进而影响收入的间接影响。假设收入分布独立于"环境"，即 $F(Y \mid C) = F(Y)$，并且满足两个条件：①在给定"努力"的情况下，"环境"对于收入没有直接影响；②"努力"应该独立于"环境"，即"环境"对于"努力"没有因果影响，这个时候就是 Roemer（1998）所提出的机会均衡。

因此，测量机会不均衡也就是测量在多大程度上 $F(Y \mid C) \neq F(Y)$。本书主要采用参数方法进行估计，参照 Salas-Rojo and Rodrıguez（2019）、Ferreira et al.（2011）的做法，根据式（5.1）和式（5.2）可以得到式（5.3）的线性关系式：

$$\ln(w_t) = \alpha C + \beta E + \mu \tag{5.3}$$

w_t 表示个体财富，C 表示个体不可控的环境因素，E 表示个体努力程度，μ 为残差项，表示影响财富的不可观测变量。环境因素影响努力程度可以表示为式（5.4）的形式：

$$E = \delta C + v \tag{5.4}$$

v 表示影响努力程度的不可观测变量，将式（5.4）带入式（5.3），得到式（5.5）：

$$\ln(w_t) = (\alpha + \beta\delta) C + \beta v + \mu \tag{5.5}$$

由于本章的研究目的之一是测算机会不均衡的程度，可以忽略变量间的因果关系，因此，可以用 OLS 估计式（5.5），然后定义反事实财富 $\widetilde{w_t}$，以此来反映类别间（Type）的不均衡，即机会不均衡。OLS 形式如式（5.6）、式（5.7）所示：

$$\ln(w_t) = \varphi C + \epsilon \tag{5.6}$$

$$\widetilde{w_t} = \exp[\hat{\varphi}\bar{C} + \hat{\epsilon}] \tag{5.7}$$

$\bar{C}$ 表示均等化的环境变量，$\widetilde{w_t}$ 表示在环境 $\bar{C}$ 下的条件财富，用 I 表示不均衡指标，$I(w_t)$ 为财富不均衡的绝对值，$I(\widetilde{w_t})$ 为环境变量导致的机会不均衡绝对量，$I(\widetilde{w_t})/I(w_t)$ 表示机会不均衡的相对量。常用的衡量不均衡的指数包括基尼系数和广义熵指数。本书遵循 Ferreira et al.（2011）、Salas-Rojo and Rodríguez（2019）的做法采用平均对数偏差，简称 MLD 或 GE（0）来衡量机会不均衡的程度，具体表示为式（5.8）的形式：

$$MLD = GE(0) = \lim_{\alpha \to 0} \frac{1}{\alpha^2 - \alpha}\left[\frac{1}{n}\sum_{\alpha=1}^{n}\left(\frac{w_i}{\bar{w}}\right)^{\alpha} - 1\right] = \frac{1}{n}\sum_{i=1}^{n}\frac{\bar{w}}{w_i} \tag{5.8}$$

其中，n 表示样本容量，w_i 表示家庭财富，$\bar{w} = 1/n\sum_{i=1}^{n} w_i$。当然，这种方法也有其局限性，我们无法控制所有可能的因素，所以会导致对机会不均衡的低估[①]。因此，我们的结果可以看成财富机会不均衡的下限，实际值可能更高。

二、机会不均衡的 Shapley 值分解

在测度机会不均衡程度后，本章基于 Shapley 值分解法对机会不均衡生成源泉进行分解。Björklund et al.（2012）基于 Shapley 值分解法，提出用两个步骤测度各个环境因素对机会不均衡的贡献大小：第一步，先将由多个环境变量组成的环境集带入回归方程式（5.6），再通过将全部变量一一去除来逐个对比包含该变量与不包含该变量所得到的不均衡指标的差异变化；第二步，鉴于存在变量剔除顺序不同从而影响结果的可能性，不得不对各种剔除顺序下的结果取均值，进而得到该因子对机会不均衡绝对量（MLD 指数）的贡献率。

---

① RAMOS X, VAN DE GAER D. Approaches to inequality of opportunity: principles, measures and evidence [J]. Journal of economic surveys, 2016, 30 (5): 855-883.

三、参数方法的拓展——基于努力变量的分析

虽然我们使用上述参数方法测度了机会不均衡程度以及进一步分解了各个环境变量的贡献率，但根据式（5.3）可知，我们在财富方程中没有纳入努力变量，从而忽略了努力对财富机会不均衡的影响，存在估计结果有偏误的可能性。因此，我们参考 Jusot et al.（2013）提出的研究思路，在研究机会不均衡问题时除了考察环境因素，还将努力因素纳入其中。

Jusot 在总结 Roemer（1998）和 Barry（2005）的理论基础上提出了自己的方法。Roemer 理论的核心是他认为个人努力因素受到了环境因素的影响，并且在某种程度上环境决定了努力程度，所以在机会不均衡研究中应当排除掉这部分影响。上述观点在式（5.4）中得以充分体现，努力变量 E 是环境变量 C 的函数，如果我们排除掉环境变量对努力程度的这部分影响，就可以得到"净努力"即残差项 e，可以用 e 代替 E 带入到式（5.3）中，由此得到新的财富方程估计式：

$$\ln \hat{w}_i = \hat{\beta}C + \hat{\gamma}e \qquad (5.9)$$

其中，e 是式（5.4）的残差项，如果努力变量符合连续变量的形式，式（5.4）中的残差项就表示"净努力"；如果努力变量是二值分类变量，就没有办法计算 Probit 模型的残差项，这时候就可以借助广义残差的计算公式来得出"净努力"式（5.10）（Gourieroux et al.，1987；Carpantier and Sapata，2013）：

$$E(e \mid E) = \frac{\Psi(\lambda C)}{\Phi(\lambda C)\,[\,1 - \Phi(\lambda C)\,]}[\,E - \Phi(\lambda C)\,] \qquad (5.10)$$

其中，$\Psi(\cdot)$ 表示标准正态分布的概率密度函数，$\Phi(\cdot)$ 表示累积分布函数。

与 Roemer 的观点不同，Barry（2005）认为不管环境变量如何影响努力变量，努力变量在财富方程中都应该被全部考虑，即财富方程中的努力变量应该用自身原值，如式（5.11）所示，而不是式（5.9）中的残差项 e：

$$\ln \hat{w}_i = \hat{\beta}C + \hat{\gamma}E \qquad (5.11)$$

其中，C 表示个体环境变量，E 表示个体努力变量。将式（5.9）和式（5.11）进行分别估计，就得到了 Roemer 和 Barry 两种情境下的财富方程估计值，然后根据 Jusot et al.（2013）提出的方程分解法来分别计算环境变量和努力变量的贡献大小，计算公式如式（5.12）所示：

$$\sigma^2(\hat{w}_i) = \mathrm{cov}(\hat{w}_c, \ \hat{w}_i) + \mathrm{cov}(\hat{w}_{elE}, \ \hat{w}_i) \tag{5.12}$$

其中，$\hat{w}_c$ 表示环境不均衡，$\hat{w}_{elE}$ 表示 Roemer 和 Barry 两种情境下的努力不均衡，因此，环境变量的贡献度如式（5.13）的形式，努力变量的贡献度如式（5.14）的形式：

$$\mathrm{IOC} = \mathrm{cov}(\hat{w}_c, \ \hat{w}_i) \ / \ \sigma^2(\hat{w}_i) \tag{5.13}$$

$$\mathrm{IOE} = \mathrm{cov}(\hat{w}_{elE}, \ \hat{w}_i) \ / \ \sigma^2(\hat{w}_i) \tag{5.14}$$

其中，IOC 表示环境贡献度，IOE 表示努力贡献度。

第二节　数据来源与变量选择

一、数据来源

本章和前一章采取同样的数据来源，即中国家庭追踪调查（CFPS）数据，但本章仅采用 CFPS 2018 年调查数据。2018 年的调查问卷比较全面地收集了个人、家庭、继承等重要信息，涵盖了环境变量和努力变量所需的大多数指标，并且包含了我国大部分省份的样本，能够满足本章研究内容的需要。由于受到数据的限值，一年的横截面数据并不能反映演变趋势。

二、变量选择

根据本章的研究目的，我们最为关注的是个人的财富信息和"环境""努力"因素。由于财富主要是家庭层面积累，家庭中每个成年人都可能创造财富，以户主为家庭代表的做法可能会带来信息遗漏问题，因此，本书利用 CFPS 收集到的家庭成员完整信息，将财富以家庭为单位进行处理，采用家庭净财富指标，并对财富取自然对数。

根据已有文献的研究成果，鉴于获得数据的可行性，在环境变量的选取上，采用了两类环境变量。第一类被称作个人特征变量，包括影响财富的经验变量（使用年龄作代替）、性别、户籍、居住地。对于年龄，根据调查数据得到的个人年龄，并增加年龄的平方项，得到了财富与年龄的倒"U"形关系；将性别分为男、女两类，男性为 1，女性为 0；由于个人后天努力可以改变户籍属性，为了避免模型的内生性，确保户籍变量是外生的，我们根据问卷"户口所在地变化"尽量以出生时的户口状况为标准，城镇户籍为 1，农村户籍为 0；居住地则根据国家统计局的划分标准划分为东中西部，所以设置了两个虚拟变量，东部为 1，合则为 0；中部为 1，否则为 0。第二类被称作家庭特征变量，包括父亲最高受教育年限、母亲最高受教育年限、继承。根据问卷中"父母提供经济帮助"，获取个人的继承信息。根据问卷中"父亲最高学历""母亲最高学历"获取父母的受教育信息，并将最高学历转换为相对应的最高受教育年限[①]。

影响财富的因素除了环境外还有自身努力程度，本章选择个体最高受教育年限、个体就业、家庭人均纯收入变量作为努力的代理变量。将就业变量划分为两类，一类是在党政机关、事业单位或国有企业工作为 1，其余就业类型为 0；由于 CFPS 2018 年中"个人所有工作总收入"指标数据缺失较多，所以采用家庭人均纯收入代替个人所有工作总收入作为个人努力变量。

同时，本章对原始数据进行如下处理：①将个体年龄控制在 18～60 岁，这样可以尽量包含个体的继承信息；②删除变量中空白、不适用、不知道、拒绝回答，以及缺失的样本；③删除家庭净财富小于 0 的样本；④问卷中的财富信息是以家庭为单位进行调查的，因此，本书选择的子女样本与父母不在同一个经济家庭中，以保证家庭财富信息为子女的信息，最终获得 2 616 个样本。

三、描述性统计

表 5.1 给出了变量的描述性统计结果。总体而言，个体平均年龄约为 44 岁，在解释家庭背景造成的财富机会不均衡时，该样本较为理想，因为这个年龄正处于上有老下有小的阶段。父亲最高受教育年限高于母亲，只有 17.74% 的子女从父母处继承到财产，个体最高受教育年限高于父母，个体在政府部门、事业单位、国有企业工作占 14.26%，在东部居住的样本数量大于中部和西部。

---

① 教育变量的赋权方式如下：未受过任何教育 = 0，小学或私塾 = 6 年，初中 = 9 年，普通高中、职业高中或中专、技校 = 12 年，大学专科 = 15 年，大学本科 = 16 年，硕士 = 19 年，博士 = 22 年。

表 5.1　变量描述性统计结果

变量	均值	标准误	最小值	最大值	样本数
家庭净财富的对数	12.682 0	1.301 9	2.079 4	17.097 2	2 616
子女年龄	43.589 5	7.906 8	18	59	2 616
子女年龄的平方/100	19.625 3	6.677 6	3.24	34.81	2 616
子女性别	0.348 6	0.476 6	0	1	2 616
子女户籍	0.525 6	0.499 4	0	1	2 616
子女居住地：东部	0.404 4	0.490 9	0	1	2 616
子女居住地：中部	0.320 7	0.466 8	0	1	2 616
子女居住地：西部	0.274 8	0.446 5	0	1	2 616
父亲最高受教育年限	5.457 6	4.471 8	0	19	2 616
母亲最高受教育年限	3.490 8	4.027 3	0	16	2 616
继承	0.177 4	0.382 1	0	1	2 616
子女最高受教育年限	8.259 2	4.484 6	0	22	2 616
子女就业	0.142 6	0.349 7	0	1	2 616
家庭人均纯收入的对数	10.242 4	0.936 5	1.609 4	14.731 8	2 616

第三节　机会不均衡的测度与分解

一、机会不均衡的测度

我们通过估计式（5.6）的回归系数，在利用式（5.7）构建了反事实财富的条件下，分别测度了全样本、分城乡、分性别、分地区、有无继承以及各个年龄段的财富不均衡绝对量、机会不均衡绝对量以及机会不均衡在财富不均衡中的占比，结果如表5.2所示。

（一）全样本测度结果分析

从全样本结果看，中国居民财富不均衡中个人无法控制的机会不均衡占比为 21.18%。与现有国外机会不均衡研究相比，Salas-Rojo and Rodriguez（2019）用 SCF 数据测度的 2016 年美国总财富机会不均衡占比为 10.44%，用 EFF 数据测度的 2014 年西班牙总财富机会不均衡占比为

22.44%；Palomino（2017）用2011年EFF数据测度的西班牙财富机会不均衡占比为48.97%。虽然与这些学者们的测度结果无法直接比较，但是可以看出我国财富机会不均衡处于中间位置。

表5.2 财富不均衡与机会不均衡测度结果

样本类型	财富不均衡（MLD）	机会不均衡（MLD）	机会不均衡占比/%
全样本	0.876 3	0.185 6	21.18
城镇	0.782 9	0.101 8	12.99
农村	0.616 5	0.034 5	5.59
男性	0.920 4	0.237 3	25.78
女性	0.843 5	0.158 2	18.76
东部	0.978 2	0.192 3	19.65
中部	0.562 3	0.072 8	12.95
西部	0.578 3	0.117 5	20.33
有继承	0.882 7	0.240 7	27.27
无继承	0.874 6	0.174 4	19.94
18~30岁	0.905 9	0.139 1	15.35
31~40岁	0.955 1	0.238 3	24.95
41~50岁	0.775 6	0.149 5	19.28
51~60岁	0.962 8	0.210 0	21.81

（二）分城乡测度结果分析

分城乡来看，城镇内部的财富不均衡程度远高于农村，这与林芳等（2014）的结论相似，并且城镇机会不均衡的绝对值和相对占比也都高于农村，由此表明城镇居民的财富机会不公更严重，即家庭背景在城镇的财富不均衡中占据比农村更大的分量。可能的原因是《中国家庭财富调查报告（2018）》显示，城镇居民财富不均衡程度高于农村居民，2018年城镇居民家庭房产净值占家庭人均财富的71.35%。在近年房价持续上涨的环境下，农村居民可以选择自己建房，而城镇居民只能在城里买房，且2/3

的年轻人买房靠父母①，所以城镇居民的机会不均衡更严重。

（三）分性别测度结果分析

分性别来看，多数学者研究表明男性和女性在就业和职业选择时存在很大差异，我们将男性和女性样本分组研究有助于全面认识财富机会不均衡特征。男性的财富不均衡和机会不均衡绝对量和相对量都远高于女性，其中男性的机会不均衡占比高于全样本占比，女性的机会不均衡占比低于全样本占比，说明家庭背景在男性的财富不均衡中占据比女性更大的分量。这可能是由于中国的传统观念，特别是在中国农村地区，父系血缘单系继承是主流，儿子基于自然或身份的原因对父母的财产具有天然的继承人资格，在有儿子的情况下，父母很少将财产留给女儿，因此，家庭背景在男性财富不均衡中占有重要位置。

（四）分地区测度结果分析

杨灿明和孙群力（2019）发现地区内部的财富不均衡程度大于地区之间的财富不均衡，那么财富的机会不均衡在东中西部地区会有怎样的差异呢？我们将样本分为东部、中部和西部，发现中部样本的财富不均衡与机会不均衡的绝对量和相对量都最低，而西部样本的机会不均衡占比最高，东部样本的财富不均衡最高。说明相比于西部地区，东部地区和中部地区居民财富不均衡中对"努力"的合理回报更多，这与江求川等（2014）的结论相似。

（五）有无继承测度结果分析

分有无继承来看，有继承样本的财富不均衡与机会不均衡绝对量和相对量都高于无继承样本。这可能是由于在无继承样本中，子女获得财富更多地靠自己的努力，而在有继承样本中，父母家庭背景的不同给子女提供的财富帮助也就不同，所以家庭背景在有继承样本的财富不均衡中占比大于无继承样本。

（六）分年龄测度结果分析

从分年龄段来看，总体而言，中高年龄组（31~60岁）在获取财富的过程中比年轻人（18~30岁）面临更为严重的机会不均衡，这是因为机会不均衡存在一定的累积现象（江求川 等，2014）。18~30岁样本的财富机会不均衡最低，为15.35%，可能由于18~30岁样本组相比于父母一辈，

---

① 劳佳迪. 中国"千禧一代"消费报告出炉：2/3买房靠父母 [N]. 企业家日报，2016-11-24（006）.

生活在整体环境比较公平、制度比较完善的社会中（史新杰 等，2018；李莹和吕光明，2019）。31~40岁样本组和51~60岁样本组的机会不均衡占比高于41~50岁样本组，这可能是由于51~60岁样本组赶上了改革开放我国住房制度改革试点，他们通过私有化或福利分房积累了一定的财富。31~40岁样本组在房地产市场黄金发展时期就业或者结婚，赶上了快速积累财富的好时代，同时也是环境因素对财富不均衡影响较强的时代，所以31~40岁样本组的机会不均衡占比最高。

二、机会不均衡的分解

表5.3展示了我们采用Shapley值分解法计算得到的2018年各环境因素对机会不均衡影响的贡献大小。为了避免扭曲财富变量的分布及含义，因变量用的是财富本身，而不是式（5.6）中财富的对数[1]。

（一）全样本分析

从全样本来看，个体特征对机会不均衡的影响大于家庭特征，所有环境因素中户籍、居住地、父亲教育和母亲教育是造成子女财富机会不均衡的主要环境变量，其贡献率分别为54.66%、18.94%、12.40%、12.15%。因此，户籍因素对财富机会不均衡的贡献率最大，如果把父亲最高受教育程度与母亲最高受教育程度的贡献率相加，父母教育的贡献率达到24.55%，可见父母教育背景对子女财富积累的重要性。居住地在东部地区的贡献率为17.94%，中部地区的贡献率为1%，东部地区与中部地区的贡献率差异为16.94%，说明我国地区经济发展极度不平衡。总体而言，在影响财富机会不均衡的因素中，家庭环境方面迫切需要解决的问题是户籍、父亲最高受教育程度、母亲最高受教育程度、居住地引起的不公平。

（二）机会不均衡贡献程度的城乡差异

分户籍来看，城镇、农村居民不仅在机会不均衡程度上存在显著差异，并且各个环境因素对城镇、农村机会不均衡的贡献率也大不相同。无论是城镇样本还是农村样本，性别因素对机会不均衡的贡献率都高于全样本，且城镇样本中性别因素的贡献率远高于农村。这可能是由于随着我国城市化进程的推进，户籍人口城镇化率大为提高，虽然农村居民的户籍已经改变，但思想观念仍然落后，重男轻女观念深入人心。在城镇样本中，对财富不均衡贡

---

① 董丽霞. 中国的收入机会不均衡：基于2013年中国家庭收入调查数据的研究 [J]. 劳动经济研究，2018，6（1）：44-62.

献度最大的环境因素是地区差异，相比于农村，城镇居民面临更严重的地区差异，东部地区的贡献率远远高于中部地区，高达48.43%，地区差异成为城镇居民财富机会不均衡的最主要原因。这可能由于城镇居民财富主要以房产为主，而东部地区的房价水平远高于中部地区。

在农村样本中，对财富不均衡贡献程度最大的环境因素也是地区差异，中部地区的贡献率高于东部地区，达到29.17%，相比于城镇，中部地区的农村居民面临更为严重的地区差异。父亲最高受教育年限对农村居民财富机会不均衡的贡献率较大，为27.81%，且继承的贡献率（3.44%）也远大于城镇样本（0.40%）。意味着在农村地区，财富的代际传递所导致的财富不均衡远大于城镇，而在城镇样本中，父母不仅在受教育程度上的差异要小于农村，且城市子女更容易通过努力来满足自身的物质需求，这就在某种程度上减弱了代际传递的关系，所以代际传递虽然也影响了城镇居民，但影响程度弱于农村。因此城镇居民财富机会不均衡的主要原因在地区差异，而农村居民财富机会不均衡的主要原因除了地区差异还有代际传递的影响。

表5.3　机会不均衡分解

样本类型	个体特征	年龄	性别	户籍	东部	中部	家庭特征	父亲教育	母亲教育	继承
全样本	75.37	1.19	0.58	54.66	17.94	1.00	24.61	12.40	12.15	0.06
城镇	62.46	1.95	3.64	—	48.43	8.44	37.54	15.65	21.49	0.40
农村	54.93	2.72	1.86	—	21.18	29.17	45.06	27.81	13.81	3.44
男性	71.89	1.36	—	54.54	15.12	0.87	27.90	10.31	17.44	0.15
女性	76.73	1.17	—	54.17	20.07	1.32	23.27	14.01	9.23	0.03
东部	83.84	1.01	0.86	81.97	—	—	16.16	8.60	7.38	0.18
中部	53.16	2.65	0.47	50.04	—	—	46.85	16.00	29.72	1.13
西部	70.02	2.98	0.30	66.74	—	—	29.97	20.79	9.05	0.13
有继承	63.20	4.08	0.50	48.89	9.11	0.62	36.28	18.12	18.16	—
无继承	78.69	0.66	0.60	55.65	20.56	1.22	21.30	10.83	10.47	—
18~30岁	65.15	—	8.54	43.91	10.19	2.51	34.78	8.36	25.71	0.71
31~40岁	69.22	—	1.01	46.49	20.54	1.18	30.22	17.30	12.77	0.15
41~50岁	74.71	—	0.30	59.49	13.43	1.49	25.27	10.84	12.96	1.47
51~60岁	81.18	—	0.34	56.15	23.14	1.55	18.82	9.20	8.23	1.39

（三）机会不均衡贡献程度的性别差异

分性别来看，家庭特征对男性机会不均衡的贡献率高于女性，而个体特征对女性机会不均衡的贡献率高于男性。无论是男性样本还是女性样本，户籍因素都是造成男性和女性财富机会不均衡的最主要因素，且东部地区对机会不均衡的贡献都远大于中部地区。在男性样本中，母亲教育对机会不均衡的贡献率大于父亲教育，说明母亲教育背景对男性的机会不均衡影响更大。而在女性样本中，父亲教育对机会不均衡的贡献率大于母亲教育，说明父亲教育背景对女性的财富机会不均衡影响更大。且结合上一节研究结果：男性样本的机会不均衡占比为 25.78%，高于全样本的机会不均衡占比，女性样本的机会不均衡占比为 18.76%。我们发现，总体而言，性别因素导致的财富机会不均衡程度较高，说明虽然我国社会在进步、制度逐渐完善，但性别歧视的观念仍难改变。

（四）机会不均衡贡献程度的地区差异

分地区看，各个环境因素在不同地区内部对财富机会不均衡的影响程度有所不同。从总体上看，家庭特征因素对东部地区的贡献率最低，对中部地区的贡献率最高；个体特征对东部地区的贡献率最高，对中部地区的贡献率最低。在东部地区，城乡户籍差异对机会不均衡的贡献最大，超过80%，说明东部地区城乡因素导致的财富不公较大，而在中部和西部地区，城乡的财富不公有所改善。在中部地区，母亲教育的贡献率远高于父亲，但在西部地区，父亲教育的贡献率远高于母亲，说明在中部地区母亲的家庭地位有所提升。同时，性别对西部地区财富机会不均衡的影响最小，对东部地区财富机会不均衡的影响最大，说明在西部地区，性别歧视较轻，而在东部地区，性别歧视较严重。

（五）机会不均衡贡献程度的继承差异

分有无继承来看，家庭特征对有继承样本的贡献率高于无继承样本，而个体特征对无继承样本的贡献率高于有继承样本。且无论是有继承样本还是无继承样本，城乡差异都是造成财富机会不均衡的最主要因素。对于有继承样本，父亲教育和母亲教育对财富机会不均衡的贡献度较大，说明父代对子女的财富代际传递会进一步拉大子代财富差距，引起机会不公。对于无继承样本，地区差异对财富机会不均衡的贡献度较大，特别是东部地区，说明在无继承情况下东部地区的财富机会不均衡更严重。并且，性别差异在有继承样本和无继承样本的贡献率相差不大，但经验差异对财富机会不均衡的影响在有继承样本中远高于无继承样本，说明经验越丰富，越容易拉大财富差距。

（六）机会不均衡贡献程度的年龄差异

随着年龄的推移，影响机会不均衡的主要因素也发生了变化。从总体上来看，家庭特征对机会不均衡的贡献率随着年龄的增加而减少，个体特征对机会不均衡的贡献率随着年龄的增加而提高。从各个环境变量来看，首先，性别因素带来的影响随着年龄的增加而减小。在 18~30 岁样本中，性别因素对财富机会不均衡的贡献率远高于其他年龄段样本，而在 41~50 岁样本中，性别歧视的影响力降到最低。其次，户籍因素对财富机会不均衡的贡献随着年龄的增加呈现上升趋势。这可能是由于随着我国户籍制度的不断改革，城镇化程度的提高，年轻人在城乡之间流动更为便捷，减弱了年轻人由户籍限制带来的财富机会不均衡问题，但无论哪个年龄段样本，户籍因素都是导致财富机会不均衡的最主要环境变量。再次，地区因素对财富机会不均衡的影响始终处于较高水平，无论个体处于哪个年龄段，地区差异导致的财富机会不公始终较大。最后，父母最高受教育程度对财富机会不均衡的影响随着子女年龄的增加而减小，说明代际传递在年轻一代更高，年轻人的财富差距更多来自阶层固化。

第四节　努力对于机会不均衡的消解作用

第三节分析了环境因素对于财富不均衡的影响，本节将努力纳入财富方程中，进一步分析努力程度对于财富不均衡的影响作用。由第一节分析可知，努力变量不仅直接影响财富，努力程度还受到环境的影响从而间接影响财富，因此，本节考察个体教育、个体就业与个体收入三个努力变量对于机会不均衡的消解作用。

一、环境变量对于努力变量的影响

第三节分析了环境因素对财富不均衡的直接影响，但忽略了努力的作用。虽然环境和努力都影响财富，但环境和努力之间还存在非常复杂的相互作用。Bourguignon et al.（2007）认为自身努力程度更容易受到环境好坏的影响，实践中如果忽视了环境对努力的影响，就会使得测度出的机会不均衡结果不准确。因此，我们采用个体教育、个体工作和个体收入三个变量作为努力因素的代理变量，探究努力程度对机会不均衡的消解作用。需要说明的是，本节个体收入变量采用的是家庭人均纯收入指标，之所以没有采用个人所有工作总收入指标是因为该指标缺失值较多，而家庭人均纯收入也能很好地反映个人努力情况。

（一）环境因素对个体教育的影响

我们通过公式（5.4）考察了环境因素对于努力变量的影响，进而将环境因素对努力变量的间接影响剔除，从而得到了"净努力"，环境因素对努力变量的回归结果如附录 B1 所示。首先看个体特征变量，个体受教育程度的性别差异比较明显，男性接受高等教育的机会高于女性；年龄与个体受教育程度存在明显的负相关关系，这个结论也符合我们生活中的实际情况，即随着年龄的增加，个体接受教育的机会越少；个体受教育程度的城乡差异也较明显，城镇居民由于公共服务比较完善，基础教育、继续教育等相对健全，使得城镇居民的受教育程度优于农村居民。其次，我们看地域特征变量，地区变量和个体受教育程度显著正相关，说明对于西部而言，由于经济发展社会水平落后于东部、中部地区，使得东部、中部地区居民比西部地区更容易接受到优质的教育。最后，我们看家庭特征变量，父亲最高受教育程度、母亲最高受教育程度与个体受教育程度显著正相关，说明父母受教育程度较高，家庭中的文化氛围越浓郁，而好的氛围会对个体学习习惯、兴趣等产生潜移默化的影响，从而提升个体的受教育程度。对于继承因素，个体继承与受教育程度之间显著正相关，说明有继承的个体，由于家庭提供更多的资源，会追求更高的教育学历。

（二）环境因素对个体工作的影响

环境因素对个体工作的影响如附录 B2 所示。首先看个体特征变量，个体工作的性别差异明显，男性比女性更容易在政府机关、事业单位、国有企业工作；年龄与个体工作存在明显的正相关关系，这也符合我们生活中的实际情况，即随着年龄的增加，个体更愿意从事稳定的职业；个体工作的城乡差异也较明显，城镇居民更容易在政府机关、事业单位、国有企业工作。其次，我们看地域特征变量，东部地区与个体工作显著负相关，说明由于东部地区的经济发展水平较高，本地居民更愿意从事高薪职业，意味着东部地区居民在政府部门、事业单位和国有企业工作的意愿较弱。最后，我们看家庭特征变量，父亲、母亲最高受教育程度与个体工作显著正相关，即父母受教育程度越高，子女在政府机关、事业单位、国有企业工作的比例越高。这可能是由于父母受教育程度越高，家庭会提供较多的教育资源，更容易进入政府部门、事业单位、国有企业工作。对于继承因素，个体继承与个体工作之间显著正相关，说明有继承的个体，也更倾向于在政府机关、事业单位或国有企业工作。

（三）环境因素对个体收入的影响

环境因素对个体收入的回归结果如附录 B3 所示。首先看个体特征变量，个体收入水平的性别差异明显，男性比女性更容易获得高收入；年龄与个体收入水平存在明显的负相关关系，这一结论符合我们生活中的实际情况，即随着年龄的增加，个体获得的收入会下降；个体收入水平的城乡差异也较明显，城镇居民由于就业范围广、社会保障制度完善，比农村居民更容易提高收入水平。其次，我们看地域特征变量，地区变量和个体收入水平显著正相关，说明居住在东部地区和中部地区的居民相较于居住在西部地区的居民更容易提高收入水平。最后，我们看家庭特征变量，父亲、母亲最高受教育程度与个体收入显著正相关，说明父母教育程度越高，子女越容易获得高收入，即父母拥有较好教育背景的个体更容易提高收入水平；对于继承因素，个体继承与个体收入水平没有显著关系。

二、在 Roemer 和 Barry 情境下的努力贡献度

将努力变量带入财富方程，再利用式（5.13）和式（5.14）的方差分解方法分别计算环境和努力的贡献度，结果如表 5.4 所示。在两种情境下，只加入个体教育、个体工作、个体收入三个努力变量，会使得环境变量的贡献率显著提高（表 5.4 显示的环境贡献度远远大于表 5.2 中的机会不均衡占比）[①]。需要说明的是，本节计算的机会不均衡指数与表 5.2 计算出来的机会不均衡指数没有可比性，但通过该方法可以看到加入回归的三个努力变量会对整个财富不均衡有多大贡献。

---

① 史新杰，卫龙宝，方师乐，等．中国收入分配中的机会不均衡 [J]．管理世界，2018，34（3）：27-37.

表 5.4　环境变量与努力变量的贡献度　　　　　单位:%

样本类型	情境	"环境"贡献度	"努力"贡献度	两种情境下努力贡献度差值
全样本	Roemer	79.73	20.27	31.37
	Barry	48.36	51.64	
城镇	Roemer	62.75	37.25	16.37
	Barry	46.38	53.62	
农村	Roemer	39.77	60.23	9.60
	Barry	30.17	69.83	
男性	Roemer	87.13	12.87	32.47
	Barry	54.66	45.34	
女性	Roemer	73.44	26.56	29.92
	Barry	43.52	56.48	
东部	Roemer	67.07	32.93	26.33
	Barry	40.74	59.26	
中部	Roemer	70.90	29.10	24.55
	Barry	46.34	53.66	
西部	Roemer	77.55	22.45	28.83
	Barry	48.72	51.28	
有继承	Roemer	81.01	18.99	33.95
	Barry	47.06	52.94	
无继承	Roemer	79.17	20.83	30.86
	Barry	48.31	51.69	
18~30 岁	Roemer	61.54	38.46	20.51
	Barry	41.03	58.97	
31~40 岁	Roemer	73.64	26.36	31.23
	Barry	42.41	57.59	
41~50 岁	Roemer	81.03	18.97	32.58
	Barry	48.45	51.55	

样本类型	情境	"环境"贡献度	"努力"贡献度	两种情境下努力贡献度差值
51~60岁	Roemer	80.00	20.00	27.69
	Barry	52.31	47.69	

（一）全样本分析

从全样本来看，仅仅三个努力变量，在 Roemer 和 Barry 两种情境下就分别贡献了 20.27% 和 51.64%，计算二者的差值可知有 31.37% 的贡献来自环境的影响。这意味着环境不仅直接影响财富，还可以通过努力间接影响财富。

（二）分城乡分析

从城镇和农村样本来看，就其贡献度而言，农村样本的努力变量在 Roemer 和 Barry 两种情境下分别贡献了 60.23%、69.83%，城镇样本的努力变量在 Roemer 和 Barry 两种情境下分别贡献了 37.25%、53.62%，说明农村个体的财富差距中自身努力的贡献大于城镇个体的财富差距中自身努力的贡献。同时，城镇样本的努力变量中有 16.37% 的贡献来自环境因素的影响，而农村样本的努力变量中只有 9.6% 的贡献来自环境的影响，城镇远大于农村，进一步说明城镇居民的财富差距更容易受到家庭背景等环境的影响，而农村居民的财富差距更容易受到自身努力的影响。

（三）分性别分析

从男性和女性样本来看，就其贡献度而言，男性样本的努力变量在 Roemer 和 Barry 两种情境下分别贡献了 12.87%、45.34%，而女性样本的努力变量在 Roemer 和 Barry 两种情境下分别贡献了 26.56%、56.48%，说明女性个体的财富差距中自身努力的贡献大于男性个体财富差距中自身努力的贡献。计算差值可知，男性样本中环境因素对努力变量的间接影响为 32.47%，女性样本中环境因素对努力变量的间接影响为 29.92%，进一步说明男性的财富差距更容易受到家庭背景等环境的影响，而女性居民的财富差距更容易受到自身努力的影响。

（四）分地区分析

从不同地区来看，东部地区样本的努力变量在 Roemer 和 Barry 两种情境下分别贡献了 32.93%、59.26%，中部地区样本的努力变量在 Roemer 和 Barry 两种情境下分别贡献了 29.10%、53.66%，西部地区样本的努力变量在 Roemer 和 Barry 两种情境下分别贡献了 22.45%、51.28%，说明东部地区个体财富差距中自身努力的贡献大于中部和西部地区个体财富差距中自身努力的贡献。从差值来看，东部地区样本中环境对努力变量的贡献为 26.33%，中部地区样本中环境对努力变量的贡献为 24.55%，西部地区样本中环境对努力变量的贡献为 28.83%，进一步说明与中部和西部地区相比，东部地区的财富差距更容易受到自身努力的影响，这也在一定程度上反映了东部地区经济比较发达，就业机会多，收入水平高；而西部地区的财富差距更容易受到家庭背景等环境因素的影响。

（五）有无继承分析

从有无继承样本来看，有继承样本的努力变量在 Roemer 和 Barry 两种情境下分别贡献了 18.99%、52.94%；无继承样本的努力变量在 Roemer 和 Barry 两种情境下分别贡献了 20.83%、51.69%。从差值来看，有继承样本中环境变量对努力变量的贡献为 33.95%，无继承样本中环境变量对努力变量的贡献为 30.86%。这说明有继承居民的财富差距更容易受到家庭背景等环境因素的影响，而无继承居民的财富差距更容易受到自身努力的影响。

（六）分年龄分析

从各年龄段来看，18~30 岁样本中的努力变量在 Roemer 和 Barry 两种情境下分别贡献了 38.46%、58.97%；31~40 岁样本中的努力变量在 Roemer 和 Barry 两种情境下分别贡献了 26.36%、57.59%；41~50 岁样本中的努力变量在 Roemer 和 Barry 两种情境下分别贡献了 18.97%、51.55%；51~60 岁样本中的努力变量在 Roemer 和 Barry 两种情境下分别贡献了 20.00%、47.69%。从差值来看，18~30 岁样本中环境变量对努力变量的贡献为 20.51%，31~40 岁样本中环境变量对努力变量的贡献为 31.23%，41~50 岁样本中环境变量对努力变量的贡献为 32.58%，51~60 岁样本中环境变量对努力变量的贡献为 27.69%。这说明 18~30 岁样本中的个体财富差距更容易受到自身努力的影响，随着年龄增大，自身努力对财富差距的贡献变小，家庭背景等环境因素对财富差距的贡献变大。

第六章 经济不均衡的改善——反事实分析

本章以第四章维度间关联性研究为基础，采用反事实分析的思想并结合计量模型，构造再分配政策下的"反事实"效果来探索其改善多维经济不均衡的程度，为下一章提出针对性的政策建议打下基础。

第一节 反事实分析法

一、反事实分析法思想

为了能够在全部影响被解释变量的因素中明确各个因素贡献大小，在实证分析时一般假定存在某因素或改变其中一个因素的同时，控制其他因素保持不变，重点观察被解释变量的反事实值与真实值的变化状况，这种分析方法被称为反事实分析法。

"反事实分析法"最早是由 Fogel（1964）这位诺贝尔经济学奖获得者提出的。他对 19 世纪美国铁路修建与经济增长二者之间的关系进行了观测，假设从来没有修建过铁路，美国经济增长率的变动情况，最先将反事实分析法引入其中。随后，DiNardo et al.（1996）在收入分配密度函数的分析中也运用了这个方法。为了研究制度因素及劳动力市场因素变动对美国工资分布带来的影响情况，他采用了半参数核密度估计方法与反事实分析法相互结合的方法。进入 21 世纪以来，反事实分析法在许多研究当中被不断使用和完善。Machado and Mata（2000）采用工资分位数回归模型对工资差异进行分解研究，率先在分析工资分布的变动当中引入了反事实分析的思想。随着方法的不断使用，2005 年该方法被学者们进一步完善，且被简称为 MM 方法。

在相关研究当中，反事实分析在参数与非参数方法当中都能够使用。Oaxaca and Blinder（1972）在 1971 年就提出要对均值回归函数进行相应分解的思路与方法，但是这种分解方法还是以线性回归为主，如果全部使用完的参数形式可能会因为模型的选择问题导致出现结果偏离或者原结果不显著问题，而如果采用非参数回归模型，其本身存在的"维度灾难"会在研究多个解释变量的时候产生问题。Firpo et al.（2009）针对以上问题提出了 RIF 无条件分位数回归分解，其本质是一种 RIF 回归与 Oaxaca-Blinder 分解方法相互结合从而形成的新分解方法。Firpo et al.（2009）在借鉴 DiNardo et al.（1996）对权重函数进行重置进而构造反事实收入分布的基础上，对收入分布差距进行一定的分解，分解得到要素特征效应和要素结构效应两种效应形式，进而通过再中心化影响函数对分布统计量进行回归，从而能够得到各协变量在不同分位数上对被解释变量的贡献度。该方法主要由两个步骤组成：

第一步，鉴于在不同代际样本间存在差异的协变量 X 可能会对分解结果产生影响，导致结果出现偏误。为了解决这个问题可以采用 DiNardo et al.（1996）的重置权重函数对协变量 X 进行处理，使不同代际样本中的 X 能够服从同分布。假设 $v = v(F)$ 是定义在任意分布函数 F 上的泛函，v 本身代表是 $F(y)$ 被刻画的各种统计量，其中主要包括均值、方差、分位数以及基尼系数等主要指标，在不同组之间分布差异如式（6.1）所示：

$$D = v(F_1) - v(F_0) = [v(F_1) - v(F_c)] + [v(F_c) - v(F_0)] \quad (6.1)$$

其中，$F_0(\cdot)$ 表示 t_0 时期的收入分布，$F_1(\cdot)$ 表示 t_1 时期的收入分布，而 $F_c(\cdot)$ 表示反事实分布函数，它是具有 t_0 时期家庭特征 t_1 时期的收入分布。式（6.1）的右边第一项 $v(F_1) - v(F_c)$ 称为要素特征效应，它来源于各要素回报率的变化；第二项 $v(F_c) - v(F_0)$ 称为要素结构效应，它来源于各要素分布结构的变化。

第二步，在由第一步得到 $v(F_1)$、$v(F_0)$ 和 $v(F_C)$ 的基础上，通过分布统计量为分位时的再集中影响函数回归，获得类似 Oaxaca-Blinder 分解的形式，进而将工资分布变动（或差异）分解到各个单一协变量上。最终得到如式（6.2）的形式：

$$v(F_1) - v(F_0) = [E(X_1) \beta_1^v - E(X_1) \beta_c^v] + [E(X_1) \beta_c^v - E(X_0) \beta_0^v]$$

$$= \sum_{k=1}^{K} [E(X_{1,k}) - E(X_{0,k})] \beta_{0,k}^v + \sum_{k=1}^{K} [E(X_{1,k}) (\beta_{1,k}^v - \beta_{c,k}^v)] + R_0$$

$$(6.2)$$

其中，等式右边第一项表示各要素特征效应细分在各个协变量上的总和；第二项是要素结构效应细分在各个协变量上的总和；第三项 $R_0 = E(X_1) (\beta_c^v - \beta_0^v)$ 表示近似误差，在实证中包括由条件期望线性设定导致的误差和由一阶近似所产生的误差（郭继强 等，2011）。

二、反事实分析法思路

我们借鉴王曦璟（2019）的做法，将反事实思想应用于改善经济不均衡方式的探索中，面对经济不均衡扩大的趋势，再分配政策能有效降低经济不均衡程度吗？本章使用的数据与第三章相同，我们对 2010—2018 年的面板数据进行了反事实分析，以收入为例对本章采用的反事实分析法进行说明。第一种思路是直接改变收入分布来观察其对整个经济不均衡的影响，比如直接增加低收入群体的收入水平，观察样本收入水平的改变对经济不均衡的影响程度。第二种思路是将总样本分成两组，比如探究教育对于经济不均衡的改善效果。首先将样本分为参加高中教育和未参加高中教育两组；其次利用 RIF 无条件分位数回归的 FFL 分解方法，得到未参加高中教育组的反事实收入分布；再次将未参加高中教育组的反事实收入分布与参加高中教育组的原始收入分布结合；最后计算总体样本的经济不均衡程度。由于本章将探索各种改善方法的效果，关注重点不同会采用不同的反事实思路。

另外，在第三章测度多维不均衡时使用了 Tsui 1 指数、Tsui 2 指数、I1 和 I2 多种测度方法，且在赋权时采用了三种不同的赋权方式，结果都比较稳健。因此，本章为了便于比较分析，只使用等权重赋权法下的 Tsui 1 指数和 I1 指数进行研究。

第二节　现金转移支付调解下的改善效果

一、现金转移支付改善经济不均衡的思路

社会保障作为多数国家公共支出的主要构成部分是非常重要的，社会保障支出的目的是减弱居民收入不均衡造成经济条件差异巨大的影响。由于针对的人群和具体保障内容不同，且同一项目的筹资方式和待遇支付方式不同，社会保障项目缓解目前居民收入不均的效果也存在差异。在具体的项目实施过程中，社会保障项目正式发挥其作用的渠道主要有两种：其一是通过财政转移支付。财政转移支付能给我国居民提供直接的经济帮助，主要包括社会救助、社会抚恤等制度，具体如制定最低生活补助标准等保障社会弱势群体基本温饱的社会制度。财政转移支付的经济基础是国家税收收入，即转移部分高收入居民的收入来满足弱势群体生存所需条件的同时能够调节贫富差距带来的影响。其二是充分利用好社会保障基金。社会保障基金的筹资主体是政府、企业及个人，主要是通过群体之间互帮互助对不同人群的收入分配进行调节。总体而言，由于财政转移支付方式是政府直接向弱势群体提供物质帮助，且并没有任何附加条件，资金来源充足，对于社会贫富差距的调节更有效；而社会保障基金是基于参与主体自愿缴费，不确定性较大，调节作用较财政转移支付方式更弱。

无论对低收入者采取何种改善手段，如城镇和农村低保、精准扶贫等，最终目的都是让低收入者提高收入水平。甘犁（2019）也认为对低收入群体进行现金转移支付，即对低收入群体发放补贴，是调节收入差距的有效手段[1]。

在本节中，贫困线被用作衡量家庭是否贫困的依据。因此，本节的研究对象也就是会被重点帮助的对象，即那些家庭人均纯收入低于当年贫困线标准的家庭，也称为贫困户。而关于贫困户的划分，针对农村家庭，本节采用 2010 年最新的国家贫困线标准，即以家庭人均纯收入 2 300 元为标准。2010—2018 年农村地区国家贫困标准如表 6.1 所示。

---

① 甘犁. 解决相对贫困需建立激励相容的现金转移支付制度[EB/OL].（2019-11-08）[2023-11-20].https://money.163.com/19/1108/11/ETF4N3AV00259D61.html.

表 6.1　我国农村贫困标准　　　单位：元/（人·年）

年度	2010	2011	2012	2013	2014	2015	2016	2017	2018
国家贫困标准	2 300	2 536	2 673	2 736	2 800	2 855	2 952	2 952	2 995

注：表中贫困标准数据来源于《中国农村贫困监测报告》（国家统计局住户调查办公室编，中国统计出版社出版）。

由于国家没有公布城市贫困线，我们参照大部分学者的做法，用世界银行公布的国际贫困线作为中国城市贫困线的重要参考标准（陈宗胜和于涛，2017）。世界银行在 2015 年根据全球 20 个最贫困国家的情况将贫困线修订为每人每天 1.9 美元，考虑到我国城市的经济发展水平，将每人 1.9 美元/天确定为 2015 年的城镇家庭贫困线，以人民币表示为每人每年 4 319 元①，其他年份则根据消费者价格指数折算。具体如表 6.2 所示。

表 6.2　我国城镇贫困标准　　　单位：元/（人·年）

年度	2010	2011	2012	2013	2014	2015	2016	2017	2018
国家贫困标准	3 756	3 955	4 062	4 168	4 255	4 319	4 410	4 485	4 579

根据城镇和农村历年贫困线，我们得到了 2010—2018 年样本中贫困家庭的户数，如表 6.3 所示。我们发现同一时期的农村贫困户数多于城镇。

表 6.3　各年份贫困户数量　　　单位：户

年度	2010 年	2012 年	2014 年	2016 年	2018 年
城镇	218	291	264	239	288
农村	583	539	464	492	540

二、改善效果分析

我们运用反事实模拟的方法，人为增加历年贫困线标准下家庭的人均纯收入到贫困线标准，其余样本特征保持不变。由于我们提高了低收入居民的收入，势必会改善收入维度的不均衡，又根据第三章维度间关联分析可知，提高穷人的收入会缩小财富不均衡，因此，改善收入不均衡会使得财富不均衡、消费不均衡存在不同程度的改善，那么，整个经济不均衡程度也会改善。如表 6.4 所示，在其他特征不变的情况下，增加低收入群体

---

① 2015 年的人民币兑美元的平均汇率为 6.228 4。

收入使得 2010—2018 年的 Tsui 1 指数和 I1 指数均有不同程度的下降，且下降幅度远远大于后面几节探讨的改善方式的下降幅度，说明提高低收入群体的收入水平是一种非常有效的改善多维经济不均衡的途径。

表 6.4　反事实后的多维经济不均衡测度结果

Tsui 1	原始	反事实	变动率/%	I1	原始	反事实	变动率/%
2010 年	0.542 7	0.505 6	−6.84	2010 年	0.622 8	0.619 8	−0.48
2012 年	0.530 3	0.475 6	−10.31	2012 年	0.606 8	0.603 1	−0.61
2014 年	0.539 1	0.494 6	−8.25	2014 年	0.607 8	0.605 1	−0.44
2016 年	0.592 6	0.547 9	−7.54	2016 年	0.671 7	0.669 4	−0.34
2018 年	0.616 0	0.563 6	−8.51	2018 年	0.692 6	0.690 2	−0.35

　　虽然从第三章贡献率角度看，财富不均衡是改善多维经济不均衡的切入点，但是根据第四章的分析，提高穷人收入水平有利于缩小财富不均衡，同时收入不均衡的下降有利于缓解财富不均衡，因此我们以更容易操作的收入维度为切入点，改善收入不均衡将明显改善经济不均衡。我们认为有效提高城乡低收入居民的收入水平，有助于切实改善整体的经济不均衡。

第三节　税收调解下的改善效果

一、税收改善经济不均衡的思路

　　税收调节是指利用税收杠杆来指引和调整社会宏观经济的运作。具体而言，税收调节是指利用税收杠杆，如通过增税、减税和免税，多角度作用于微观经济活动，使其与宏观经济运行目标相一致。本节所介绍的税收调节主要是针对如何进行居民收入分配而言的。简言之，税收调节是指税收对居民收入、支出和资本的调节。税收可以通过直接调节与间接调节来缩小居民收入差距。个人所得税、资本利得税或财产税将直接影响个人的收益水平和收益构成，属于直接调节。对一些特定产品而言，赋税的加重或减轻都会影响商品的价格，进而间接影响个人的收益水平，属于间接调节。具体的税收调节收入分配的工具包括税率、起征点、免征额、税收抵免和退税等。其中，税收抵免和退税的对象主要是企业，针对居民的主要是税率、起征点和免征额。

　　在实践中，税收怎样调节居民收入分配呢？税收主要从居民收入、财富和消费支出三个层面发挥调节作用。在所得获取方面，有相应的个人所得税进行专项调整；在消费环节，有增值税、消费税等流转税进行调整；在财产流通和财产存量方面，有契税、房产税、继承税等进行调整。由于本书使用数据的可获得性，仅关注个人所得税这一税种。

　　2018 年以前，在我国个人所得税分类征收模式下，容易产生两种情形。第一，虽然纳税人所有收入汇总起来金额巨大，但从单项收入来看，纳税人可以不缴税或者少缴税；第二，纳税人根据现行税制进行税收筹划的可操作性较强，如可以通过将收入来源转移到低税率地区等方式成功避税。因此，我们再次强化税收杠杆对收入的调节作用是可行的。鉴于本节反事实分析的可操作性，我们考虑适当扩大级距。在 2018 年新的个人所得税法中也扩大了较低档税率级距。我们采用表 6.5 和表 6.6 中的阶梯税率再次调节，其效果相当于扩大了级距，即我们按照当年现行个人所得税的阶梯税率再次调节全样本的家庭收入后，观察多维经济不均衡变化情况。

表 6.5　2008 年个人所得税税率表

级数	全月应纳税所得额	税率/%	速算扣除数
1	不超过 500 元	5	0
2	超过 500 元至 2 000 元的部分	10	25
3	超过 2 000 元至 5 000 元的部分	15	125
4	超过 5 000 元至 20 000 元的部分	20	375
5	超过 20 000 元至 40 000 元的部分	25	1 375
6	超过 40 000 元至 60 000 元的部分	30	3 375
7	超过 60 000 元至 80 000 元的部分	35	6 375
8	超过 80 000 元至 100 000 元的部分	40	10 375
9	超过 100 000 元的部分	45	15 375

注：2008 年应纳税所得额=月度收入-2 000-专项扣除-依法确定的其他扣除。

表 6.6 2011 年个人所得税税率表

级数	全月应纳税所得额	税率/%	速算扣除数
1	不超过 1 500 元	3	0
2	超过 1 500 元至 4 500 元的部分	10	105
3	超过 4 500 元至 9 000 元的部分	20	555
4	超过 9 000 元至 35 000 元的部分	25	1 005
5	超过 35 000 元至 55 000 元的部分	30	2 755
6	超过 55 000 元至 80 000 元的部分	35	5 505
7	超过 80 000 元的部分	45	13 505

注：本表所称全月应纳税所得额是指依照《中华人民共和国个人所得税法》第六条的规定，以每月收入额减除费用 3 500 元以及附加减除费用后的余额。

1994 年税制改革后，我国先后进行了四次个税费用扣除标准的调整，分别是 2006 年将免征额提高至 1 600 元/月；2008 年提高到 2 000 元/月；2011 年提高到 3 500 元/月；2018 年再次提高到了 5 000 元/月，并于 2019 年 1 月 1 日实施。因此，CFPS 2010 年数据我们采用 2 000 元的标准，2012—2018 年的数据我们采用 3 500 元的标准。

二、改善效果分析

在保持其余样本特征不变的情况下，我们测度仅调节个人所得税后的多维经济不均衡程度变化趋势，如表 6.7 所示。我们希望与提高低收入居民收入水平的改善结果类似，通过个人所得税可以对高收入居民的收入水平进行适当有效调节。表 6.7 的结果显示，经过个人所得税调节后，2010—2018 年的 Tsui 1 指数和 I1 指数均有不同程度的下降，说明适当合理地调节过高收入能够改善中国多维经济不均衡状况。

表 6.7 反事实后的多维经济不均衡测度结果

Tsui 1	原始	反事实	变动率/%	I1	原始	反事实	变动率/%
2010 年	0.542 7	0.527 9	-2.73	2010 年	0.622 8	0.621 5	-0.21
2012 年	0.530 3	0.513 6	-3.15	2012 年	0.606 8	0.604 8	-0.33
2014 年	0.539 1	0.523 4	-2.91	2014 年	0.607 8	0.606 5	-0.21

表6.7(续)

Tsui 1	原始	反事实	变动率/%	I1	原始	反事实	变动率/%
2016 年	0.592 6	0.576 9	-2.65	2016 年	0.671 7	0.671 1	-0.09
2018 年	0.616 0	0.600 5	-2.52	2018 年	0.692 6	0.692 4	-0.03

尽管一些学者认为我国个人所得税制度有弊端，影响其发挥有效调节收入分配的功能（岳希明 等，2012；刘元生 等，2013；马万里，2017），但部分学者通过理论和实践研究证实，个人所得税是调节收入分配的有效工具（王亚芬 等，2007；白景明和何平，2014；万莹和熊惠君，2018）。本节的反事实调整结果也说明个人所得税对经济不均衡具有一定的正向调节作用。

第四节　城乡无差异下的改善效果

一、城乡无差异改善经济不均衡的思路

前两节主要通过再分配政策调节经济不均衡。除了再分配政策外，城乡与教育也是影响我国经济不均衡的重要因素。本节考察打破了城乡二元结构对经济不均衡的改善程度。

改革开放以来，我国经济持续快速增长，综合国力大大增强，城乡面貌发生了巨大的改变。但从根本上来讲，我国还没有脱离二元经济模式，还没有摆脱不发达的状态。在这种经济形势下，城乡居民的贫富差距也是显然的。在城镇和农村之间，不仅仅居民贫富差距明显，消费差距明显，居民的生活水平差距更大。城镇居民一般拥有良好的交通条件、完善的社会保障、较好的教育医疗卫生条件，而农村一般交通条件差，社会保障弱，教育医疗条件落后。

图 6.1 表明，城镇、农村家庭的收入、财富和消费差异明显。从位置参数来看，无论是与总体收入分布、总体财富分布还是与总体消费分布相比，农村家庭的分布曲线明显左移，城镇家庭的分布曲线明显右移。这说明在其他条件相同的情况下，城镇家庭的收入水平要显著高于农村家庭，城镇家庭的财富水平要显著高于农村家庭，城镇家庭的消费水平要显著高于农村家庭。

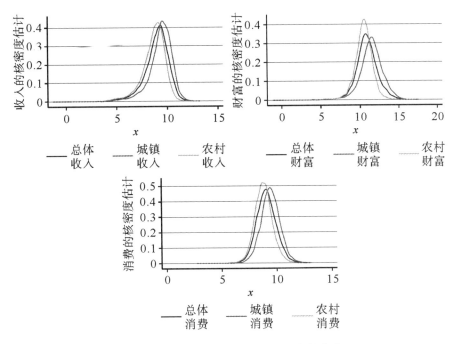

图 6.1　2010—2018 年面板数据的城乡核密度图

城乡反事实分析思路是将总体样本分为城镇和农村两组，首先将两组样本进行 FFL 分解，计算城镇和农村样本在各个维度的差异率；其次根据差异率构造农村样本的反事实分布；最后将农村反事实后的样本与城镇原始样本结合，观察缩小我国城乡差距、打破城乡二元结构是否有利于改善整体的多维经济不均衡。

由于无条件分位数回归中分位数位置的不同，回归系数会产生差异，再利用反事实法分析则会出现非常多的研究结果，更容易造成结果的混乱；同时，由于反事实分析的主要关注点是整体的调节效果，可以忽略不同分位数上的差异，所以，本节采用平均意义的无条件分位数回归分解估计反事实特征。

二、改善效果分析

我们将样本分为城镇和农村两组后，首先得到各个维度 RIF 无条件分位数回归反事实分解结果，见表 6.8 至表 6.10，包含的解释变量与第三章 RIF 无条件分位数回归中的解释变量一致；其次将各个维度的农村样本的反事实分布与城镇样本分布结合；最后将全部样本再次合并计算多维经济不均衡指数。

表 6.8 至表 6.10 给出了收入维度、财富维度和消费维度的城乡差距。三个方程中的可解释部分（特征差异）贡献都超过 50%，说明特征因素是城乡差异的主导因素。考虑指数变化，我们根据式（6.3）计算出总效应指数。以 2010 年收入方程为例，2010 年的总效应指数为 108.08%，则从相对量上来看，2010 年城镇居民家庭收入比农村居民高出 8.08%。根据得到的增长率构造农村样本的反事实分布，将农村反事实分布与城镇原始分布结合起来，计算得到反事实后的多维经济不均衡结果如表 6.11 所示。

$$总效应指数 \ I = \frac{\hat{Y}_{0,1}(\hat{\beta}^1, \ x^1)}{\hat{Y}_{0,1}(\hat{\beta}^0, \ x^0)} \tag{6.3}$$

表 6.8 城乡收入差异的 FFL 分解结果

收入方程	2010 年	2012 年	2014 年	2016 年	2018 年
组 1 均值（城镇）	9.244 5 ***	9.205 9 ***	9.341 3 ***	9.469 5 ***	9.469 0 ***
组 2 均值（农村）	8.553 4 ***	8.636 4 ***	8.777 9 ***	8.726 9 ***	8.662 9 ***
总差异	0.691 1 ***	0.569 5 ***	0.563 4 ***	0.742 6 ***	0.806 1 ***
可解释部分	0.520 8 ***	0.588 3 ***	0.549 3 ***	0.582 4 ***	0.650 8 ***
不可解释部分	0.170 2 ***	−0.018 8	0.014 2 *	0.160 3 ***	0.155 3 ***

注：***、**、* 分别表示该系数估计值在 0.01、0.05、0.10 的水平上显著，采用 Bootstrap 自助法，迭代次数默认为 50 次，下同。

表 6.9 城乡财富差异的 FFL 分解结果

财富方程	2010 年	2012 年	2014 年	2016 年	2018 年
组 1 均值（城镇）	11.060 5 ***	11.328 8 ***	11.414 3 ***	11.609 9 ***	11.895 6 ***
组 2 均值（农村）	10.197 6 ***	10.465 0 ***	10.595 6 ***	10.655 2 ***	10.587 7 ***
总差异	0.863 0 ***	0.863 8 ***	0.818 7 ***	0.954 6 ***	1.307 9 ***
可解释部分	0.694 4 ***	0.588 1 ***	0.492 8 ***	0.618 8 ***	0.661 8 ***
不可解释部分	0.168 6 ***	0.275 7 ***	0.325 9 ***	0.335 8 ***	0.646 2 ***

表 6.10　城乡消费差异的 FFL 分解结果

消费方程	2010 年	2012 年	2014 年	2016 年	2018 年
组 1 均值（城镇）	9.019 1 ***	9.292 4 ***	9.482 5 ***	9.598 1 ***	9.725 2 ***
组 2 均值（农村）	8.439 9 ***	8.818 3 ***	8.838 8 ***	8.910 4 ***	9.085 7 ***
总差异	0.579 1 ***	0.474 0 ***	0.643 7 ***	0.687 7 ***	0.639 5 ***
可解释部分	0.460 2 ***	0.355 5 ***	0.365 9 ***	0.435 3 ***	0.534 0 ***
不可解释部分	0.118 9 ***	0.118 5 ***	0.277 7 ***	0.252 3 ***	0.105 5 ***

表 6.11　反事实后的多维经济不均衡测度结果

Tsui 1	原始	反事实	变动率 /%	I1	原始	反事实	变动率 /%
2010	0.542 7	0.533 3	−1.73	2010	0.622 8	0.615 8	−1.12
2012	0.530 3	0.522 7	−1.43	2012	0.606 8	0.600 1	−1.10
2014	0.539 1	0.531 0	−1.50	2014	0.607 8	0.601 2	−1.09
2016	0.592 6	0.582 6	−1.69	2016	0.671 7	0.664 1	−1.13
2018	0.616 0	0.604 6	−1.85	2018	0.692 6	0.685 3	−1.05

我们发现，如果给农村家庭赋予同时期城镇家庭的反事实分布，Tsui 1 指数和 I1 指数均有不同程度的下降，说明我国城乡差距确实存在。尽可能地缩小城乡贫富差异，打破城乡二元结构，是改善经济不均衡的有效方法。

第五节　教育无差异下的改善效果

一、教育无差异改善经济不均衡的思路

随着我国经济的蓬勃发展，除了再分配政策、城乡二元结构等原因外，个人间人力资本存量的差异也是导致经济不均衡的重要原因之一，而人力资本的主要投资形式是教育投资。大部分学者认为从人力资本的角度来说，提高教育水平有利于缩小居民间收入差距（赖德胜，1997；李晓，2014；王艳真和李秀敏，2015）。但一些学者却认为提高教育水平会在一定程度上拉大居民收入差距（杜鹏，2005；毛建青和李晓兰，2014；许永

洪 等，2019）。

随着国家普及九年义务教育工作的推进，我国基础教育阶段的受教育机会已经基本实现均衡。但从高中教育的受教育机会看，高考升学率高于初中升学率，而且差异逐年扩大，意味着对高中的竞争比高考还激烈。在 2019 年，参加高考人数为 1 031 万，大学录取 820 万，录取率高达 79.53%，但中考录取率只有 60%，有的地方甚至录取率不到 50%，中考比高考更加严峻①。那么，如果能够实现高中义务教育，对经济不均衡程度会有改善吗？因为我们只是希望探究普及高中义务教育是否有利于改善不均衡，且对未来普及高中义务教育提供支撑，所以忽略了样本中的超龄个体。

我们将总体样本分为参加高中教育和未参加高中教育两组。图 6.2 表明，教育导致的收入、财富和消费差异明显，无论是与总体收入、总体财富还是总体消费分布相比，未参加高中教育的分布曲线明显左移，而参加高中教育的曲线明显右移。这说明在其他条件相同的情况下，参加高中教育的收入、财富和消费要显著高于未参加高中教育。

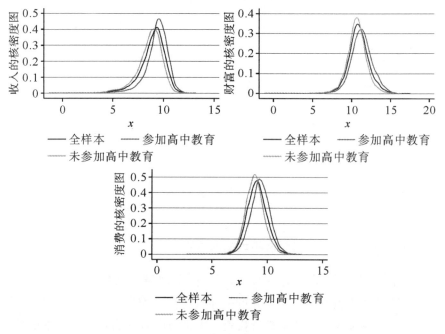

图 6.2　2010—2018 年面板数据的教育差异核密度图

① 中考比高考更难，有近一半的学生上不了高中，绝不是危言耸听[EB/OL].[2024-09-20]. https://k.sina.com.cn/article_7060658912_1a4d91ae000100ndqj.html.

因此，我们的反事实思路是将总体样本分为参加高中教育和未参加高中教育两组，首先将两组样本在各个维度进行 FFL 分解，计算两组样本的差异率；其次根据差异率构造未参加高中教育样本的反事实分布；最后将未参加高中教育反事实后的样本与参加高中教育原始样本结合，观察提高教育水平是否有利于改善整体的多维经济不均衡。

由于无条件分位数回归中分位数位置的不同，回归系数会产生差异，再利用反事实法分析则会出现非常多的研究结果，更容易造成结果的混乱；同时，由于反事实分析的主要关注点是整体的调节效果，可以忽略不同分位数上的差异，所以，本节采用平均意义的无条件分位数回归分解估计反事实特征。

二、改善效果分析

我们首先根据两组样本得到三个维度的 RIF 无条件分位数回归的反事实分解结果，见表 6.12 至表 6.14，包含的解释变量与第三章 RIF 无条件分位数回归中的解释变量一致；其次将未参加高中教育组样本的反事实分布与参加高中教育组原始分布结合；最后将全部样本再次合并计算多维经济不均衡指数。

表 6.12 至表 6.14 给出了收入维度、财富维度和消费维度的教育差距，三个方程中的特征差异贡献大多都超过 50%，说明特征因素是教育差异的主导因素。考虑指数变化，我们根据式（6.3）计算出总效应指数，以 2010 年收入方程为例，2010 年的总效应指数为 107.83%，则从相对量上来看，2010 年参加高中教育组收入比未参加高中教育组收入高出 7.83%。根据得到的增长率构造未参加高中教育组的反事实分布，将未参加高中教育组的反事实分布与参加高中教育样本原始分布结合起来，计算得到的反事实后的多维经济不均衡结果如表 6.15 所示。

表 6.12　教育对收入回报的 FFL 分解结果

收入方程	2010 年	2012 年	2014 年	2016 年	2018 年
组 1 均值 （参加高中）	9.262 3***	9.333 2***	9.370 4***	9.447 6***	9.482 0***
组 2 均值 （未参加高中）	8.589 5***	8.559 6***	8.768 1***	8.759 9***	8.690 8***
总差异	0.672 8***	0.773 6***	0.602 4***	0.687 7***	0.791 2***

表6.12(续)

收入方程	2010 年	2012 年	2014 年	2016 年	2018 年
可解释部分	0.314 9***	0.327 6***	0.242 1***	0.312 0***	0.475 3***
不可解释部分	0.357 9***	0.446 1***	0.360 2***	0.375 7***	0.315 9***

注：***、**、*分别表示该系数估计值在 0.01、0.05、0.10 的水平上显著，采用 Bootstrap 自助法，迭代次数默认为 50 次，下同。

表 6.13　教育对财富回报的 FFL 分解结果

财富方程	2010 年	2012 年	2014 年	2016 年	2018 年
组 1 均值 （参加高中）	10.935 1***	11.166 3***	11.251 8***	11.408 2***	11.589 4***
组 2 均值 （未参加高中）	10.318 8***	10.580 8***	10.727 0***	10.824 1***	10.867 1***
总差异	0.616 3***	0.585 5***	0.524 8***	0.584 1***	0.722 3***
可解释部分	0.588 5***	0.333 6***	0.308 1***	0.376 7***	0.412 0***
不可解释部分	0.027 8***	0.251 8***	0.216 7***	0.207 4***	0.310 2***

表 6.14　教育对消费回报的 FFL 分解结果

消费方程	2010 年	2012 年	2014 年	2016 年	2018 年
组 1 均值 （参加高中）	9.011 1***	9.247 0***	9.385 4***	9.489 2***	9.645 7***
组 2 均值 （未参加高中）	8.482 0***	8.853 3***	8.920 3***	9.005 6***	9.172 1***
总差异	0.529 1***	0.393 7***	0.465 1***	0.483 6***	0.473 6***
可解释部分	0.410 4***	0.232 8***	0.304 9***	0.288 7***	0.305 2***
不可解释部分	0.118 7***	0.160 9***	0.160 3***	0.194 9***	0.168 4***

表 6.15　反事实后的多维经济不均衡测度结果

Tsui 1	原始	反事实	变动率/%	I1	原始	反事实	变动率/%
2010 年	0.542 7	0.536 7	−1.11	2010 年	0.622 8	0.619 7	−0.50
2012 年	0.530 3	0.524 4	−1.11	2012 年	0.606 8	0.603 4	−0.56
2014 年	0.539 1	0.534 4	−0.87	2014 年	0.607 8	0.605 0	−0.46

表6.15(续)

Tsui 1	原始	反事实	变动率/%	I1	原始	反事实	变动率/%
2016 年	0.592 6	0.587 4	-0.88	2016 年	0.671 7	0.668 5	-0.48
2018 年	0.616 0	0.610 2	-0.94	2018 年	0.692 6	0.689 6	-0.43

　　我们发现，如果给未参加高中教育组同时期参加高中教育组的反事实分布，Tsui 1 指数和 I1 指数均有不同程度的下降，说明全面普及高中义务教育，能够降低经济不均衡程度。尽可能地提高居民受教育年限，是改善经济不均衡的有效方法。

第七章 结论与建议

本书的经济不均衡问题主要表现在个人在贫富差距、消费差距以及权力、社会福利和机会上的差异。古典自由主义经济学、新古典自由主义经济学和现代自由主义经济学等都分别从不同角度考察了经济不均衡的含义及其解决机制。本书从收入、财富和消费的单一维度到将三者结合研究的多维经济不均衡概念的提出和界定，从单一维度不均衡指数的测度到多维经济不均衡指数的拓展，从维度间关联关系分析到改善路径的探索，从结果的不均衡到财富的机会不均衡研究，依靠坚实的经济学理论基础、严密的计量经济学和统计学方法，以期全面刻画我国经济不均衡问题。

第一节 主要结论

一、基于多维经济不均衡测度的结论

从收入维度来看，单一收入不均衡指数在 2010—2014 年下降，在 2016 年又缓慢上升，但 2018 年的不均衡指数仍低于 2010 年的不均衡指数，说明收入不均衡在改善。但是从五等分的收入分布来看，分布前 20% 家庭与底端 20% 家庭的收入份额之比在增大，收入不均衡情况仍比较严重。

从财富维度来看，单一财富不均衡指数在 2010—2012 年下降，从 2014 年起又逐年上升，2018 年的财富不均衡指数远大于 2010 年的财富不均衡指数，说明财富不均衡程度在扩大。从五等分的财富分布来看，前 20% 家庭的财富份额在增加，而其余四个组家庭的财富份额都在下降，进一步说明财富不均衡日益加深。

从消费维度来看，单一消费不均衡指数在 2010—2012 年下降，在

2014—2016 年上升，但在 2018 年又下降，2018 年的消费不均衡指数大于 2010 年的消费不均衡指数，说明消费不均衡程度在扩大。从五等分的消费分布来看，前 20% 家庭的消费份额在增加，底端 20% 家庭的消费份额较大幅度地下降，进一步说明消费不均衡在加剧。

各维度的不均衡程度有升有降，但多维不均衡程度加速扩大。无论采用单一维度合成多维、Tsui 指数还是多维基尼系数，且无论采用何种赋权方式，2018 年的多维经济不均衡指数都大于 2010 年，说明多维经济不均衡变得更为严重。同时，从三维分布状况来看，无论收入、财富还是消费份额，三维分布上的不均衡程度都在扩大，进一步说明我国多维经济不均衡程度在加剧。

二、基于维度间关联关系的结论

通过 Tsui 1 指数分解、基于回归方程的 Oaxaca-Blinder 分解和 RIF 无条件分位数回归发现，收入、财富和消费不均衡之间并不是相互独立的，而是相互作用、相互影响的。

收入不均衡会进一步加强财富不均衡和消费不均衡。收入本身是解释财富差距的主要因素，而收入在不同财富分位数上的回归系数值差异会使得收入不均衡进一步强化财富不均衡，即收入不均衡的扩大会进一步强化财富的两极分化。同理，收入本身是解释消费差距的主要因素，而收入在不同消费分位数上的回归系数值差异会使得收入不均衡进一步强化消费不均衡，即收入不均衡的扩大同样会进一步强化消费的两极分化。

财富不均衡会进一步强化收入不均衡和消费不均衡。财富本身是解释收入不均衡的最主要因素，而财富在不同收入分位数上的回归系数值差异会使得财富不均衡进一步强化收入不均衡，即财富不均衡的扩大会进一步导致收入不均衡的扩大。同理，财富本身是解释消费不均衡的最主要因素，而财富在不同消费分位数上的回归系数值差异使得财富不均衡会进一步强化消费不均衡。

当财富分位数由低到高时，房价水平的回归系数值逐渐增大，且都显著为正，说明房价水平的提高更有利于高财富组增加财富，而往往高财富组比低财富组拥有更多的房产，且从 2012 年起，房价水平成为解释财富差距的最主要因素，因此，房价上涨会进一步加剧财富不均衡。此外，财富分布底端的收入回归系数值大于财富分布顶端的收入回归系数值，说明提高收入水平更有利于穷人提高财富水平。简言之，房价上涨会进一步加剧财富不均衡，而提高穷人的收入会缩小财富不均衡。

三、机会和努力对财富不均衡的影响

中国居民财富不均衡中个人无法控制的机会不均衡占比为 21.18%，即机会不均衡可以解释 21.18% 的财富差距。而在所有的机会不均衡影响因素中，户籍对财富机会不均衡的贡献率最大，高达 54.66%；如果把父亲最高受教育程度与母亲最高受教育程度的贡献率相加，父母教育贡献率达到 24.55%，成为除户籍外的第二大影响因素；出生地是对财富机会不均衡贡献第三的环境变量，贡献率为 18.94%。同时，财富的机会不均衡在城乡间、性别间、地区间、有无继承间以及不同年龄组间的差异明显，城镇居民在财富积累中面临着比农村居民更为严重的机会不均衡，男性在财富积累中面临着比女性更为严重的机会不均衡，西部地区的财富机会不均衡程度比东部、中部地区更为严重，有继承组在财富积累中面临比无继承组更为严重的机会不均衡，高年龄组面临比低年龄组更为严重的机会不均衡。

进一步地，我们参考 Juost et al.（2013）的研究思路，把环境因素和努力因素同时放入财富方程进行回归估计，通过方差分解法计算分别考虑 Roemer 和 Barry 两种情境下的环境和努力变量贡献度，发现环境变量不仅可以直接影响财富，还可以通过作用于个体教育、个体就业和个体收入进而间接影响财富，努力因素可以削减一部分环境因素导致的机会不均衡。

四、基于反事实分析的结论

虽然从 Tsui 指数分解得出的各维度不均衡的贡献率来看，财富维度是导致多维经济不均衡的最主要因素，但是从第四章关联分析来看，改善收入不均衡也能有效缓解财富不均衡，并进一步缓解多维经济不均衡，且从收入维度更容易操作，因此，本书的再分配政策主要作用于收入维度。从再分配政策的改善效果来看，通过直接提高低收入者的收入水平和通过税收调节高收入者的收入水平都能有效改善我国多维经济不均衡，且提高低收入者收入水平的改善效果更明显。从个体特征因素的改善效果来看，城乡之间无差异对待以及全面普及高中教育都可以有效改善我国多维经济不均衡。

第二节　相关政策建议

本书改善多维经济不均衡的政策建议是基于全书内容和结论提出的。本书认为多维经济不均衡和机会不均衡都是应该关注的问题。本书提出以下几点建议。

一、完善政府与市场职能划分

促进有效市场与有为政府有机协调，更好实现共同富裕。在政府与市场的关系问题上，政府具有主动性。一般说来，政府可以左右市场，市场却不能指挥政府。不同地区市场化程度不同、政府执政能力不同、政府缺位或者越位都会导致经济不均衡之间的差异。而政府与市场的博弈归根到底就是公平与效率问题。从当前的研究来看，很多学者或许都忽略了初次分配时的公平问题。事实上，我国不断健全的市场经济体制，仍存在着很多扩大经济不均衡的因素，特别是部分握有垄断性特权和资源的社会群体在短时间内谋得了大量的财富，房地产市场就是一个典型的代表。所以，对基本分配制度的调整，就需要在初次分配时增加劳动、资本和土地等生产要素参与初次分配的比重，使得初次分配能更好地兼顾公平，避免在初次分配过程中，收入过多地倾向资本，使得资本所有者和劳动者之间的收入差距扩大。

二、着力提高低收入者的收入水平

本书第三章研究发现财富不均衡是导致经济不均衡的最主要因素，而第四章研究发现通过改善收入不均衡能够改善财富不均衡，且第六章的反事实分析发现提高低收入者的收入水平能够有效改善经济不均衡。所以，收入分配政策中财富的调节效应利用应当受到高度的重视，以实现在收入分配过程中也能对财富不均衡进行调节，保障贫困人口的收入水平稳步提高，从而有效地促进贫困人口财富积累，进而降低收入与财富不均衡程度。在"提低、扩中、控高"的收入分配改革中，着力提高贫困群体的收入水平、拓展贫困人口的收入渠道、扩大中等收入群体规模成为促进共同富裕的重要手段。2021 年我国脱贫攻坚取得全面胜利，在消除绝对贫困之后，面对差异化发展现状和需求，将有限的财政资源更多用于公共设施、服务领域，支持地方可持续发展，实现乡村振兴对改善经济不均衡意义重大。

三、多渠道增加城乡居民财产性收入

党的二十大报告中提出，完善按要素分配政策制度，探索多种渠道增加中低收入群众要素收入，多渠道增加城乡居民财产性收入。第四章中RIF无条件分位数回归显示，财富对全样本和农村样本中收入分布底端10%家庭的正向作用最大，说明增加低收入群体的财富，使低收入群体获得财产性收入，能够显著改善收入不均衡。因此，多渠道增加农村居民财产性收入的首要任务是加强对农村居民财产权的保护，完善产权保护制度，尤其是在农村居民征地、拆迁过程中，要依法保护农村居民财产权利与财产增值权利不受侵害。除了基本的制度保护外，还要深化金融改革，推进金融创新，增加居民投资渠道。特别是要向农村居民大力宣传金融理财知识，增强农村居民的投资理财意识，改善金融服务，向农村居民提供多元化的理财产品，满足居民日益增长的财富管理需求。同时要落实上市公司分红制度，强化监管措施，保护中小投资者的合法权益，让资本市场成为居民财富管理的重要平台。

四、完善房产税税收政策

本书第四章研究发现房价水平成为解释全样本和城镇样本中财富不均衡的最主要因素，且房价上涨会导致财富不均衡进一步扩大。2011年，国务院同意重庆与上海开展房产税改革试点，上海主要面向增量房产征税，重庆主要面向独栋别墅、高档住房征税。除上海和重庆两个试点城市外，居民住宅并不属于房产税的征税范围，而我国现存的大量存量房中大多数都是居民住宅[①]。因此，扩大房产税征税范围的覆盖面，对房产保有环节征税是房产税改革的重点。坚持房子是用来住的，不是用来炒的定位。完善房地产统计制度，收集并归纳全国信息，提高居民房产拥有的透明度；实施差别征收政策，制定房产税减免措施，减轻低收入群体的房产税负担；推进房产税立法；通过房产税引导居民科学合理购房，真正发挥房产税调节居民贫富差距的作用。

---

① 梁美健，马亚琨. 我国房产税影响房价及收入分配的实证分析 [J]. 会计之友，2020 (9)：119-124.

五、完善制度促进机会均等

第五章研究显示财富不均衡中的机会不均衡比例为 21.18%，将机会不均衡的因素分解，发现个体特征对财富机会不均衡的贡献率较大。因此，对于性别、区域、出生地等个人不可控制因素造成的机会不均衡，政府有责任采取一连串补偿举措，如通过完善相关政策促进劳动力跨区域流动，对女性等弱势群体提供公平的就业机会。对于户籍等因素造成的机会不均衡，政府应充分发挥政府职能，统筹兼顾城乡户籍差异，建立起城乡居民机会均衡的劳动力市场，通过对进城务工人员进行相关的技能培训，创造一个公平就业环境。同时，政府应大力推动农村经济发展，继续推进户籍改革，严厉打击户籍差异导致的同工不同酬和就业歧视，完善农村居民社会保障制度，特别是农村居民医疗保险制度，改善农村医疗卫生条件。对于家庭特征导致的机会不均衡，政府应以法律法规的完善为基础，通过完备的法律体系保障就业信息公开、就业过程公平，努力减少经济不均衡对机会不均衡造成的不利影响。

六、提高个人所得税的收入再分配效应

第六章的反事实分析发现调节高收入者的收入水平是改善经济不均衡的有效途径。虽然 2019 年 1 月 1 日实施的《中华人民共和国个人所得税法》已经简并所得项目，将工资薪金、劳务报酬、稿酬和特许权使用费四项所得首次综合征税，并将免征额从 3 500 元/月提高到 5 000 元/月，增加了 3 岁以下婴幼儿照护、子女教育、继续教育、大病医疗、住房贷款利息、住房租金和赡养老人七大专项附加扣除项目，但仍有一些不足之处，比如对收入来源复杂的高收入群体监督难度大等。因此，可以扩大综合所得的范围，均衡不同类型所得的税负，强化横向公平效应。通过税收立法进一步规范和明确差异化的专项附加扣除标准，在制定费用扣除标准时应当考虑当期的经济发展水平和消费水平，实行差异化标准。完善税收征管，加强税务部门与金融机构、工商部门等的信息联动，堵塞信息不对称导致的税收征管漏洞，加强税收处罚力度，增强全体公民纳税意识。

七、普及高中阶段义务教育

第六章的反事实研究发现普及高中阶段义务教育有效改善了经济不均

衡。第四章研究显示个体教育对收入、财富和消费都有显著的正向作用，特别是低收入家庭的教育回报率高于高收入家庭的教育回报率，说明就目前来看，教育水平的提高是底层群体、农村居民增加收入的有效途径。而第三章研究发现人均公共财政教育支出的提高更有利于高消费群体增加消费支出，不利于农村底层家庭的教育发展。这折射出农村底层家庭教育状况的改善更需要普及高中阶段义务教育，进而为农村家庭创造一个公平的接受教育的机会。

鉴于此，发展教育时，应着重向农村低收入、低财富的家庭进行倾斜。具体包括：第一，可以普及高中阶段义务教育，在保证农村底层家庭教育机会公平的同时也要保证基础教育的教育质量，比如可以规定公办学校需要承担进城务工人员子女、农村户口子女的教育；针对贫困落后地区的教师给予高薪回报，鼓励东部和中部地区教师支援西部地区、鼓励城市教师支援农村等。第二，发展在线教育，给农村孩子提供名校名师的网课，并且通过政府补贴等形式让农村贫困家庭拥有智能手机，让不同家庭条件的孩子都能公平享受数字技术带来的福利，切实提高农村、落后地区的教育质量。第三，高等教育扩招过程中注重向农村底层家庭倾斜，同时做好助学金、助学贷款等奖助勤贷补的保障工作，提高更多农村底层居民通过教育增加收入和财富的概率。

八、推动城乡高质量融合发展

第六章的反事实分析表明，打破城乡二元结构，即推动城乡高质量融合发展有利于改善多维经济不均衡。推动城乡高质量融合发展有利于农村居民提高收入水平（许蓉和陈修素，2024），因此，政府应合理安排城乡空间规划，重视农村基础设施建设，加大公共服务投资力度，促进城乡要素自由流动，进一步释放城乡融合发展给农村地区经济发展带来的红利，进而促进农民收入增加。同时，做好相关的配套工作，使进城务工人员能够在住房、社会保障、子女教育等方面共享城市发展的福利，让进城务工人员能够安居乐业，推动城乡高质量融合发展。

第三节　研究展望

首先，由于笔者专业水平的限制，在理论方面并未对收入、财富和消费不均衡之间的关系进行深入挖掘，后续可以在这方面展开更加深入的研究。其次，本书虽然对经济不均衡指数进行分解，但是只有基于 Tsui 指数的分解以及城镇、农村内部的分解，而没有量化城乡之间的经济不均衡变化趋势和更多不均衡指数分解的比较。再次，由于数据的限制，本书在探讨财富的机会不均衡问题时只采用了 2018 年的横截面数据，并不能反映我国财富机会不均衡的变化趋势，使得结果的现实意义有限，未来如果可以获得更多家庭的继承信息，对财富不均衡问题的研究也将更加深入。最后，本书没有研究收入和消费的机会不均衡，也没有在多维空间下探讨机会不均衡问题。由于多维空间下如何度量机会不均衡还需要更多的理论支持，故可作为未来研究的方向。

参考文献

安体富, 2016. 中国经济新常态与财税改革问题研究: 下 [J]. 天津经济 (11): 3-9.

白景明, 何平, 2014. 个人所得税的收入结构与税制改革 [J]. 价格理论与实践 (9): 9-13.

白重恩, 钱震杰, 2010. 劳动收入份额决定因素: 来自中国省际面板数据的证据 [J]. 世界经济, 33 (12): 3-27.

蔡诚, 杨澄宇, 2018. 财富不均衡与遗产税的财富分布效应 [J]. 中国经济问题 (5): 86-95.

蔡媛媛, 郭继强, 费舒澜, 2020. 中国收入机会不均衡的趋势与成因: 1989—2015 [J]. 浙江社会科学 (10): 13-24, 156.

柴国俊, 陈艳, 2017. 征地补偿的多与寡: 公平与效率视角 [J]. 农业经济问题, 38 (2): 1, 16-22.

陈春良, 易君健, 2009. 收入差距与刑事犯罪: 基于中国省级面板数据的经验研究 [J]. 世界经济, 32 (1): 13-25.

陈雪娟, 余向华, 2019. 改革进程中的国有与非国有部门工资差异分布演变: 基于分位数回归与反事实分位数分解的微观实证 [J]. 北京工商大学学报 (社会科学版), 34 (6): 76-87.

陈训波, 周伟, 2013. 家庭财富与中国城镇居民消费: 来自微观层面的证据 [J]. 中国经济问题 (2): 46-55.

陈彦斌, 2008. 中国城乡财富分布的比较分析 [J]. 金融研究 (12): 87-100.

陈彦斌, 2008. 中国城乡无财富家庭的财富分布 [J]. 中国人民大学学报 (5): 64-71.

陈彦斌, 陈伟泽, 陈军, 等, 2013. 中国通货膨胀对财产不均衡的影响 [J]. 经济研究, 48 (8): 4-15, 130.

陈彦斌，邱哲圣，2011. 高房价如何影响居民储蓄率和财产不均衡 [J]. 经济研究，46（10）：25-38.

陈在余，王洪亮，2010. 农村居民收入及收入差距对农民健康的影响：基于地区比较的角度分析 [J]. 南开经济研究（5）：71-83.

陈钊，万广华，陆铭，2010. 行业间不均衡：日益重要的城镇收入差距成因：基于回归方程的分解 [J]. 中国社会科学（3）：65-76，221.

陈钊，徐彤，刘晓峰，2012. 户籍身份、示范效应与居民幸福感：来自上海和深圳社区的证据 [J]. 世界经济，35（4）：79-101.

陈宗胜，康健，2019. 中国居民收入分配"葫芦型"格局的理论解释：基于城乡二元经济体制和结构的视角 [J]. 经济学动态（1）：3-14.

陈宗胜，于涛，2017. 中国城镇贫困线、贫困率及存在的问题 [J]. 经济社会体制比较（6）：40-53.

程永宏，2007. 改革以来全国总体基尼系数的演变及其城乡分解 [J]. 中国社会科学（4）：45-60.

迟诚，马万里，2015. 财政分权对城乡收入差距的影响机理与传导机制 [J]. 经济与管理研究，36（9）：19-27.

储德银，黄文正，赵飞，2013. 地区差异、收入不均衡与城乡居民消费 [J]. 经济学动态（1）：46-52.

戴平生，林文芳，2012. 拓展基尼系数及其居民消费应用研究 [J]. 统计研究，29（6）：18-26.

董丽霞，2018. 中国的收入机会不均衡：基于2013年中国家庭收入调查数据的研究 [J]. 劳动经济研究，6（1）：44-62.

杜两省，程博文，2020. 金融摩擦、收入风险与财富不均衡 [J]. 金融研究（7）：75-94.

杜鹏，2005. 我国教育发展对收入差距影响的实证分析 [J]. 南开经济研究（4）：47-52.

段志民，郝枫，2019. 最低工资政策的城镇家庭收入分配效应研究 [J]. 统计研究，36（7）：65-76.

范洪敏，穆怀中，2018. 人口老龄化会阻碍中等收入阶段跨越吗？[J]. 人口研究，42（1）：31-43.

范子英，2015. 土地财政的根源：财政压力还是投资冲动 [J]. 中国工业经济（6）：18-31.

范子英，刘甲炎，2015. 为买房而储蓄：兼论房产税改革的收入分配效应 [J]. 管理世界 (5)：18-27，187.

甘犁，2012. 中国家庭金融调查报告：2012 [M]. 成都：西南财经大学出版社.

高波，王辉龙，2011. 长三角房地产价格波动与居民消费的实证分析 [J]. 产业经济研究 (1)：1-10.

高艳云，2012. 中国城乡多维贫困的测度及比较 [J]. 统计研究，29 (11)：61-66.

葛玉御，田志伟，胡怡建，2015. "营改增"的收入分配效应研究：基于收入和消费的双重视角 [J]. 当代财经 (4)：23-33.

宫健，高铁梅，2014. 我国房价波动对物价波动影响的实证研究：基于门限面板模型的分区制效应研究 [J]. 上海经济研究 (1)：36-49.

巩师恩，范从来，2012. 收入不均衡、信贷供给与消费波动 [J]. 经济研究，47 (S1)：4-14.

顾国达，吴宛珊，2019. 金融包容性对收入不均衡和贫困改善的效应：基于 BRIC 国家的实证分析 [J]. 当代金融研究 (3)：88-98.

官皓，2010. 收入对幸福感的影响研究：绝对水平和相对地位 [J]. 南开经济研究 (5)：56-70.

郭继强，姜俪，陆利丽，2011. 工资差异分解方法述评 [J]. 经济学 (季刊)，10 (2)：363-414.

郭琚，郑新业，2015. 完善财产税制，促进居民收入分配公平 [J]. 政治经济学评论，6 (2)：150-167.

郭庆旺，吕冰洋，2012. 论要素收入分配对居民收入分配的影响 [J]. 中国社会科学 (12)：46-62，207.

郭小东，付升华，2017. 社会保护底线支出、城镇偏好与城乡居民收入差距 [J]. 社会保障研究 (2)：95-105.

韩一多，付文林，2019. 垂直财政不对称与收入不均衡：基于转移支付依赖的门槛效应分析 [J]. 财贸经济，40 (6)：40-54.

杭斌，修磊，2016. 收入不均衡、信贷约束与家庭消费 [J]. 统计研究，33 (8)：73-79.

何辉，2016. 我国消费税的收入分配效应与福利效应实证分析 [J]. 税务研究 (4)：20-24.

何立新，潘春阳，2011. 破解中国的 "Easterlin 悖论"：收入差距、机会不均与居民幸福感 [J]. 管理世界（8）：11-22，187.

何晓斌，夏凡，2012. 中国体制转型与城镇居民家庭财富分配差距：一个资产转换的视角 [J]. 经济研究，47（2）：28-40，119.

何宗樾，宋旭光，2018. 公共教育投入如何促进包容性增长 [J]. 河海大学学报（哲学社会科学版），20（5）：42-49，91.

洪勇，王万山，2019. 技术创新、市场分割与收入不均衡：基于中国省级面板数据的分析 [J]. 商业经济与管理（9）：57-67.

胡联合，胡鞍钢，徐绍刚，2005. 贫富差距对违法犯罪活动影响的实证分析 [J]. 管理世界（6）：34-44，171-172.

黄恒君，2012. 收入不均衡变迁特征的探索性分析：基于洛伦兹曲线的动态分解 [J]. 统计与信息论坛，27（10）：25-29.

贾康，张晓云，2014. 中国消费税的三大功能：效果评价与政策调整 [J]. 当代财经（4）：24-34.

江求川，2015. 中国福利不均衡的演化及分解 [J]. 经济学（季刊）（3）：1417-1444.

江求川，任洁，张克中，2014. 中国城市居民机会不均衡研究 [J]. 世界经济，37（4）：111-138.

姜晓萍，肖育才，2017. 基本公共服务供给对城乡收入差距的影响机理与测度 [J]. 中国行政管理（8）：84-89.

靳永爱，谢宇，2015. 中国城市家庭财富水平的影响因素研究 [J]. 劳动经济研究，3（5）：3-27.

凯恩斯，1983. 就业，利息和货币通论 [M]. 徐毓枬，译. 北京：商务印书馆.

孔翠英，2017. 中国个人所得税逆向调节作用研究 [J]. 云南社会科学（1）：74-78，187.

孔蕊，2014. 居民消费支出不均衡研究：基于全国城乡居民消费支出调查数据的分析 [J]. 商业时代（21）：16-17.

赖德胜，1997. 教育扩展与收入不均衡 [J]. 经济研究（10）：46-53.

赖先进，2021. 改善营商环境会扩大收入差距吗？：基于跨国面板数据的实证分析 [J]. 云南财经大学学报，37（1）：38-50.

黎波，迟巍，余秋梅，2007. 一种新的收入差距研究的计量方法：基于分布函数的半参数化估计 [J]. 数量经济技术经济研究 (8)：119-129.

李春风，刘建江，陈先意，2014. 房价上涨对我国城镇居民消费的挤出效应研究 [J]. 统计研究，31 (12)：32-40.

李华，王雁，2015. 中国遗产税开征与否：基于遗产税存废之争的思考 [J]. 财政研究 (11)：86-95.

李军，2003. 收入差距对消费需求影响的定量分析 [J]. 数量经济技术经济研究 (9)：5-11.

李龙，宋月萍，2017. 工会参与对农民工工资率的影响：基于倾向值方法的检验 [J]. 中国农村经济 (3)：2-17.

李萌，杨龙，周立，2019. 基于 Araar 指数的家庭多维不均衡测量与分解 [J]. 调研世界 (8)：16-21，41.

李实，2015. 中国财产分配差距与再分配政策选择 [J]. 经济体制改革 (1)：21-21.

李实，2020. 全球化中的财富分配不均衡：事实、根源与启示 [J]. 探索与争鸣 (8)：17-20.

李实，魏众，丁赛，2005. 中国居民财产分布不均等及其原因的经验分析 [J]. 经济研究 (6)：4-15.

李实，魏众，古斯塔夫森，2000. 中国城镇居民的财产分配 [J]. 经济研究 (3)：16-23，79.

李实，岳希明，史泰丽，等，2019. 中国收入分配格局的最新变化 [J]. 劳动经济研究，7 (1)：9-31.

李实，赵人伟，1999. 中国居民收入分配再研究 [J]. 经济研究 (4)：3-5.

李实，赵人伟，张平，1998. 中国经济改革中的收入分配变动 [J]. 管理世界 (1)：3-5.

李祥云，禹文颂，陈珊，2018. 公共教育支出与居民收入分配差距 [J]. 财经问题研究 (8)：82-88.

李晓，2014. 教育扩展对中国居民收入分配的影响分析及政策选择 [J]. 黑龙江社会科学 (5)：86-89.

李莹，吕光明，2019. 中国机会不均衡的生成源泉与作用渠道研究 [J]. 中国工业经济 (9)：60-78.

李永刚，靳东升，孙黎黎，2016. 房产税调节收入分配功能测度：一个数据模拟研究［J］．西南民族大学学报（人文社科版），37（10）：103-106.

李永友，郑春荣，2016. 我国公共医疗服务受益归宿及其收入分配效应：基于入户调查数据的微观分析［J］．经济研究，51（7）：132-146.

梁运文，霍震，刘凯，2010. 中国城乡居民财产分布的实证研究［J］．经济研究，45（10）：33-47.

林芳，蔡翼飞，高文书，2014. 城乡居民财富持有不均衡的折射效应：收入差距的再解释［J］．劳动经济研究（6）：154-174.

林晓珊，2018. 家庭老龄化、消费结构与消费分层：基于CFPS 2012的数据分析［J］．东南大学学报（哲学社会科学版），20（2）：112-121，148.

刘穷志，罗秦，2015. 中国家庭收入不均衡水平估算：基于分组数据下隐性收入的测算与收入分布函数的选择［J］．中南财经政法大学学报（1）：3-11，158.

刘蓉，寇璇，2019. 个人所得税专项附加扣除对劳动收入的再分配效应测算［J］．财贸经济，40（5）：39-51.

刘生龙，2009. 收入不均衡对经济增长的倒U型影响：理论和实证［J］．财经研究，35（2）：4-15.

刘晓峰，曹华，2011. 通货膨胀与收入不均衡关系的研究：基于信贷市场不完美的视角［J］．南开经济研究（3）：16-29.

刘晓光，张勋，方文全，2015. 基础设施的城乡收入分配效应：基于劳动力转移的视角［J］．世界经济，38（3）：145-170.

刘元生，杨澄宇，袁强，2013. 个人所得税的收入分配效应［J］．经济研究，48（1）：99-109.

刘长庚，刘娜，2018. 中国家庭收入不均衡的动态演进：基于Piketty百分位数结构分析［J］．人口与发展，24（2）：2-13.

柳华平，朱明熙，2013. 我国税制结构及税收征管改革的民生取向思考［J］．经济学家（1）：102-103.

龙翠红，吴福象，洪银兴，2010. 收入不均衡与经济增长：基于中国省际面板数据的实证分析［J］．世界经济文汇（5）：25-37.

鲁元平，王韬，2011. 收入不均衡、社会犯罪与国民幸福感：来自中国的经验证据［J］．经济学（季刊），10（4）：1437-1458.

罗楚亮，李实，2007. 人力资本、行业特征与收入差距：基于第一次全国经济普查资料的经验研究 [J]. 管理世界（10）：19-30，171.

罗楚亮，李实，赵人伟，2009. 我国居民的财产分布及其国际比较 [J]. 经济学家（9）：90-99.

罗楚亮，颜迪，2020. 消费结构与城镇居民消费不均衡：2002—2018 年 [J]. 消费经济，36（6）：3-16.

罗能生，彭郁，2016. 交通基础设施建设有助于改善城乡收入公平吗?：基于省级空间面板数据的实证检验 [J]. 产业经济研究（4）：100-110.

罗小兰，2007. 我国最低工资标准农民工就业效应分析：对全国、地区及行业的实证研究 [J]. 财经研究（11）：114-123，143.

罗也骁，段龙龙，胡春，2015. 财政分权、政府规模扩张与官员腐败：基于中国省际动态面板数据的研究 [J]. 上海经济研究（1）：59-68.

吕承超，徐仲，魏琼琼，2018. 社会保障支出对城乡居民消费差距的门槛效应：基于地区差异与支出结构的分析 [J]. 中南财经政法大学学报（2）：77-89.

吕炜，许宏伟，2015. 土地财政、城市偏向与中国城乡收入差距 [J]. 财贸经济（6）：45-56.

马克思，1975. 资本论：第 1 卷 [M]. 中共中央马克思恩格斯列宁斯大林著作编译局，译. 北京：人民出版社.

马万超，李辉，2017. 经济转型背景下收入差距、财富差距与消费需求的实证研究：来自中国家庭追踪调查数据的解释 [J]. 云南财经大学学报（6）：65-74.

马万里，2017. 个人所得税为何不能调节中国收入分配差距? [J]. 理论学刊（4）：67-75.

毛建青，李晓兰，2014. 我国教育扩展加剧居民收入差距的原因探究：基于国内外学者的研究 [J]. 黑龙江高教研究（9）：13-15.

梅冬州，崔小勇，吴娱，2018. 房价变动、土地财政与中国经济波动 [J]. 经济研究，53（1）：35-49.

孟莹莹，2014. 消费税收入再分配效应的实证分析 [J]. 统计与决策（8）：95-98.

莫旋，刘杰，2016. 中国是否存在工会"工资溢价"效应?：基于工业企业微观数据的分析 [J]. 商业研究（6）：50-58.

聂海峰，岳希明，2016. 行业垄断对收入不均衡影响程度的估计 [J].
中国工业经济 (2)：5-20.

配第，1972. 赋税论：献给英明人士货币略论 [M]. 陈冬野，等译.
北京：商务印书馆.

齐亚强，牛建林，2015. 地区经济发展与收入分配状况对我国居民健
康差异的影响 [J]. 社会学评论 (2)：65-76.

曲兆鹏，赵忠，2008. 老龄化对我国农村消费和收入不均衡的影响
[J]. 经济研究，43 (12)：85-99，149.

任重，周云波，2009. 垄断对我国行业收入差距的影响到底有多大？
[J]. 经济理论与经济管理 (4)：25-30.

邵红伟，2017. 如何实现效率与公平的统一：推进保障机会均衡的制
度公平 [J]. 经济学家 (1)：5-15.

沈华福，王海港，2019. 收入不均衡的比较研究：基于洛伦兹占优方
法 [J]. 经济与管理评论，35 (3)：24-36.

盛鹏飞，2017. 环境污染与城乡收入差距：作用机制与基于中国经济
事实的检验 [J]. 中国人口·资源与环境，27 (10)：56-63.

史新杰，卫龙宝，方师乐，等，2018. 中国收入分配中的机会不均衡
[J]. 管理世界，34 (3)：27-37.

斯密，1972. 国民财富的性质和原因的研究：上卷 [M]. 北京：商务
印书馆.

宋勃，2007. 房地产市场财富效应的理论分析和中国经验的实证检验：
1998—2006 [J]. 经济科学 (5)：41-53.

宋高燕，邓宏图，2019. 制度变迁、再分配能力与收入不均衡 [J]. 浙
江社会科学 (8)：16-25，155.

宋桂霞，程云鹤，2011. 深化体制改革为调节收入分配差距创造良好
的体制环境 [J]. 未来与发展，34 (4)：77，78-80.

宋文文，2013. 金融发展能否改善我国国民收入不均衡状况：基于面板
门限模型分析视角 [J]. 现代财经（天津财经大学学报），33 (7)：24-32.

宋扬，2017. 中国的机会不均等程度与作用机制：基于 CGSS 数据的实
证分析 [J]. 财贸经济，38 (1)：34-50.

孙楚仁，田国强，2012. 基于财富分布 Pareto 法则估计我国贫富差距
程度：利用随机抽样恢复总体财富 Pareto 法则 [J]. 世界经济文汇 (6)：

1-26.

孙豪，胡志军，陈建东，2017. 中国消费基尼系数估算及社会福利分析 [J]. 数量经济技术经济研究，34 (12)：41-57.

孙豪，毛中根，2017. 中国居民消费不均衡的多维分解及成因分析 [J]. 山西财经大学学报，39 (11)：1-14.

孙巍，苏鹏，2013. 中国城镇居民收入分布的变迁研究 [J]. 吉林大学社会科学学报，53 (3)：23-31，175.

孙正，张志超，2015. 流转税改革是否优化了国民收入分配格局?：基于"营改增"视角的 PVAR 模型分析 [J]. 数量经济技术经济研究，32 (7)：74-89.

谭浩，李姝凡，2017. 通货膨胀对家庭财富不均衡的影响分析 [J]. 统计与决策 (16)：157-160.

唐琦，夏庆杰，李实，2018. 中国城市居民家庭的消费结构分析：1995—2013 [J]. 经济研究，53 (2)：35-49.

田彬彬，谷雨，2018. 反腐败与收入分配差距：基于 1998—2012 年中国省级面板数据的经验分析 [J]. 财政监督 (3)：22-27.

万广华，2009. 不均衡的度量与分解 [J]. 经济学（季刊），8 (1)：347-368.

万莹，熊惠君，2019. 2018 年我国个人所得税改革的收入再分配效应 [J]. 税务研究 (6)：52-56.

万莹，徐崇波，2020. 我国消费税收入分配效应再研究 [J]. 税务研究 (1)：50-56.

汪昊，2016. "营改增"减税的收入分配效应 [J]. 财政研究 (10)：85-100.

汪昊，娄峰，2017. 中国财政再分配效应测算 [J]. 经济研究，52 (1)：103-118.

汪伟，郭新强，2011. 收入不均衡与中国高储蓄率：基于目标性消费视角的理论与实证研究 [J]. 管理世界 (9)：7-25.

汪伟，郭新强，艾春荣，2013. 融资约束、劳动收入份额下降与中国低消费 [J]. 经济研究，48 (11)：100-113.

王弟海，龚六堂，2007. 持续性不均衡的动态演化和经济增长 [J]. 世界经济文汇 (6)：1-18.

王弟海，龚六堂，2006. 新古典模型中收入和财富分配持续不均衡的动态演化［J］. 经济学（季刊）（2）：777-802.

王海港，2005. 中国居民家庭的收入变动及其对长期均衡的影响［J］. 经济研究（1）：56-66.

王晶，2021. 中国家庭财富分布研究：基于收入与财富的关联性［M］. 北京：知识产权出版社.

王凯风，吴超林，2021. 个税改革、收入不均衡与社会福利［J］. 财经研究，47（1）：18-31.

王蕾，赵岩，2011. 中国城市房价上涨的财富效应分析［J］. 价格月刊（5）：27-31.

王少瑾，2007. 收入不均衡对中国人口健康影响的实证分析［J］. 云南财经大学学报（3）：14-19.

王曦璟，2019. 我国居民多维不均衡测度及关联性研究［M］. 太原：山西人民出版社.

王曦璟，高艳云，2018. 多维框架下的中国不均衡测度及分解［J］. 统计研究，35（2）：53-65.

王小林，ALKIRE S，2009. 中国多维贫困测量：估计和政策含义［J］. 中国农村经济（12）：4-10，23.

王亚芬，肖晓飞，高铁梅，2007. 我国收入分配差距及个人所得税调节作用的实证分析［J］. 财贸经济（4）：18-23，126，128.

王艳真，李秀敏，2015. 中国教育扩展、教育不均衡与收入分配差距间的相互影响［J］. 税务与经济（6）：29-34.

吴彬彬，李实，2018. 中国地区之间收入差距变化：2002—2013 年［J］. 经济与管理研究，39（10）：31-44.

吴迪，霍学喜，2010. 城乡居民消费差距和收入差距互动关系的实证研究：来自 VEC 模型的验证［J］. 农业技术经济（8）：101-106.

吴开泽，2017. 房改进程、生命历程与城市住房产权获得（1980—2010 年）［J］. 社会学研究，32（5）：64-89，243-244.

吴锟，吴卫星，蒋涛，2015. 贫富差距、利率对消费的影响研究：基于财富效应的视角［J］. 管理评论，27（8）：3-12.

吴卫星，丘艳春，张琳琬，2015. 中国居民家庭投资组合有效性：基于夏普率的研究［J］. 世界经济，38（1）：154-172.

吴卫星，邵旭方，陶利斌，2016. 家庭财富不均衡会自我放大吗?：基于家庭财务杠杆的分析［J］. 管理世界（9）：44-54.

伍再华，叶菁菁，郭新华，2017. 财富不均衡会抑制金融素养对家庭借贷行为的作用效果吗?：基于 CHFS 数据的经验分析［J］. 经济理论与经济管理（9）：71-86.

夏庆杰，李实，宋丽娜，2019. 中国城市消费不均衡：1995—2013 年［J］. 消费经济，35（4）：3-13.

肖巍，2012. 财富经济学也是社会学［J］. 毛泽东邓小平理论研究，12（5）：45-47，116.

谢邦昌，么海亮，2013. 中国城镇家庭消费不均衡分布测度研究［J］. 商业经济与管理（1）：79-86.

谢宇，2014. 中国民生发展报告：2014［M］. 北京：北京大学出版社.

邢春娜，唐礼智，2019. 中央财政转移支付缩小民族地区与沿海地区收入差距研究［J］. 贵州民族研究，40（2）：168-171.

徐舒，2010. 技术进步、教育收益与收入不均衡［J］. 经济研究，45（9）：79-92，108.

许永洪，萧珍丽，朱建平，2019. 教育缓解了收入分配不平衡吗?［J］. 数理统计与管理，38（4）：704-718.

薛宝贵，何炼成，2015. 我国居民收入不均衡问题研究综述［J］. 经济学家（2）：82-90.

严兵，冼国明，韩剑，2014. 制造业行业收入不均衡变动趋势及成因分解［J］. 世界经济，37（12）：27-46.

杨灿明，孙群力，2010. 中国的隐性经济规模与收入不均衡［J］. 管理世界（7）：1-7.

杨灿明，孙群力，2011. 中国居民收入差距与不均衡的分解：基于 2010 年问卷调查数据的分析［J］. 财贸经济（11）：51-56.

杨灿明，孙群力，2019. 中国居民财富分布及差距分解：基于中国居民收入与财富调查的数据分析［J］. 财政研究（3）：3-13.

杨灿明，詹新宇，2015. 土地财政的再分配效应：来自中国省际面板数据的经验证据［J］. 经济学动态（11）：4-16.

杨程博，孙巍，赵奚，2019. 收入分布变迁对消费结构的影响：理论分析与实证检验［J］. 当代经济科学，41（6）：50-59.

杨继东，2013. 中国消费不均衡演变趋势及其原因 [J]. 财贸经济 (4)：111-120.

杨晶，邓大松，申云，2019. 人力资本、社会保障与中国居民收入不均衡：基于个体相对剥夺视角 [J]. 保险研究 (6)：111-124.

杨娟，赖德胜，邱牧远，2015. 如何通过教育缓解收入不均衡？ [J]. 经济研究，50 (9)：86-99.

杨汝岱，朱诗娥，2007. 公平与效率不可兼得吗?：基于居民边际消费倾向的研究 [J]. 经济研究 (12)：46-58.

尹志超，张号栋，2017. 金融知识和中国家庭财富差距：来自 CHFS 数据的证据 [J]. 国际金融研究 (10)：76-86.

余央央，封进，2006. 收入差距与健康关系的研究评述 [J]. 经济学动态 (7)：92-96.

袁冬梅，刘建江，2009. 房价上涨对居民消费的挤出效应研究 [J]. 消费经济，25 (3)：7-10, 29.

袁青川，2018. 中国工会会员效应下的工资溢价实证研究：来自 2012 年雇员雇主匹配数据的经验 [J]. 中央财经大学学报 (3)：100-110.

袁文平，2007. "让更多群众拥有财产性收入"的意义重大 [J]. 财经科学 (11)：1-3.

袁志刚，朱国林，2002. 消费理论中的收入分配与总消费：及对中国消费不振的分析 [J]. 中国社会科学 (2)：69-76.

岳希明，李实，2013. 真假基尼系数 [J]. 南风窗 (5)：65-67.

岳希明，徐静，刘谦，等，2012. 2011 年个人所得税改革的收入再分配效应 [J]. 经济研究，47 (9)：113-124.

岳希明，张斌，徐静，2014. 中国税制的收入分配效应测度 [J]. 中国社会科学 (6)：96-117.

詹鹏，李实，2015. 我国居民房产税与收入不均衡 [J]. 经济学动态 (7)：14-24.

张车伟，赵文，2018. 我国收入分配格局新变化及其对策思考 [J]. 北京工业大学学报（社会科学版），18 (5)：61-72.

张大永，曹红，2012. 家庭财富与消费：基于微观调查数据的分析 [J]. 经济研究，47 (S1)：53-65.

张进美，杜潇，刘书梅，2018. 城市居民不同收入群体慈善捐款行为

研究 [J]. 山东理工大学学报（社会科学版），34（4）：22-26.

张楠，刘蓉，卢盛峰，2019. 间接税亲贫性与代内归宿：穷人从减税中获益了吗？[J]. 金融研究，468（6）：76-93.

张旭，刘健，2015. 个人情绪型仇富心理与犯罪 [J]. 山东警察学院学报，27（5）：72-76.

张学敏，何酉宁，2006. 受教育程度对居民消费影响研究 [J]. 教育与经济（3）：1-5.

张勋，万广华，2016. 中国的农村基础设施促进了包容性增长吗？[J]. 经济研究，51（10）：82-96.

章莉，吴彬彬，2019. 就业户籍歧视的变化及其对收入差距的影响：2002—2013 年 [J]. 劳动经济研究，7（3）：84-99.

赵达，谭之博，张军，2017. 中国城镇地区消费不均衡演变趋势：新视角与新证据 [J]. 财贸经济，38（6）：115-129.

赵海涛，2015. 流动人口与城镇居民的工资差异：基于职业隔离的角度分析 [J]. 世界经济文汇（2）：91-108.

赵亮，张世伟，2011. 农村内部收入不均衡变动的成因：基于回归分解的研究途径 [J]. 人口学刊（5）：50-57.

赵人伟，2007. 我国居民收入分配和财产分布问题分析 [J]. 当代财经（7）：5-11.

赵人伟，李实，1997. 中国居民收入差距的扩大及其原因 [J]. 经济研究（9）：19-28.

赵卫亚，袁军江，2013. 中国省际消费增长差异成因探析 [J]. 统计研究，30（8）：77-83.

赵亚明，2012. 地区收入差距：一个超边际的分析视角 [J]. 经济研究，47（S2）：31-41，68.

钟超，2001. 论古典经济学派中的政府作用 [J]. 前沿（6）：19-22.

周彬，齐亚强，2012. 收入不均衡与个体健康：基于 2005 年中国综合社会调查的实证分析 [J]. 社会，32（5）：130-150.

周广肃，李沙浪，2016. 消费不均衡会引发社会信任危机吗？[J]. 浙江社会科学（7）：11-21，53，155.

周广肃，张牧扬，樊纲，2020. 地方官员任职经历、公共转移支付与居民消费不均衡 [J]. 经济学（季刊），19（1）：61-80.

周靖祥，王贤彬，2011. 城乡居民消费差异与收入不均衡研究：来自中国 1978—2007 年的经验证据 [J]. 投资研究，30（8）：130-148.

周明海，姚先国，2012. 功能性和规模性收入分配的内在联系：模式比较与理论构建 [J]. 经济学动态（9）：20-29.

朱梦冰，2018. 我国农村居民消费不均衡的演变趋势 [J]. 北京工商大学学报（社会科学版），33（1）：9-18.

邹红，喻开志，2011. 劳动收入份额，城乡收入差距与中国居民消费 [J]. 经济理论与经济管理（3）：45-55.

邹红，喻开志，李奥蕾，2013. 消费不均衡问题研究进展 [J]. 经济学动态（11）：118-126.

ABE N, YAMADA T, 2009. Nonlinear income variance profiles and consumption inequality over the life cycle [J]. Journal of the Japanese and international economies, 23（3）：344-366.

ADAM A, KAMMAS P, LAPATINAS A, 2015. Income inequality and the tax structure：evidence from developed and developing countries [J]. Journal of comparative economics, 43（1）：138-154.

AGUIAR M, BILS M, 2015. Has consumption inequality mirrored income inequality? [J]. American economic review, 105（9）：2725-2756.

ALESINA A, DI TELLA R, MACCULLOCH R, 2004. Inequality and happiness：are Europeans and Americans different? [J]. Journal of public economics, 88（9-10）：2009-2042.

ALMÅS I, CAPPELEN A W, SØRENSEN E Ø, et al, 2010. Fairness and the development of inequality acceptance[J]. Science, 328（5982）：1176-1178.

ALTIG D, CARLSTROM C T, 1999. Marginal tax rates and income inequality in a life-cycle model [J]. American economic review, 89（5）：1197-1215.

ALVAREDO F, CHANCEL L, PIKETTY T, et al, 2018. The elephant curve of global inequality and growth [C]. AEA Papers and Proceedings, 108：103-08.

ANGHEL B, BASSO H, BOVER O, et al, 2018. Income, consumption and wealth inequality in Spain [J]. SERIEs, 9（4）：351-387.

ANWAR T, 2009. Measuring inequality of consumption and opportunities in Pakistan, 2001-02 and 2004-05 [J]. Pakistan economic and social review, 47

(2): 157-181.

APERGIS N, DINCER O C, PAYNE J E, 2010. The relationship between corruption and income inequality in US states: evidence from a panel cointegration and error correction model [J]. Public choice, 145 (1-2): 125-135.

ARAAR A, 2009. The hybrid multidimensional index of inequality [R]. CIRPÉE Working Paper: 09-45.

ARAWATARI R, ONO T, 2013. Inequality, mobility and redistributive politics [J]. Journal of economic theory, 148 (1): 353-375.

ARNESON R J, 1989. Equality and equal opportunity for welfare [J]. Philosophical studies, 56 (1): 77-93.

ASSAAD R, KRAFFT C, ROEMER J, et al, 2018. Inequality of opportunity in wages and consumption in Egypt [J]. Review of income and wealth, 64: S26-S54.

ATKINSON A B, 1970. On the measurement of inequality [J]. Journal of economic theory, 2 (3): 244-263.

ATKINSON A B, 2009. Factor shares: the principal problem of political economy? [J]. Oxford review of economic policy, 25 (1): 3-16.

ATKINSON A B, BOURGUIGNON F, 1982. The comparison of multi-dimensioned distributions of economic status [J]. The review of economic studies, 49 (2): 183-201.

ATTANASIO O P, PISTAFERRI L, 2016. Consumption inequality [J]. Journal of economic perspectives, 30 (2): 3-28.

ATTANASIO O, PISTAFERRI L, 2014. Consumption inequality over the last half century: some evidence using the new PSID consumption measure [J]. American economic review, 104 (5): 122-26.

BAKER M, GRUBER J, MILLIGAN K, 2004. Income security programs and retirement in Canada [M]. Social security programs and retirement around the world: micro-estimation. University of Chicago Press: 99-152.

BANERJEE A K, 2010. A multidimensional gini index [J]. Mathematical social sciences, 60 (2): 87-93.

BANERJEE A K, 2018. Normative properties of multidimensional inequality indices with data-driven dimensional weights: the case of a gini index [J]. International journal of economic theory（14）：279-288.

BANERJEE A V, NEWMAN A F, 1993. Occupational choice and the process of development [J]. Journal of political economy, 101 (2): 274-298.

BANERJEE A, DUFLO E, QIAN N, 2012. On the road: access to transportation infrastructure and economic growth in China [R]. National Bureau of Economic Research.

BANKS J, MARMOT M, OLDFIELD Z, et al, 2009. The SES health gradient on both sides of the Atlantic [M]. Developments in the Economics of Aging. Chicago: University of Chicago Press: 359-406.

BARRETI G F, CROSSLEY T F, WORSWICK C, 2000. Demographic trends and consumption inequality in Australia between 1975 and 1993 [J]. Review of income and wealth, 46 (4): 437-456.

BARRETT G F, CROSSLEY T F, WORSWICK C, 2000. Consumption and income inequality in Australia [J]. Economic record, 76 (233): 116-138.

BARRY B, 2005. Why social justice matters [M]. London: Polity.

BASTAGLI F, HILLS J, 2012. Wealth accumulation in Great Britain 1995-2005: the role of house prices and the life cycle [J]. CASE Papers: 1-34.

BECKER G S , 1975. Investment in human capital: effects on earnings [J]. NBER chapters: 13-44.

BECKER G S, TOMES N, 1979. An equilibrium theory of the distribution of income and intergenerational mobility [J]. Journal of political economy, 87 (6): 1153-1189.

BENGTSSON E, WALDENSTRÖM D, 2018. Capital shares and income inequality: evidence from the long run [J]. The journal of economic history, 78 (3): 712-743.

BIEWEN M, JUHASZ A, 2012. Understanding rising income inequality in Germany, 1999/2000-2005/2006 [J]. Review of income and wealth, 58 (4): 622-647.

BJÖRKLUND A, JÄNTTI M, ROEMER J E, 2012. Equality of opportunity and the distribution of long-run income in Sweden [J]. Social choice and welfare, 39 (2): 675-696.

BJÖRKLUND A, ROINE J, WALDENSTRÖM D, 2012. Intergenerational top income mobility in Sweden: capitalist dynasties in the land of equal opportunity? [J]. Journal of public economics, 96 (5-6): 474-484.

BLUNDELL R, ETHERIDGE B, 2010. Consumption, income and earnings inequality in Britain [J]. Review of economic dynamics, 13 (1): 76-102.

BOURGUIGNON F, FERREIRA F H G, MENÉNDEZ M, 2007. Inequality of opportunity in Brazil [J]. Review of income and wealth, 53 (4): 585-618.

BOWLES S, 1972. Schooling and inequality from generation to generation [J]. Journal of political economy, 80 (3): S219-S251.

BRAVEMAN P, BARCLAY C, 2009. Health disparities beginning in childhood: a life-course perspective [J]. Pediatrics, 124 (3): S163-S175.

BRENNER MARK, 2000. Chapter 11. Reexamining the distribution of wealth in rural China [J]. Chinese economy, 33 (4): 36-67.

BRZOZOWSKI M, GERVAIS M, KLEIN P, et al, 2010. Consumption, income, and wealth inequality in Canada [J]. Review of economic dynamics, 13 (1): 52-75.

CABRERA M, LUSTIG N, MORÁN H E, 2015. Fiscal policy, inequality, and the ethnic divide in Guatemala [J]. World development, 76: 263-279.

CAI H, CHEN Y, ZHOU L A, 2010. Income and consumption inequality in urban China: 1992-2003 [J]. Economic development and cultural change, 58 (3): 385-413.

CALDERÓN C, SERVÉN L, 2014. Infrastructure, growth, and inequality: an overview [M]. Baltimore: the World Bank.

CARPANTIER J F, SAPATA C, 2013. An ex-post view of inequality of opportunity in France and its regions [J]. Journal of labor research, 34 (3): 281-311.

CASELLI F, VENTURA J, 2000. A representative consumer theory of distribution [J]. American economic review, 90 (4): 909-926.

CAVUSOGLU T, DINCER O, 2015. Does decentralization reduce income inequality? only in rich states [J]. Southern economic journal, 82 (1): 285-306.

CHATTERJEE S, 1994. Transitional dynamics and the distribution of wealth in a neoclassical growth model [J]. Journal of public economics, 54

(1): 97-119.

CHECCHI D, GARCÍA-PEÑALOSA C, 2008. Labour market institutions and income inequality [J]. Economic policy, 23 (56): 602-649.

CHECCHI D, GARCÍA-PEÑALOSA C, 2010. Labour market institutions and the personal distribution of income in the OECD [J]. Economica, 77 (307): 413-450.

CHECCHI D, PERAGINE V, 2010. Inequality of opportunity in Italy [J]. The journal of economic inequality, 8 (4): 429-450.

CHOTIA V, RAO N V M, 2017. Investigating the interlinkages between infrastructure development, poverty and rural-urban income inequality [J]. Studies in economics and finance, 34 (4): 466-484.

CINGANO F, 2014. Trends in income inequality and its impact on economic growth [J]. Employment and migration working papers, No. 163, OECD Publishing.

CLARK A E, D' AMBROSIO C, GHISLANDI S, 2015. Poverty profiles and well-being: panel evidence from Germany [M]. London: emerald group publishing limited.

CLARK A E, FRIJTERS P, SHIELDS M A, 2008. Relative income, happiness, and utility: an explanation for the Easterlin paradox and other puzzles [J]. Journal of economic literature, 46 (1): 95-144.

CLARKE G R G, XU L C, ZOU H, 2006. Finance and income inequality: what do the data tell us? [J]. Southern economic journal, 72 (3): 578-596.

COHEN G A, 1989. On the Currency of egalitarian justice [J]. Ethics, 99 (4): 906-944.

COWELL F A, 2000. Measurement of inequality [J]. Handbook of income distribution, 1: 87-166.

CRAWFORD R, HOOD A, 2016. Lifetime receipt of inheritances and the distribution of wealth in England [J]. Fiscal studies, 37 (1): 55-75.

DALTON, HUGH, 1920. The measurement of the inequality of incomes [J]. The economic journal, 30 (119): 348-361.

DAUDEY E, GARCÍA-PEÑALOSA C, 2007. The personal and the factor distributions of income in a cross-section of countries [J]. The journal of development Studies, 43 (5): 812-829.

DAUNFELDT S O, FÖLSTER S, HORTLUND P, 2010. Consumption and income inequality in Sweden: a different story [R]. HUI Research.

DEATON A, 2003. Health, inequality, and economic development [J]. Journal of economic literature, 41 (1): 113-158.

DEATONA, 2013. The great escape: health, wealth, and the origins [M]. Princeton: Princeton University Press.

DEATON A, PAXSON C, 1994. Intertemporal choice and inequality [J]. Journal of political economy, 102 (3): 437-467.

DECANCQ K, LUGO M A, 2012. Inequality of wellbeing: A multidimensional approach [J]. Economica (79): 721-746.

DECANCQ K, OOGHE E, 2010. Has the world moved forward? A robust multidimensional evaluation [J]. Economics letters, 107 (2): 266-269.

DINARDO J, FORTIN N M, LEMIEUX T, 1996. Labor market institutions and the distribution of wages, 1973 - 1992: A semiparametri capproach [J]. Econometrica, 64 (5): 1001-1044.

DUESENBERRY J S , 1967. Income, saving, and the theory of consumer behavior [M]. NewYork: Oxford University Press.

DWORKIN R, 1981. What is equality? Part 1: Equality of welfare [J]. Philosophy & public affairs, 10 (3): 185-246.

DWORKIN R, 1981. What is equality? Part 2: Equality of resources [J]. Philosophy & public affairs, 10 (3): 283-345.

FAJNZYLBER P, LEDERMAN D, LOAYZA N, 2002. Inequality and violent crime [J]. The journal of law and economics, 45 (1): 1-39.

FANG T, LIN C, 2015. Minimum wages and employment in China [M]. Berlin: Palgrave Macmillan.

FERREIRA F H G, GIGNOUX J, 2008. The measurement of inequality of opportunity: Theory and an application to Latin America [M]. Baltimore: The World Bank.

FERREIRA F H G, GIGNOUX J, ARAN M, 2011. Measuring inequality of opportunity with imperfect data: the case of Turkey [J]. The journal of economic inequality, 9 (4): 651-680.

FERRER-I-CARBONELL A, 2005. Income and well-being: an empirical analysis of the comparison income effect [J]. Journal of public economics, 89 (5-6): 997-1019.

FIGUEIREDO DE EA, ZIEGELMANN F A, 2010. Estimation of opportunity inequality in Brazil using nonparametric local logistic regression [J]. The journal of development studies, 46 (9): 1593-1606.

FIRPO S, FORTIN N M, LEMIEUX T, 2009. Unconditional quantile regressions [J]. Econometrica, 77 (3): 953-973.

FISHER J D, JOHNSON D S, SMEEDING T M, et al, 2021. Inequality in 3-D: Income, Consumption, and Wealth [J]. Review of income and wealth, 67.

FISHER J, JOHNSON D S, SMEEDING T M, 2015. Inequality of income and consumption in the US: Measuring the trends in inequality from 1984 to 2011 for the same individuals [J]. Review of income and wealth, 61 (4): 630-650.

FISHER J, JOHNSON D, LATNER J P, et al, 2016. Inequality and mobility using income, consumption, and wealth for the same individuals [J]. RSF: The Russell Sage foundation journal of the social sciences, 2 (6): 44-58.

FLEURBAEY M, 2008. Fairness, responsibility, and welfare [M]. Oxford: Oxford University Press.

FOGEL R W, 1964. Railroads and American economic growth [M]. Baltimore: Johns Hopkins Press.

FORTEZA A, ROSSI I, 2009. The contribution of government transfer programs to inequality. A net-benefit approach [J]. Journal of applied economics, 12 (1): 55-67.

FRIEDMAN M, 1957. The permanent income hypothesis a theory of the consumption function [M]. Princeton: Princeton University Press: 20-37.

FRIEDMAN M, 2018. Theory of the consumption function [M]. Princeton: Princeton university press.

GAERTNER W, SCHWETTMANN L, 2007. Equity, responsibility and the cultural dimension [J]. Economica, 74 (296): 627-649.

GALOR O, ZEIRA J, 1993. Income distribution and macroeconomics [J]. The review of economic studies, 60 (1): 35-52.

GINI C, 1921. Measurement of inequality of incomes [J]. The economic journal, 31 (121): 124-126.

GONZÁLEZ-EGUINO M, 2015. Energy poverty: An overview [J]. Renewable and sustainable energy reviews (47): 377-385.

GOURIEROUX C, MONFORT A, RENAULT E, et al, 1987. Generalised residuals [J]. Journal of econometrics, 34 (1-2): 5-32.

GRAHAM C, FELTON A, 2005. Does inequality matter to individual welfare? An initial exploration based on happiness surveys from Latin America [J]. CSED Working Paper (38): 1-41.

GREENWOOD J, JOVANOVIC B, 1990. Financial development, growth, and the distribution of income [J]. Journal of political economy, 98 (5): 1076-1107.

GUSTAFSSON B, SHI LI, 2002. Income inequality within and across counties in rural China 1988 and 1995 [J]. Journal of development economics, 69 (1): 179-204.

GUSTAFSSON B, SHI LI, ZHONG W, 2006. The distribution of wealth in urban China and in China as a whole in 1995 [J]. Review of income and wealth, 52 (2): 173-188.

HALL R E, 1978. Stochastic implications of the life cycle-permanent income hypothesis: theory and evidence [J]. Journal of political economy, 86 (6): 971-987.

HANOCH G, 1967. An economic analysis of earnings and schooling [J]. Journal of human Resources, 2 (3): 310-329.

HAYASHI Y, 2004. Consumption Inequality and Public Consumption [M]. Sydney: Macquarie University.

HEATHCOTE J, PERRI F, VIOLANTE G L, 2010. Unequal we stand: An empirical analysis of economic inequality in the United States, 1967-2006 [J]. Review of economic dynamics, 13 (1): 15-51.

HEATHCOTE J, STORESLETTEN K, VIOLANTE G L, 2014. Consumption and labor supply with partial insurance: An analytical framework [J]. American economic review, 104 (7): 2075-2126.

HUNTLEY J, MICHELANGELI V, 2014. Can tax rebates stimulate consumption spending in a life-cycle model? [J]. American economic journal: macroeconomics, 6 (1): 162-89.

IDREES M , AHMAD E, 2012 . Measurement and decomposition of consumption inequality in Pakistan [J]. Lahore journal of economics (15): 97-112.

JACOBSON M, OCCHINO F, 2012. Labor's declining share of income and rising inequality [J]. Economic commentary (13): 1-5.

JAPPELLI T, PISTAFERRI L, 2010. The consumption response to income changes [J]. Annu. Rev. Econ., 2 (1): 479-506.

JERZMANOWSKI MICHAL, NABAR M, 2013. Financial development and wage inequality: Theory and evidence[J]. Economic inquiry, 51 (1): 211-234.

JOHNSON D, SHIPP S, 1997. Trends in inequality using consumption-expenditures: The US from 1960 to 1993 [J]. Review of income and wealth, 43 (2): 133-152.

JOHNSON H B, 2014. The American dream and the power of wealth: Choosing schools and inheriting inequality in the land of opportunity [M]. New York: Routledge.

JUDGE K, PATERSON I, 2001. Poverty, income inequality and health [R]. New Zealand Treasury Working Paper.

JUSOT F, TUBEUF S, TRANNOY A, 2013. Circumstances and efforts: how important is their correlation for the measurement of inequality of opportunity in health? [J]. Health economics, 22 (12): 1470-1495.

JUSTINO P, 2012. Multidimensional welfare distributions: empirical application to household panel data from Vietnam [J]. Applied economics, 44 (26): 3391-3405.

KAHN J R, PEARLIN L I, 2006. Financial strain over the life course and health among older adults [J]. Journal of health and social behavior, 47 (1): 17-31.

KALDOR N, 1957. A model of economic growth [J]. The economic journal, 67 (268): 591-624.

KAPLAN G, VIOLANTE G L, 2014. A Model of the consumption response to fiscal stimulus payments [J]. Econometrica, 82 (4): 1199-1239.

KAWACHI I, KENNEDY B P, 1999. Income inequality and health: pathways and mechanisms [J]. Health services research, 34 (1 Pt 2): 215.

KHAN A R, RISKIN C, 1998. Income and inequality in China: composition, distribution and growth of household income, 1988 to 1995 [J]. The China quarterly (154): 221-253.

KIM E, SAMUDRO Y N, 2016. Structural path analysis of fuel subsidy and road investment policies: Application of indonesian financial social accounting matrix [J]. 교통연구, 23 (4): 119-143.

KINGTON R S , SMITH J P, 1997 . Socioeconomic status and racial and ethnic differences in functional status associated with chronic diseases [J]. American journal of public health, 87 (5): 805-810.

KOLM S C, 1977. Multidimensional egalitarianisms [J]. The quarterly journal of economics, 91 (1): 1-13.

KRUEGER D, PERRI F, 2006. Does income inequality lead to consumption inequality? Evidence and theory [J]. The review of economic studies, 73 (1): 163-193.

KUHN M, SCHULARICK M, STEINS U I, 2020. Income and wealth inequality in America, 1949-2016 [J]. Journal of political economy, 128 (9): 3469-3519.

KUZNETS S, 1955. Economic growth and income inequality [J]. The American economic review, 45 (1): 1-28.

LEE LENG, 2012. Decomposing wage differential between migrant workers and urban workers in urban China's labor market [J]. China economic review, 23 (2): 461-470.

LEFRANC A, PISTOLESI N, TRANNOY A, 2008. Inequality of opportunities vs. inequality of outcomes: Are western societies all alike? [J]. Review of income and wealth, 54 (4): 513-546.

LERMAN R I, YITZHAKI S, 1985. Income inequality effects by income source: A new approach and applications to the United States [J]. The review of economics and statistics, 67 (1): 151-156.

LI H, XIE D, ZOU H F, 2000. Dynamics of income distribution [J]. Canadian journal of economics, 33 (4): 937-961.

LI H, ZHU Y, 2008. Understanding inequality and poverty in China: income, income inequality and health: Evidence from China [M]. London: Palgrave Macmillan: 137-172.

LORENZ M O, 1905. Methods of measuring the concentration of wealth [J]. Publications of the American statistical association, 9 (70): 209-219.

LOURY G C, 1981. Intergenerational transfers and the distribution of earnings [J]. Econometrica: journal of the econometric society, 49 (4): 843-867.

LUCAS R E, 1992. On efficiency and distribution [J]. Economic journal, 102 (411): 233-247.

LUDWIG A, SLØK T, 2004. The relationship between stock prices, house prices and consumption in OECD countries [J]. The BE journal of macroeconomics, 4 (1): 1-26.

LYNCH J W, KAPLAN G A, SALONEN J T, 1997. Why do poor people behave poorly? Variation in adult health behaviours and psychosocial characteristics by stages of the socioeconomic lifecourse [J]. Social science and medicine, 44 (6): 809-819.

MAASOUMI E, 1986. The measurement and decomposition of multi-dimensional inequality [J]. Econometrica: journal of the econometric society, 54 (4): 991-997.

MAASOUMI M, YALONETZKY G, 2013. Introduction to robustness in multidimensional wellbeing analysis [J]. Econometric reviews, 32 (1): 1-6.

MACHADO J A F, MATA J, 2000. Box-Cox quantile regression and the distribution of firm sizes [J]. Journal of applied econometrics, 15 (3): 253-274.

MACHADO J A F, MATA J, 2005. Counterfactual decomposition of changes in wage distributions using quantile regression [J]. Journal of applied econometrics, 20 (4): 445-465.

MAGALHÃES DE L, SANTAEULÀLIA-LLOPIS R, 2018. The consumption, income, and wealth of the poorest: An empirical analysis of economic inequality in rural and urban Sub-Saharan Africa for macroeconomists [J]. Journal of development economics (134): 350-371.

MARMOT M, 2006. Health in an unequal world [J]. The lancet (368): 2081-2094.

MARRERO G A, RODRÍGUEZ J G, 2012. Inequality of opportunity in Europe [J]. Review of income and wealth, 58 (4): 597-621.

MARTINEZ-SANCHIS E, MORA J, KANDEMIR I, 2012. Counterfactual distributions of wages via quantile regression with endogeneity [J]. Computational statistics and data analysis, 56 (11): 3212-3229.

MCKINLEY T, GRIFFIN K, 1993. The Distribution of land in rural China [J]. Journal of peasant studies, 21 (1): 71-84.

MENG X, 2007. Wealth accumulation and distribution in urban China [J]. Economic development and cultural change, 55 (4): 761-791.

MILANOVIC B, YITZHAKI S, 2006. Decomposing world Income distribution: Does the world have a middle class? [J]. Journal of management and social sciences, 2 (2): 88-110.

MIRRLEES J A, 1971. An exploration in the theory of optimum income taxation [J]. The review of economic studies, 38 (2): 175-208.

MODIGLIANI F, BRUMBERG R, 1954. Utility analysis and the consumption function: An interpretation of cross-section data [J]. Journal of post Keynesian economics, 1 (1): 388-436.

MULLIGAN C B, 1997. Parental priorities and economic inequality [M]. Chicago: University of Chicago Press.

MURPHY P, DALENBERG D, DALEY J, 1989. Improving international trade efficiency: airport and air cargo concerns [J]. Transportation journal, 29 (2): 27-35.

NAGA R H A, GEOFFARD P Y, 2006. Decomposition of bivariate inequality indices by attributes [J]. Economics letters, 90 (3): 362-367.

NEUMARK DAVID, 1988,. Employers' discriminatory behavior and the estimation of wage discrimination [J]. Journal of human resources 23 (3): 279-295.

NEUMARK DAVID, 2018. Experimental research on labor market discrimination [J]. Journal of economic literature, 56 (3): 799-866.

NGUYEN B T, ALBRECHT J W, VROMAN S B, et al, 2007. A quantile regression decomposition of urban-rural inequality in Vietnam [J]. Journal of development economics, 83 (2): 466-490.

NORRIS S, PENDAKUR K, 2015. Consumption inequality in Canada,

1997 to 2009 [J]. Canadian journal of economics/Revue canadienne d'économique, 48 (2): 773-792.

OAXACA R L, RANSOM M R, 1994. On discrimination and the decomposition of wage differentials [J]. Journal of econometrics, 61 (1): 5-21.

OAXACA R, 1973. Male-female wage differentials in urban labour markets [J]. International economic review, 14 (3): 693-709.

OECD, 2020. Handbook on comparing distributional results on household income, consumption and saving consistent with national accounts [R]. OECD Report.

OSHIO T, KOBAYASHI M, 2011. Area-level income inequality and individual happiness: Evidence from Japan [J]. Journal of happiness studies, 12 (4): 633-649.

OUYANG M, PENG Y, 2015. The treatment-effect estimation: A case study of the 2008 economic stimulus package of China [J]. Journal of econometrics, 188 (2): 545-557.

PALOMINO J C, MARRERO G A, RODRıGUEZ J G, 2017. Inheritances and Inequality of opportunity in wealth [R]. Mimeo.

PASINETTI L L, 1962. Rate of profit and income distribution in relation to the rate of economic growth [J]. The review of economic studies, 29 (4): 267 -279.

PELTONEN T A , SOUSA R M , VANSTEENKISTE I S, 2012 . Wealth Effects in Emerging Market Economies [J]. International review of economics and finance, 24: 155-166.

PICKETT K E, KELLY S, BRUNNER E, et al, 2005. Wider income gaps, wider waistbands? An ecological study of obesity and income inequality [J]. Journal of epidemiology and community health, 59 (8): 670-674.

PIKETTY T, 2014. Capital in the Twenty-first Century [M]. Cambridge MA: Harvard University Press.

PIKETTY T, YANG L, ZUCMAN G, 2019. Capital accumulation, private property, and rising inequality in China, 1978-2015 [J]. American economic review, 109 (7): 2469-2496.

PODDER N, 1993. The disaggregation of the gin1 coefficient by factor components and its applications to Australia [J]. Review of income and wealth, 39 (1): 51-61.

PODDER N, MUKHOPADHAYA P, 2001. The changing pattern of sources of income and its impact on inequality: the method and its application to Australia, 1975-94 [J]. Economic record, 77 (238): 242-251.

PYATT G, 1976. On the interpretation and disaggregation of Gini coefficients [J]. The economic journal, 86 (342): 243-255.

RAMOS X, VAN DE GAER D, 2016. Approaches to inequality of opportunity: Principles, measures and evidence [J]. Journal of economic surveys, 30 (5): 855-883.

ROBERT S, HOUSE J S, 1996. SES differentials in health by age and alternative indicators of SES [J]. Journal of aging and health, 8 (3): 359-388.

RODGERS G B, 1979. Income and inequality as determinants of mortality: an international cross-section analysis[J]. Population studies, 33 (2): 343-351.

ROEMER J E, 1993. A pragmatic theory of responsibility for the egalitarian planner [J]. Philosophy and public affairs, 22 (2): 146-166.

ROEMER J E, 1998. Theories of distributive justice [M]. Cambridge MA: Harvard University Press.

ROEMER J E, 2003. Defending equality of opportunity [J]. The monist, 86 (2): 261-282.

ROEMER J E, TRANNOY A, 2015. Handbook of income distribution: equality of opportunity [M]. Amsterdam: 217-300.

RUIZ N, 2018. Measuring the joint distribution of household's income, consumption and wealth using nested generalized mean [J]. The Singapore economic review, 63 (03): 759-785.

SAEZ E, ZUCMAN G, 2016. Wealth inequality in the United States since 1913: Evidence from capitalized income tax data [J]. The quarterly journal of economics, 131 (2): 519-578.

SALAS-ROJO P, RODRıGUEZ J G, 2019. Inequality of opportunity in wealth: accounting for differences between the US and Spain [J]. Working Papers (506): 1-33.

SEN A 1973. On economic inequality [M]. Oxford: Clarendon Press.

SEN A, 1980. Equality of what? [M]. Cambridge: Cambridge University Press.

SEN A, 1992. Inequality reexamined [M]. New York and Cambridge, Mass: Russell Sage Foundation and Harvard University Press.

SENIK C, 2005. Income distribution and well-being: what can we learn from subjective data? [J]. Journal of economic surveys, 19 (1): 43-63.

SHI X, 2019. Inequality of opportunity in energy consumption in China [J]. Energy policy (124): 371-382.

SINGH A, 2012. Inequality of opportunity in earnings and consumption expenditure: The case of Indian men [J]. Review of income and wealth, 58 (1): 79-106.

SLESNICK D T, 1994. Consumption, needs and inequality [J]. International economic review, 35 (3): 677-703.

STARMANS C, SHESKIN M, BLOOM P, 2017. Why people prefer unequal societies [J]. Nature human behaviour, 1 (4): 0082.

STIGLITZ J E, SEN A, FITOUSSI J P, 2009. The measurement of economic performance and social progress revisited [J]. Documents de Travail de l'OFCE, 19 (1): 115-124.

SUBRAMANIAN S, JAYARAJ D, 2013. The evolution of consumption and wealth inequality in India: A quantitative assessment [J]. Journal of globalization and development, 4 (2): 253-281.

SUN W, WANG X, 2013. Do relative income and income inequality affect consumption? Evidence from the villages of rural China [J]. The journal of development studies, 49 (4): 533-546.

TAGKALAKIS A, 2008. The effects of fiscal policy on consumption in recessions and expansions [J]. Journal of public economics, 92 (5-6): 1486-1508.

THEIL H, 1967. Economics and information theory [R].

TSELIOS V, RODRÍGUEZ-POSE A, PIKE A, et al, 2012. Income inequality, decentralisation, and regional development in Western Europe [J]. Environment and Planning A, 44 (6): 1278-1301.

TSUI K Y, 1995. Multidimensional generalizations of the relative and absolute inequality indices: the Atkinson–Kolm–Sen approach [J]. Journal of economic theory, 67 (1): 251-265.

TURRELL G, LYNCH J W, LEITE C, et al, 2007. Socioeconomic disadvantage in childhood and across the life course and all–cause mortality and physical function in adulthood: evidence from the Alameda county study [J]. Journal of epidemiology and community health, 61 (8): 723-730.

UPRETY P, 2019. Measurement and decomposition of consumption inequality in Nepal [J]. Journal of business and social sciences research, 4 (2): 53-69.

WEI S J, WU W, ZHANG L, 2019. Portfolio choices, Asset returns and wealth inequality: evidence from China [J]. Emerging markets review (38): 423-437.

WEINGAST B R, 2009. Second generation fiscal federalism: The implications of fiscal incentives [J]. Journal of urban economics, 65 (3): 279-293.

WEISS R D, 1970. The effect of education on the earnings of blacks and whites [J]. The review of economics and statistics, 52 (2): 150-159.

WENZLOW A T, MULLAHY J, ROBERT S A, et al, 2004. An empirical investigation of the relationship between wealth and health using the survey of consumer finances [J]. Institute for research on poverty discussion Paper (1283): 1-47.

WILKINSON R G, 1999. Health, hierarchy, and social anxiety [J]. Annals of the New York academy of sciences, 896 (1): 48-63.

WILKINSON R G, PICKETT K E, 2009. Income inequality and social dysfunction [J]. Annual review of sociology (35): 493-511.

WOLFF E N, 2014. Household wealth trends in the United States, 1983-2010 [J]. Oxford review of economic policy, 30 (1): 21-43.

WOLFF E N, ZACHARIAS A, 2009. Household wealth and the measurement of economic well–being in the United States [J]. The journal of economic inequality (7): 83-115.

XIE Y, ZHOU X, 2014. Income inequality in today's China [J]. Proceedings of the national academy of sciences, 111 (19): 6928-6933.

YAMADA T, 2012. Income risk, macroeconomic and demographic change, and economic inequality in Japan [J]. Journal of economic dynamics and control, 36 (1): 63-84.

ZELDES S P, 1989. Consumption and liquidity constraints: an empirical investigation [J]. Journal of political economy, 97 (2): 305-346.

ZHANG Y, ERIKSSON T, 2010. Inequality of opportunity and income inequality in nine Chinese provinces, 1989-2006 [J]. China economic review, 21 (4): 607-616.

ZHUANG J, KANBUR R, RHEE C, 2014. What drives Asia's rising inequality? in Kanbur et al. (Eds.), Inequality in Asia and the Pacific [M]. London: Routledge.

ZUCMAN G, 2019. Global wealth inequality [J]. Annual review of economics (11): 109-138.

ZWIJNENBURG J, 2020. Distributional Indicators of Income, Consumption and wealth in a national accounts framework [J]. OECD working Paper.

附录 A

附录 A1　2010 年收入维度的 RIF 无条件分位数回归结果

收入方程	10%	20%	30%	40%	50%	60%	70%	80%	90%
lnwealth	0.243 5 *** (0.030 9)	0.210 4 *** (0.021 6)	0.208 9 *** (0.017 4)	0.217 2 *** (0.017 7)	0.223 2 *** (0.018 1)	0.215 4 *** (0.016 8)	0.232 5 *** (0.018 4)	0.268 3 *** (0.019 0)	0.300 0 *** (0.028 3)
age	−0.002 5 (0.001 9)	−0.000 7 (0.001 2)	0.000 5 (0.001 2)	0.002 9 *** (0.000 9)	0.004 2 *** (0.000 9)	0.004 9 *** (0.000 9)	0.006 2 *** (0.000 9)	0.007 8 *** (0.001 0)	0.009 5 *** (0.001 6)
fedu	0.063 8 *** (0.010 9)	0.046 3 *** (0.007 2)	0.046 7 *** (0.006 8)	0.048 1 *** (0.005 5)	0.050 7 *** (0.005 4)	0.053 7 *** (0.004 9)	0.055 0 *** (0.005 2)	0.062 5 *** (0.006 2)	0.063 3 *** (0.008 0)
urban	0.146 2 ** (0.063 5)	0.190 0 *** (0.042 5)	0.169 0 *** (0.040 8)	0.192 3 *** (0.039 7)	0.228 3 *** (0.042 4)	0.229 6 *** (0.041 3)	0.226 1 *** (0.042 2)	0.278 1 *** (0.044 5)	0.285 3 *** (0.053 2)
fsize	0.028 2 (0.025 6)	−0.002 0 (0.021 0)	−0.034 9 * (0.019 2)	−0.057 8 *** (0.015 4)	−0.066 6 *** (0.014 3)	−0.085 0 *** (0.015 7)	−0.095 3 *** (0.014 7)	−0.113 3 *** (0.018 4)	−0.126 6 *** (0.026 3)
work	0.035 2 (0.058 6)	0.161 5 *** (0.040 6)	0.246 3 *** (0.043 0)	0.278 7 *** (0.048 0)	0.243 5 *** (0.049 3)	0.283 4 *** (0.048 8)	0.324 0 *** (0.054 2)	0.322 4 *** (0.066 3)	0.198 5 ** (0.096 2)
party	−0.046 2 (0.074 4)	0.033 9 (0.049 5)	0.070 2 (0.042 7)	0.086 0 * (0.045 0)	0.115 8 *** (0.042 3)	0.126 2 ** (0.042 2)	0.170 8 *** (0.046 5)	0.238 1 *** (0.063 7)	0.428 5 *** (0.089 8)
lngdp	0.074 2 (0.070 6)	0.175 0 *** (0.043 8)	0.232 9 *** (0.038 9)	0.241 7 *** (0.037 7)	0.230 4 *** (0.035 8)	0.250 1 *** (0.036 7)	0.252 4 *** (0.041 5)	0.251 1 *** (0.047 9)	0.378 5 *** (0.071 2)
Observations	4 137	4 137	4 137	4 137	4 137	4 137	4 137	4 137	4 137
R²	0.075 5	0.132 1	0.172 9	0.217 2	0.250 6	0.269 3	0.283 7	0.276 8	0.213 3
F 统计量	37.48	94.06	145.34	211.52	271.00	299.84	269.99	179.68	70.32

注：***、**、* 分别表示该系数估计值在 0.01、0.05、0.10 的水平上显著，括号内是 Bootstrap 标准误，迭代次数为 200 次，下同。

附录 A2　2012 年收入维度的 RIF 无条件分位数回归结果

收入方程	10%	20%	30%	40%	50%	60%	70%	80%	90%
lnwealth	0.266 9 *** (0.048 4)	0.303 6 *** (0.038 0)	0.232 6 *** (0.024 8)	0.208 8 *** (0.020 3)	0.178 7 *** (0.018 5)	0.182 4 *** (0.016 9)	0.177 6 *** (0.017 7)	0.205 1 *** (0.017 9)	0.287 3 *** (0.028 0)
age	−0.002 8 (0.003 1)	−0.008 6 *** (0.002 3)	−0.004 5 *** (0.001 6)	−0.001 0 (0.001 1)	0.000 7 (0.001 1)	0.001 9 * (0.001 0)	0.002 8 *** (0.000 9)	0.003 4 *** (0.000 9)	0.003 9 *** (0.001 1)
fedu	0.096 8 *** (0.017 8)	0.106 8 *** (0.013 5)	0.094 9 *** (0.008 3)	0.080 4 *** (0.006 1)	0.072 1 *** (0.005 7)	0.056 7 *** (0.005 1)	0.053 0 *** (0.004 4)	0.043 3 *** (0.004 9)	0.044 5 *** (0.006 5)
urban	−0.192 6 * (0.114 7)	−0.014 5 (0.092 5)	0.084 1 (0.062 5)	0.148 1 *** (0.047 3)	0.131 8 *** (0.047 1)	0.126 0 *** (0.040 6)	0.129 8 *** (0.039 2)	0.138 8 *** (0.037 5)	0.110 9 ** (0.044 2)
fsize	0.158 2 *** (0.039 7)	0.196 3 *** (0.030 3)	0.109 2 *** (0.022 3)	0.077 2 *** (0.017 2)	0.044 1 ** (0.017 1)	0.035 9 ** (0.015 2)	0.017 8 (0.014 6)	0.002 7 (0.014 9)	−0.011 3 (0.017 9)

收入方程	10%	20%	30%	40%	50%	60%	70%	80%	90%
work	0.472 2 *** (0.092 3)	0.509 8 *** (0.092 7)	0.397 7 *** (0.057 9)	0.424 9 *** (0.051 0)	0.412 0 *** (0.045 3)	0.350 3 *** (0.050 9)	0.354 6 *** (0.051 4)	0.331 9 *** (0.055 1)	0.160 4 ** (0.072 3)
party	0.101 9 (0.105 1)	0.048 0 (0.091 6)	-0.021 4 (0.068 7)	-0.003 6 (0.053 6)	0.033 0 (0.051 2)	0.126 6 *** (0.045 4)	0.092 5 ** (0.041 8)	0.173 8 *** (0.048 6)	0.189 5 *** (0.063 7)
lngdp	0.456 1 *** (0.121 0)	0.404 9 *** (0.090 7)	0.340 6 *** (0.064 1)	0.290 0 *** (0.052 3)	0.284 8 *** (0.045 9)	0.310 7 *** (0.045 5)	0.332 5 *** (0.045 9)	0.363 5 *** (0.042 3)	0.421 7 *** (0.061 6)
Observations	4 137	4 137	4 137	4 137	4 137	4 137	4 137	4 137	4 137
R^2	0.061 4	0.122 3	0.172 2	0.199 6	0.209 8	0.219 6	0.228 7	0.223 6	0.190 8
F 统计量	36.39	83.39	145.00	197.53	222.02	221.59	198.58	141.57	65.00

附录 A3　2014 年收入维度的 RIF 无条件分位数回归结果

收入方程	10%	20%	30%	40%	50%	60%	70%	80%	90%
lnwealth	0.269 9 *** (0.041 1)	0.259 4 *** (0.029 7)	0.238 6 *** (0.022 9)	0.228 0 *** (0.017 6)	0.198 1 *** (0.016 1)	0.199 6 *** (0.014 9)	0.223 9 *** (0.014 7)	0.249 2 *** (0.019 0)	0.249 0 *** (0.020 9)
age	0.000 4 (0.003 3)	-0.001 3 (0.001 8)	-0.000 1 (0.001 5)	0.002 1 * (0.001 2)	0.004 1 *** (0.001 1)	0.006 6 *** (0.000 9)	0.007 8 *** (0.000 9)	0.009 3 *** (0.001 0)	0.007 6 *** (0.001 3)
fedu	0.074 4 *** (0.019 6)	0.089 4 *** (0.012 1)	0.071 4 *** (0.007 9)	0.057 5 *** (0.006 7)	0.053 5 *** (0.005 5)	0.047 7 *** (0.004 9)	0.045 0 *** (0.004 6)	0.052 5 *** (0.006 0)	0.047 0 *** (0.006 9)
urban	-0.073 3 (0.116 1)	0.023 9 (0.079 3)	0.034 7 (0.050 5)	0.106 1 ** (0.043 5)	0.126 6 *** (0.039 9)	0.102 3 *** (0.035 8)	0.086 9 ** (0.033 2)	0.114 9 *** (0.038 1)	0.064 2 (0.039 7)
fsize	-0.050 2 (0.048 2)	-0.017 8 (0.031 4)	-0.017 9 (0.021 2)	-0.021 8 (0.018 3)	-0.038 2 *** (0.014 7)	-0.045 8 *** (0.014 3)	-0.075 1 *** (0.014 0)	-0.116 3 *** (0.015 9)	-0.097 7 *** (0.019 1)
work	0.613 1 *** (0.096 3)	0.528 7 *** (0.068 1)	0.424 0 *** (0.058 3)	0.407 3 *** (0.051 5)	0.344 8 *** (0.045 4)	0.353 8 *** (0.045 3)	0.345 6 *** (0.047 4)	0.339 2 *** (0.055 2)	0.136 3 ** (0.062 2)
party	0.189 8 (0.121 4)	0.055 6 (0.083 5)	-0.018 3 (0.059 2)	-0.004 3 (0.055 7)	0.045 6 (0.042 6)	0.071 0 * (0.041 0)	0.096 9 ** (0.040 5)	0.127 7 ** (0.054 9)	0.127 1 * (0.066 8)
lngdp	0.599 5 *** (0.121 0)	0.673 4 *** (0.091 7)	0.571 5 *** (0.064 0)	0.553 2 *** (0.055 3)	0.513 8 *** (0.044 9)	0.437 8 *** (0.043 5)	0.469 8 *** (0.047 1)	0.434 5 *** (0.058 0)	0.573 5 *** (0.062 5)
Observations	4 137	4 137	4 137	4 137	4 137	4 137	4 137	4 137	4 137
R^2	0.053 7	0.118 6	0.161 4	0.198 4	0.235 0	0.246 8	0.262 8	0.263 7	0.203 3
F 统计量	34.02	84.36	137.62	193.25	266.54	269.00	252.30	178.31	70.84

附录 A4　2016 年收入维度的 RIF 无条件分位数回归结果

收入方程	10%	20%	30%	40%	50%	60%	70%	80%	90%
lnwealth	0.333 3 *** (0.045 2)	0.308 6 *** (0.034 5)	0.273 3 *** (0.022 9)	0.255 7 *** (0.018 1)	0.229 3 *** (0.015 4)	0.213 7 *** (0.015 3)	0.202 9 *** (0.016 0)	0.219 3 *** (0.016 5)	0.269 3 *** (0.024 7)
age	-0.001 8 (0.003 0)	-0.005 2 ** (0.002 2)	-0.002 9 ** (0.001 4)	0.000 0 (0.001 3)	0.003 4 *** (0.001 3)	0.005 2 *** (0.001 0)	0.006 6 *** (0.001 0)	0.008 2 *** (0.001 0)	0.009 9 *** (0.001 2)
fedu	0.051 9 *** (0.011 4)	0.055 2 *** (0.011 4)	0.040 5 *** (0.009 1)	0.048 4 *** (0.006 2)	0.051 4 *** (0.006 1)	0.051 7 *** (0.005 6)	0.052 1 *** (0.005 5)	0.053 7 *** (0.005 3)	0.062 2 *** (0.006 4)
urban	0.064 9 (0.100 3)	0.224 7 *** (0.079 3)	0.223 1 *** (0.050 5)	0.163 9 *** (0.046 8)	0.240 1 *** (0.043 1)	0.277 7 *** (0.042 1)	0.289 0 *** (0.035 8)	0.301 7 *** (0.041 4)	0.211 4 *** (0.040 2)
fsize	0.039 8 (0.045 0)	0.042 3 (0.031 3)	0.030 6 (0.020 7)	-0.020 5 (0.018 1)	-0.041 2 ** (0.016 2)	-0.073 3 *** (0.016 3)	-0.067 3 *** (0.014 3)	-0.085 8 *** (0.016 0)	-0.120 1 *** (0.015 4)
work	0.479 1 *** (0.095 4)	0.429 5 *** (0.071 9)	0.476 2 *** (0.058 2)	0.443 2 *** (0.052 3)	0.434 5 *** (0.052 0)	0.416 2 *** (0.048 7)	0.325 8 *** (0.051 6)	0.250 5 *** (0.052 7)	0.253 0 *** (0.067 5)

收入方程	10%	20%	30%	40%	50%	60%	70%	80%	90%
party	0.032 8 (0.107 8)	0.041 9 (0.082 7)	-0.014 3 (0.058 8)	-0.019 8 (0.054 7)	0.046 7 (0.041 1)	0.087 9 ** (0.043 0)	0.099 3 ** (0.044 4)	0.129 3 *** (0.048 2)	0.182 9 *** (0.060 5)
lngdp	0.377 7 *** (0.127 2)	0.429 7 *** (0.086 7)	0.518 7 *** (0.072 5)	0.515 4 *** (0.058 3)	0.486 6 *** (0.050 7)	0.459 7 *** (0.049 9)	0.498 4 *** (0.050 9)	0.540 2 *** (0.053 6)	0.451 4 *** (0.066 4)
Observations	4 137	4 137	4 137	4 137	4 137	4 137	4 137	4 137	4 137
R^2	0.057 6	0.121 2	0.173 4	0.212 3	0.275 2	0.279 1	0.289 0	0.293 3	0.245 7
F 统计量	34.37	84.91	150.31	215.72	262.67	326.31	284.19	197.31	82.62

附录 A5 2018 年收入维度的 RIF 无条件分位数回归结果

收入方程	10%	20%	30%	40%	50%	60%	70%	80%	90%
lnwealth	0.274 2 *** (0.062 0)	0.232 5 *** (0.038 7)	0.234 9 *** (0.026 0)	0.242 7 *** (0.021 0)	0.242 3 *** (0.019 2)	0.241 6 *** (0.019 3)	0.244 8 *** (0.017 8)	0.242 6 *** (0.018 5)	0.242 8 *** (0.021 6)
age	-0.021 6 *** (0.004 1)	-0.020 4 *** (0.002 8)	-0.013 1 *** (0.001 9)	-0.009 1 *** (0.001 4)	-0.005 0 *** (0.001 2)	-0.001 9 (0.001 2)	0.001 2 (0.001 0)	0.003 3 *** (0.001 1)	0.004 0 *** (0.001 1)
fedu	0.074 2 *** (0.019 8)	0.070 0 *** (0.012 6)	0.060 7 *** (0.008 9)	0.057 7 *** (0.006 6)	0.050 4 *** (0.006 5)	0.047 6 *** (0.005 4)	0.049 5 *** (0.005 3)	0.046 6 *** (0.005 4)	0.045 9 *** (0.006 2)
urban	0.168 8 (0.136 4)	0.253 8 *** (0.081 2)	0.166 2 *** (0.063 5)	0.188 0 *** (0.053 1)	0.213 6 *** (0.049 7)	0.191 2 *** (0.045 7)	0.200 9 *** (0.047 2)	0.247 7 *** (0.043 6)	0.117 4 *** (0.044 5)
fsize	0.081 6 (0.055 5)	0.066 9 ** (0.033 1)	0.002 5 (0.027 3)	-0.048 0 ** (0.021 7)	-0.047 4 *** (0.017 5)	-0.072 0 *** (0.014 4)	-0.082 9 *** (0.014 1)	-0.106 1 *** (0.015 1)	-0.094 9 *** (0.015 7)
work	0.666 5 *** (0.111 6)	0.566 0 *** (0.074 4)	0.574 7 *** (0.064 7)	0.545 4 *** (0.054 6)	0.511 0 *** (0.056 2)	0.551 2 *** (0.052 6)	0.484 8 *** (0.063 4)	0.436 0 *** (0.066 9)	0.248 9 *** (0.067 9)
party	-0.058 7 (0.136 5)	-0.042 2 (0.093 6)	-0.004 9 (0.066 3)	0.035 5 (0.055 0)	0.036 6 (0.047 6)	0.055 6 (0.044 1)	0.100 7 * (0.053 5)	0.123 0 *** (0.047 0)	0.141 9 *** (0.055 7)
lngdp	-0.151 4 (0.157 3)	0.094 0 (0.102 6)	0.192 2 *** (0.071 9)	0.234 8 *** (0.067 1)	0.265 4 *** (0.056 4)	0.256 5 *** (0.046 7)	0.348 6 *** (0.053 4)	0.403 5 *** (0.054 6)	0.416 3 *** (0.073 6)
Observations	4 137	4 137	4 137	4 137	4 137	4 137	4 137	4 137	4 137
R^2	0.055 4	0.115 1	0.159 7	0.212 5	0.241 4	0.264 6	0.267 3	0.268 2	0.200 1
F 统计量	37.84	81.29	139.42	210.41	256.65	280.79	231.42	162.16	65.21

附录 A6 2010 年财富维度的 RIF 无条件分位数回归结果

财富方程	10%	20%	30%	40%	50%	60%	70%	80%	90%
lnincome	0.541 3 *** (0.049 9)	0.471 9 *** (0.035 0)	0.472 6 *** (0.031 0)	0.432 8 *** (0.027 6)	0.426 4 *** (0.026 0)	0.427 7 *** (0.025 5)	0.419 1 *** (0.028 1)	0.396 9 *** (0.031 9)	0.427 6 *** (0.046 8)
age	0.004 5 ** (0.002 0)	0.004 8 *** (0.001 5)	0.005 3 *** (0.001 2)	0.005 5 *** (0.001 1)	0.005 1 *** (0.005 0)	0.005 8 *** (0.001 0)	0.006 8 *** (0.001 2)	0.007 6 *** (0.001 3)	0.010 1 *** (0.002 0)
fedu	0.023 5 * (0.012 7)	0.021 5 ** (0.008 7)	0.025 3 *** (0.006 8)	0.028 7 *** (0.005 9)	0.029 6 *** (0.005 9)	0.026 5 *** (0.005 7)	0.026 2 *** (0.007 2)	0.035 5 *** (0.008 3)	0.048 7 *** (0.011 7)
urban	-0.219 5 *** (0.084 0)	0.113 5 ** (0.057 1)	0.214 5 *** (0.050 3)	0.304 7 *** (0.047 3)	0.395 0 *** (0.048 3)	0.521 8 *** (0.051 4)	0.622 7 *** (0.060 2)	0.608 3 *** (0.060 4)	0.494 6 *** (0.090 3)
fsize	-0.017 7 (0.038 6)	-0.036 2 (0.025 3)	-0.054 2 ** (0.022 2)	-0.057 3 *** (0.019 2)	-0.076 6 *** (0.019 6)	-0.086 5 *** (0.018 2)	-0.115 1 *** (0.018 1)	-0.145 5 *** (0.023 0)	-0.122 6 *** (0.030 4)
work	-0.005 9 (0.101 5)	-0.069 2 (0.075 9)	-0.034 4 (0.062 0)	-0.034 5 (0.057 7)	-0.009 3 (0.056 0)	0.033 2 (0.056 3)	0.149 4 ** (-. 0 732)	0.227 8 ** (0.105 1)	0.171 6 (0.143 6)
party	-0.001 2 (0.088 8)	-0.003 7 (. 0 594)	0.082 3 (0.063 0)	0.089 2 (0.055 3)	0.057 8 (0.053 0)	0.064 5 (0.058 6)	0.130 6 ** (0.064 4)	0.149 4 ** (0.073 0)	0.122 9 (0.112 1)

财富方程	10%	20%	30%	40%	50%	60%	70%	80%	90%
leader	0.024 9 (0.112 2)	−0.012 8 (0.082 2)	0.042 1 (0.083 3)	0.102 8 (0.069 5)	0.196 4 *** (0.074 7)	0.247 0 *** (0.078 1)	0.387 6 *** (0.104 4)	0.604 1 *** (0.130 1)	0.712 6 *** (0.250 0)
lnhprice	−0.074 5 (0.067 4)	0.094 9 * (0.049 9)	0.186 1 *** (0.044 4)	0.277 8 *** (0.044 5)	0.389 7 *** (0.044 7)	0.484 1 *** (0.049 9)	0.718 4 *** (0.061 0)	1.263 5 *** (0.098 8)	2.525 7 *** (0.234 7)
Observations	4 137	4 137	4 137	4 137	4 137	4 137	4 137	4 137	4 137
R²	0.058 0	0.112 3	0.165 6	0.209 3	0.253 6	0.292 3	0.318 3	0.327 0	0.331 4
F 统计量	21.58	55.99	108.29	168.63	244.35	296.67	287.44	213.27	103.66

附录 A7　2012 年财富维度的 RIF 无条件分位数回归结果

财富方程	10%	20%	30%	40%	50%	60%	70%	80%	90%
lnincome	0.221 6 *** (0.035 0)	0.196 5 *** (0.025 1)	0.172 3 *** (0.020 0)	0.175 1 *** (0.017 6)	0.188 2 *** (0.018 5)	0.178 0 *** (0.019 9)	0.169 7 *** (0.022 5)	0.174 1 *** (0.024 9)	0.203 5 *** (0.035 6)
age	0.006 2 *** (0.002 1)	0.006 8 *** (0.001 6)	0.008 5 *** (0.001 3)	0.009 0 *** (0.001 2)	0.010 4 *** (0.001 0)	0.012 0 *** (0.001 1)	0.014 7 *** (0.001 3)	0.014 8 *** (0.001 4)	0.014 2 *** (0.001 9)
fedu	0.048 9 *** (0.010 3)	0.047 8 *** (0.008 0)	0.053 1 *** (0.006 6)	0.046 5 *** (0.005 7)	0.045 2 *** (0.006 6)	0.050 7 *** (0.006 1)	0.053 5 *** (0.006 4)	0.068 8 *** (0.006 6)	0.080 8 *** (0.010 3)
urban	0.071 4 (0.072 6)	0.226 4 *** (0.053 4)	0.251 6 *** (0.045 0)	0.340 0 *** (0.048 8)	0.472 5 *** (0.054 1)	0.549 8 *** (0.052 7)	0.617 5 *** (0.060 1)	0.581 1 *** (0.065 4)	0.481 6 *** (0.077 8)
fsize	−0.119 0 *** (0.032 6)	−0.115 0 *** (0.025 3)	−0.128 1 *** (0.017 1)	−0.124 1 *** (0.016 8)	−0.137 5 *** (0.017 9)	−0.165 7 *** (0.017 1)	−0.201 3 *** (0.019 9)	−0.220 2 *** (0.020 0)	−0.222 9 *** (0.028 4)
work	−0.008 2 (0.083 8)	0.019 5 (0.059 4)	0.050 3 (0.052 8)	0.112 2 ** (0.055 2)	0.153 5 *** (0.048 7)	0.155 4 *** (0.057 4)	0.213 4 *** (0.065 1)	0.161 2 ** (0.077 3)	0.088 4 (0.115 8)
party	−0.030 7 (0.082 6)	0.037 3 (0.061 6)	0.051 5 (0.045 7)	0.113 0 ** (0.050 1)	0.078 2 (0.050 6)	0.102 3 * (0.054 6)	0.178 7 *** (0.060 2)	0.218 0 *** (0.074 4)	0.341 0 *** (0.108 9)
leader	0.116 5 (0.075 5)	0.161 5 *** (0.059 9)	0.215 8 *** (0.052 5)	0.262 9 *** (0.055 0)	0.311 8 *** (0.051 8)	0.376 3 *** (0.065 2)	0.401 2 *** (0.074 3)	0.473 7 *** (0.082 2)	0.616 7 *** (0.159 6)
lnhprice	0.025 8 (0.071 3)	0.179 4 *** (0.058 8)	0.258 9 *** (0.043 5)	0.298 2 *** (0.042 5)	0.394 4 *** (0.050 4)	0.570 8 *** (0.051 0)	0.821 7 *** (0.062 4)	1.157 9 *** (0.103 5)	2.224 3 *** (0.203 1)
Observations	4 137	4 137	4 137	4 137	4 137	4 137	4 137	4 137	4 137
R²	0.042 2	0.085 3	0.136 9	0.179 2	0.219 0	0.258 1	0.290 4	0.290 4	0.277 3
F 统计量	17.74	49.61	100.37	155.10	205.70	253.71	265.14	185.02	85.50

附录 A8　2014 年财富维度的 RIF 无条件分位数回归结果

财富方程	10%	20%	30%	40%	50%	60%	70%	80%	90%
lnincome	0.365 6 *** (0.046 9)	0.321 9 *** (0.033 5)	0.289 4 *** (0.025 5)	0.240 6 *** (0.024 2)	0.246 2 *** (0.019 4)	0.237 0 *** (0.021 8)	0.202 9 *** (0.020 8)	0.196 2 *** (0.024 7)	0.207 7 *** (0.037 4)
age	−0.002 8 (0.002 6)	0.000 8 (0.001 8)	0.001 9 (0.001 4)	0.004 4 *** (0.001 2)	0.005 7 *** (0.001 2)	0.007 3 *** (0.001 3)	0.007 8 *** (0.001 2)	0.009 1 *** (0.001 4)	0.012 3 *** (0.002 4)
fedu	0.044 3 *** (0.013 4)	0.038 8 *** (0.009 4)	0.031 7 *** (0.007 2)	0.046 4 *** (0.006 2)	0.053 9 *** (0.006 3)	0.049 3 *** (0.007 1)	0.056 3 *** (0.006 2)	0.054 7 *** (0.007 7)	0.084 5 *** (0.013 6)
urban	0.157 3 * (0.084 7)	0.272 3 *** (0.064 6)	0.399 8 *** (0.047 3)	0.449 4 *** (0.043 3)	0.462 6 *** (0.048 3)	0.518 9 *** (0.053 3)	0.544 2 *** (0.047 8)	0.517 3 *** (0.051 9)	0.508 4 *** (0.084 0)
fsize	−0.061 1 (0.037 5)	−0.095 9 *** (0.028 6)	−0.073 4 *** (0.020 8)	−0.119 3 *** (0.018 1)	−0.137 4 *** (0.018 9)	−0.144 5 *** (0.018 8)	−0.162 4 *** (0.016 2)	−0.160 8 *** (0.020 4)	−0.190 3 *** (0.030 7)
work	−0.302 8 *** (0.104 0)	−0.176 7 ** (0.073 0)	−0.096 6 * (0.052 6)	−0.066 6 (0.052 6)	−0.040 2 (0.049 6)	0.036 1 (0.055 7)	0.032 4 (0.053 2)	0.090 5 (0.067 3)	0.253 6 ** (0.114 7)

表(续)

财富方程	10%	20%	30%	40%	50%	60%	70%	80%	90%
party	0.333 1 *** (0.101 5)	0.262 1 *** (0.066 2)	0.180 4 *** (0.055 0)	0.164 1 *** (0.049 3)	0.148 4 *** (0.050 5)	0.206 8 *** (0.058 8)	0.254 0 *** (0.059 4)	0.376 3 *** (0.072 6)	0.494 6 *** (0.122 1)
leader	-0.195 5 (0.131 2)	-0.165 9 * (0.096 1)	-0.090 6 (0.083 1)	0.049 4 (0.076 9)	0.043 9 (0.075 1)	0.141 1 * (0.082 1)	0.212 0 ** (0.094 6)	0.121 0 (0.127 7)	0.006 8 (0.192 6)
lnhprice	0.063 0 (0.088 1)	0.260 5 *** (0.060 9)	0.256 8 *** (0.047 5)	0.359 1 *** (0.048 2)	0.490 5 *** (0.050 7)	0.617 6 *** (0.058 4)	0.829 5 *** (0.065 0)	1.282 1 *** (0.109 2)	2.703 5 *** (0.287 8)
Observations	4 137	4 137	4 137	4 137	4 137	4 137	4 137	4 137	4 137
R^2	0.047 6	0.091 4	0.135 1	0.175 6	0.214 0	0.233 8	0.259 3	0.263 3	0.270 6
F统计量	17.98	46.94	81.99	130.25	181.30	194.34	201.17	157.21	81.50

附录 A9　2016 年财富维度的 RIF 无条件分位数回归结果

财富方程	10%	20%	30%	40%	50%	60%	70%	80%	90%
lnincome	0.375 5 *** (0.042 7)	0.315 6 *** (0.030 6)	0.276 2 *** (0.026 2)	0.267 1 *** (0.025 4)	0.255 6 *** (0.021 6)	0.221 8 *** (0.022 6)	0.226 6 *** (0.022 8)	0.209 0 *** (0.024 8)	0.205 7 *** (0.032 1)
age	-0.001 2 (0.002 8)	0.000 9 (0.001 7)	0.001 8 (0.001 4)	0.005 5 *** (0.001 4)	0.007 2 *** (0.001 3)	0.008 4 *** (0.001 2)	0.009 7 *** (0.001 3)	0.011 0 *** (0.001 4)	0.010 6 *** (0.002 0)
fedu	0.046 8 *** (0.014 2)	0.035 2 *** (0.009 3)	0.037 7 *** (0.008 2)	0.043 9 *** (0.007 0)	0.058 0 *** (0.007 1)	0.055 4 *** (0.006 7)	0.062 3 *** (0.006 6)	0.066 7 *** (0.008 0)	0.083 5 *** (0.013 7)
urban	0.074 9 (0.086 6)	0.226 0 *** (0.056 9)	0.385 8 *** (0.050 3)	0.418 0 *** (0.051 6)	0.540 8 *** (0.051 7)	0.591 0 *** (0.058 5)	0.755 0 *** (0.058 5)	0.722 8 *** (0.069 2)	0.514 6 *** (0.076 6)
fsize	-0.043 9 (0.040 1)	-0.040 5 (0.026 0)	-0.095 5 *** (0.022 7)	-0.104 4 *** (0.019 7)	-0.131 9 *** (0.018 9)	-0.134 2 *** (0.018 4)	-0.155 0 *** (0.018 3)	-0.160 0 *** (0.022 5)	-0.181 7 *** (0.031 3)
work	-0.087 6 (0.091 6)	-0.091 3 (0.062 5)	-0.075 9 (0.068 2)	-0.072 1 (0.056 6)	-0.005 8 (0.053 9)	0.041 7 (0.056 0)	0.137 2 * (0.072 3)	0.223 9 ** (0.087 6)	0.273 1 ** (0.117 2)
party	0.105 8 (0.096 0)	0.105 6 ** (0.053 2)	0.144 7 ** (0.056 4)	0.103 4 * (0.052 9)	0.111 2 ** (0.054 5)	0.171 5 *** (0.057 8)	0.225 8 *** (0.059 8)	0.370 4 *** (0.066 7)	0.366 3 *** (0.106 8)
leader	-0.334 5 (0.244 2)	-0.170 0 (0.152 6)	-0.169 2 (0.121 4)	-0.070 8 (0.122 0)	0.016 7 (0.122 9)	0.161 9 (0.132 3)	-0.112 5 (0.156 4)	-0.146 4 (0.175 8)	-0.197 9 (0.226 7)
lnhprice	0.140 1 (0.087 9)	0.168 2 *** (0.049 4)	0.299 0 *** (0.045 9)	0.400 8 *** (0.048 2)	0.517 0 *** (0.046 9)	0.659 5 *** (0.055 8)	0.925 9 *** (0.078 2)	1.397 0 *** (0.109 5)	2.952 6 *** (0.270 1)
Observations	4 137	4 137	4 137	4 137	4 137	4 137	4 137	4 137	4 137
R^2	0.054 8	0.098 4	0.136 0	0.170 2	0.227 0	0.241 0	0.287 6	0.290 8	0.316 9
F统计量	21.33	50.34	90.91	126.71	195.21	206.51	238.69	178.98	100.30

附录 A10　2018 年财富维度的 RIF 无条件分位数回归结果

财富方程	10%	20%	30%	40%	50%	60%	70%	80%	90%
lnincome	0.281 3 *** (0.038 5)	0.254 8 *** (0.026 3)	0.222 5 *** (0.021 5)	0.220 8 *** (0.020 1)	0.193 2 *** (0.020 8)	0.183 3 *** (0.021 2)	0.178 8 *** (0.019 5)	0.159 3 *** (0.023 7)	0.207 5 *** (0.032 3)
age	0.004 7 * (0.002 5)	0.006 3 *** (0.001 7)	0.006 6 *** (0.001 5)	0.008 7 *** (0.001 4)	0.010 9 *** (0.001 3)	0.012 4 *** (0.001 4)	0.014 6 *** (0.001 5)	0.015 7 *** (0.001 9)	0.019 2 *** (0.002 6)
fedu	0.046 0 *** (0.012 0)	0.035 6 *** (0.008 4)	0.040 9 *** (0.006 9)	0.040 9 *** (0.007 3)	0.050 8 *** (0.006 6)	0.054 4 *** (0.006 9)	0.062 6 *** (0.007 2)	0.071 8 *** (0.008 3)	0.100 7 *** (0.012 3)
urban	0.599 4 *** (0.081 1)	0.569 3 *** (0.065 1)	0.673 0 *** (0.057 4)	0.763 5 *** (0.056 2)	0.836 3 *** (0.060 9)	0.871 9 *** (0.061 5)	0.901 4 *** (0.066 9)	0.925 1 *** (0.069 1)	0.673 7 *** (0.082 6)
fsize	-0.083 8 ** (0.037 2)	-0.116 4 *** (0.026 7)	-0.141 1 *** (0.022 7)	-0.140 7 *** (0.021 3)	-0.157 5 *** (0.020 4)	-0.180 9 *** (0.020 2)	-0.189 8 *** (0.020 3)	-0.221 0 *** (0.024 4)	-0.187 2 *** (0.036 8)

财富方程	10%	20%	30%	40%	50%	60%	70%	80%	90%
work	−0.038 7 (0.084 7)	0.047 1 (0.067 4)	0.125 1 ** (0.063 2)	0.109 2 ** (0.055 4)	0.119 7 ** (0.058 9)	0.108 0 (0.068 7)	0.220 9 *** (0.072 2)	0.157 1 * (0.087 3)	−0.033 7 (0.143 9)
party	0.025 2 (0.087 3)	0.109 0 * (0.065 8)	0.047 2 (0.058 5)	0.057 8 (0.049 6)	0.100 4 * (0.052 1)	0.145 6 ** (0.059 8)	0.148 7 ** (0.063 6)	0.277 0 *** (0.076 6)	0.072 9 (0.120 2)
leader	−0.005 3 (0.098 3)	−0.063 3 (0.092 1)	0.044 8 (0.079 2)	0.079 4 (0.076 2)	0.194 8 *** (0.074 8)	0.245 8 *** (0.091 2)	0.325 7 *** (0.099 3)	0.427 4 *** (0.123 6)	0.459 7 ** (0.201 7)
lnhprice	0.205 7 *** (0.055 7)	0.306 6 *** (0.045 3)	0.415 4 *** (0.042 9)	0.502 6 *** (0.042 4)	0.652 8 *** (0.049 7)	0.883 6 *** (0.057 0)	1.206 5 *** (0.072 5)	1.745 7 *** (0.113 1)	3.428 5 *** (0.320 7)
Observations	4 137	4 137	4 137	4 137	4 137	4 137	4 137	4 137	4 137
R²	0.072 0	0.123 6	0.169 5	0.217 3	0.266 7	0.299 8	0.324 9	0.331 5	0.310 3
F统计量	36.68	79.23	134.02	198.42	278.80	336.94	336.79	231.53	97.40

附录 A11　2010 年消费维度的 RIF 无条件分位数回归结果

消费方程	10%	20%	30%	40%	50%	60%	70%	80%	90%
lnincome	0.284 4 *** (0.033 3)	0.291 8 *** (0.024 9)	0.293 4 *** (0.022 0)	0.292 3 *** (0.019 4)	0.302 1 *** (0.020 6)	0.304 6 *** (0.022 3)	0.273 5 *** (0.022 0)	0.289 9 *** (0.026 2)	0.321 4 *** (0.033 6)
lnwealth	0.100 8 *** (0.018 3)	0.071 3 *** (0.015 3)	0.075 5 *** (0.012 8)	0.061 1 *** (0.012 6)	0.054 1 *** (0.013 0)	0.063 1 *** (0.014 1)	0.065 8 *** (0.016 1)	0.079 3 *** (0.017 1)	0.105 9 *** (0.020 0)
age	0.001 1 (0.001 4)	0.001 8 * (0.001 0)	0.003 2 *** (0.000 9)	0.003 2 *** (0.000 9)	0.003 7 *** (0.000 8)	0.004 6 *** (0.000 7)	0.004 9 *** (0.000 8)	0.005 6 *** (0.000 8)	0.005 5 *** (0.001 2)
fedu	0.032 5 *** (0.007 9)	0.025 4 *** (0.005 8)	0.024 9 *** (0.005 7)	0.026 9 *** (0.004 6)	0.035 8 *** (0.004 4)	0.038 1 *** (0.004 6)	0.036 4 *** (0.004 3)	0.035 0 *** (0.004 8)	0.024 1 *** (0.006 6)
urban	0.059 5 (0.049 0)	0.195 5 *** (0.039 8)	0.214 6 *** (0.034 3)	0.220 7 *** (0.036 6)	0.220 2 *** (0.033 7)	0.189 5 *** (0.037 6)	0.197 7 *** (0.032 6)	0.183 5 *** (0.037 6)	0.105 0 ** (0.047 8)
fsize	−0.042 2 * (0.023 2)	−0.038 4 ** (0.019 2)	−0.049 4 *** (0.015 9)	−0.040 1 *** (0.013 2)	−0.048 9 *** (0.014 3)	−0.067 7 *** (0.013 3)	−0.069 3 *** (0.013 4)	−0.081 5 *** (0.014 3)	−0.079 0 *** (0.021 2)
work	−0.120 7 ** (0.051 6)	−0.049 8 (0.044 1)	0.048 5 (0.037 1)	0.090 0 ** (0.037 3)	0.128 3 *** (0.034 0)	0.185 1 *** (0.041 4)	0.275 8 *** (0.046 3)	0.273 7 *** (0.061 9)	0.290 9 *** (0.082 4)
party	−0.076 2 (0.051 9)	−0.002 7 (0.042 0)	−0.081 5 ** (0.034 8)	−0.037 6 (0.036 7)	−0.002 2 (0.036 1)	0.041 9 (0.039 3)	0.031 7 (0.041 2)	0.091 8 * (0.048 3)	0.222 5 (0.078 2)
lnedu	−0.054 9 (0.067 3)	0.025 3 (0.051 8)	0.084 6 (0.051 8)	0.187 0 *** (0.047 4)	0.278 6 *** (0.055 5)	0.367 3 *** (0.055 7)	0.437 3 *** (0.061 3)	0.495 2 *** (0.077 3)	0.570 8 *** (0.111 7)
Observations	4 137	4 137	4 137	4 137	4 137	4 137	4 137	4 137	4 137
R²	0.103 5	0.156 4	0.200 9	0.234 7	0.279 3	0.289 9	0.301 8	0.271 4	0.194 9
F统计量	38.86	90.98	151.63	209.28	279.69	282.71	245.57	137.92	55.21

附录 A12　2012 年消费维度的 RIF 无条件分位数回归结果

消费方程	10%	20%	30%	40%	50%	60%	70%	80%	90%
lnincome	0.023 3 (0.017 4)	0.021 4 (0.016 8)	0.046 7 *** (0.015 6)	0.053 2 *** (0.013 5)	0.045 4 *** (0.013 6)	0.059 3 *** (0.011 4)	0.072 6 *** (0.013 5)	0.062 0 *** (0.014 1)	0.056 2 *** (0.018 4)
lnwealth	0.219 3 *** (0.027 4)	0.217 2 *** (0.019 2)	0.196 6 *** (0.017 0)	0.176 4 *** (0.014 3)	0.173 4 *** (0.015 9)	0.173 4 *** (0.015 1)	0.186 2 *** (0.016 8)	0.225 2 *** (0.020 1)	0.238 4 *** (0.022 4)
age	−0.000 3 (0.001 4)	0.000 7 (0.001 2)	0.002 2 ** (0.001 0)	0.002 9 *** (0.000 9)	0.003 6 *** (0.000 8)	0.003 6 *** (0.000 8)	0.002 2 ** (0.000 9)	0.002 9 *** (0.000 9)	0.001 2 (0.001 1)
fedu	0.008 7 (0.006 2)	0.018 6 *** (0.005 5)	0.017 7 *** (0.004 8)	0.017 7 *** (0.004 5)	0.020 8 *** (0.004 4)	0.022 1 *** (0.004 3)	0.021 0 *** (0.004 7)	0.026 8 *** (0.004 8)	0.023 4 *** (0.006 0)

消费方程	10%	20%	30%	40%	50%	60%	70%	80%	90%
urban	0.071 9 *	0.094 6 **	0.146 2 ***	0.170 6 ***	0.181 4 ***	0.193 0 ***	0.205 5 ***	0.176 3 ***	0.138 2 ***
	(0.040 5)	(0.039 0)	(0.034 4)	(0.033 9)	(0.033 7)	(0.034 3)		(0.040 8)	(0.044 9)
fsize	-0.059 6 ***	-0.069 3 ***	-0.075 5 ***	-0.072 5 ***	-0.064 7 ***	-0.063 8 ***	-0.076 2 ***	-0.083 3 ***	-0.063 0 ***
	(0.020 4)	(0.017 8)	(0.013 8)	(0.013 1)	(0.012 0)	(0.011 2)	(0.011 7)	(0.012 9)	(0.016 1)
work	0.073 0	0.033 2	0.032 0	0.061 2	0.130 9 ***	0.116 9 ***	0.106 3 **	0.080 5	0.082 0
	(0.045 9)	(0.042 7)	(0.037 8)	(0.043 9)	(0.036 3)	(0.040 1)	(0.044 6)	(0.054 8)	(0.064 8)
party	0.014 4	0.051 1	0.059 6	0.097 6 ***	0.099 8 ***	0.114 4 ***	0.144 0 ***	0.155 7 ***	0.105 3 *
	(0.047 5)	(0.042 2)	(0.038 6)	(0.033 2)	(0.035 2)	(0.038 3)	(0.039 1)	(0.048 0)	(0.055 4)
lnedu	0.090 9	0.309 1 ***	0.359 0 ***	0.354 2 ***	0.374 0 ***	0.426 2 ***	0.532 8 ***	0.437 7 ***	0.371 4 ***
	(0.066 0)	(0.056 5)	(0.054 8)	(0.054 5)	(0.059 4)	(0.062 4)	(0.075 1)	(0.097 1)	(0.117 2)
Observations	4 137	4 137	4 137	4 137	4 137	4 137	4 137	4 137	4 137
R^2	0.064 7	0.106 2	0.144 1	0.168 8	0.183 7	0.202 8	0.209 7	0.187 3	0.131 2
F 统计量	33.04	70.55	115.48	153.08	167.77	170.81	148.56	89.93	39.05

附录 A13 2014 年消费维度的 RIF 无条件分位数回归结果

消费方程	10%	20%	30%	40%	50%	60%	70%	80%	90%
lnincome	0.119 4 ***	0.136 2 ***	0.109 6 ***	0.101 3 ***	0.106 7 ***	0.111 5 ***	0.116 2 ***	0.135 1 ***	0.116 2 ***
	(0.021 0)	(0.021 2)	(0.017 0)	(0.016 3)	(0.016 3)	(0.016 9)	(0.017 3)	(0.019 3)	(0.022 3)
lnwealth	0.159 5 ***	0.152 5 ***	0.146 9 ***	0.144 9 ***	0.141 2 ***	0.148 6 ***	0.167 3 ***	0.179 6 ***	0.210 5 ***
	(0.021 9)	(0.016 7)	(0.015 1)	(0.015 2)	(0.015 2)	(0.013 6)	(0.015 4)	(0.019 8)	(0.025 5)
age	-0.000 0	0.000 2	0.001 4	0.002 6 ***	0.003 3 ***	0.003 1 ***	0.004 4 ***	0.005 3 ***	0.005 2 ***
	(0.001 2)	(0.001 2)	(0.001 0)	(0.000 9)	(0.000 9)	(0.000 8)	(0.001 0)	(0.001 1)	(0.001 3)
fedu	0.017 4 **	0.036 1 ***	0.035 3 ***	0.039 7 ***	0.040 6 ***	0.043 0 ***	0.046 4 ***	0.052 8 ***	0.045 1 ***
	(0.007 1)	(0.006 9)	(0.006 0)	(0.005 4)	(0.005 0)	(0.005 3)	(0.005 1)	(0.006 4)	(0.007 0)
urban	0.207 1 ***	0.315 5 ***	0.384 1 ***	0.375 2 ***	0.399 7 ***	0.392 8 ***	0.333 9 ***	0.294 9 ***	0.230 3 ***
	(0.043 6)	(0.042 7)	(0.039 7)	(0.036 3)	(0.037 5)	(0.037 1)	(0.037 4)	(0.042 7)	(0.044 7)
fsize	-0.070 5 ***	-0.073 2 ***	-0.073 3 ***	-0.074 6 ***	-0.075 3 ***	-0.094 9 ***	-0.108 3 ***	-0.116 9 ***	-0.097 4 ***
	(0.021 1)	(0.018 0)	(0.015 5)	(0.014 6)	(0.013 1)	(0.012 8)	(0.014 2)	(0.017 3)	(0.019 8)
work	-0.092 0 **	-0.061 0	0.017 3	0.040 2	0.120 9 ***	0.144 6 ***	0.193 4 ***	0.178 5 ***	0.085 8
	(0.046 7)	(0.047 0)	(0.039 9)	(0.040 3)	(0.039 4)	(0.037 0)	(0.045 2)	(0.061 3)	(0.068 7)
party	0.063 2	-0.018 3	-0.002 8	0.029 5	0.080 4 **	0.054 0	0.085 8 *	0.107 3 **	0.195 0 ***
	(0.047 0)	(0.046 1)	(0.040 1)	(0.038 4)	(0.039 5)	(0.038 3)	(0.045 2)	(0.054 5)	(0.074 4)
lnedu	-0.006 5	0.116 4	0.228 7 ***	0.344 9 ***	0.398 6 ***	0.533 0 ***	0.550 1 ***	0.728 2 ***	0.918 0 ***
	(0.076 5)	(0.072 1)	(0.064 2)	(0.060 9)	(0.061 7)	(0.073 1)	(0.079 8)	(0.117 0)	(0.169 5)
Observations	4 137	4 137	4 137	4 137	4 137	4 137	4 137	4 137	4 137
R^2	0.085 3	0.138 2	0.179 3	0.219 6	0.256 3	0.271 6	0.268 7	0.239 7	0.164 9
F 统计量	38.45	88.71	146.91	210.64	263.60	267.44	221.78	127.43	48.95

附录 A14　2016 年消费维度的 RIF 无条件分位数回归结果

消费方程	10%	20%	30%	40%	50%	60%	70%	80%	90%
lnincome	0.089 3 *** (0.021 2)	0.101 9 *** (0.019 0)	0.105 5 *** (0.019 0)	0.112 4 *** (0.018 0)	0.113 0 *** (0.017 0)	0.128 5 *** (0.015 9)	0.129 4 *** (0.016 5)	0.135 4 *** (0.017 4)	0.142 6 *** (0.023 2)
lnwealth	0.211 0 *** (0.023 2)	0.189 3 *** (0.020 0)	0.189 9 *** (0.018 7)	0.190 8 *** (0.016 1)	0.175 8 *** (0.015 3)	0.167 2 *** (0.015 3)	0.186 9 *** (0.018 3)	0.179 1 *** (0.019 1)	0.239 4 *** (0.028 8)
age	−0.000 4 (0.001 5)	−0.000 3 (0.001 2)	0.001 4 (0.001 1)	0.001 9 * (0.001 0)	0.003 4 *** (0.001 0)	0.003 6 *** (0.001 0)	0.005 3 *** (0.001 1)	0.006 0 *** (0.001 2)	0.003 6 ** (0.001 7)
fedu	0.025 1 *** (0.007 6)	0.035 8 *** (0.006 2)	0.036 1 *** (0.005 7)	0.043 0 *** (0.006 0)	0.044 9 *** (0.004 9)	0.042 1 *** (0.005 7)	0.042 5 *** (0.005 2)	0.047 0 *** (0.005 7)	0.040 4 *** (0.008 0)
urban	0.163 6 *** (0.046 5)	0.251 2 *** (0.039 2)	0.302 2 *** (0.040 7)	0.332 7 *** (0.039 2)	0.369 6 *** (0.039 3)	0.414 8 *** (0.039 6)	0.381 2 *** (0.040 3)	0.325 5 *** (0.046 3)	0.247 8 *** (0.046 5)
fsize	−0.070 9 *** (0.023 1)	−0.086 4 *** (0.017 8)	−0.092 6 *** (0.016 2)	−0.089 6 *** (0.016 1)	−0.093 7 *** (0.014 7)	−0.102 4 *** (0.014 6)	−0.102 0 *** (0.015 2)	−0.117 7 *** (0.017 1)	−0.125 8 *** (0.024 4)
work	−0.000 9 (0.048 7)	−0.002 8 (0.043 6)	0.032 2 (0.040 7)	0.035 7 (0.042 3)	0.070 4 * (0.040 6)	0.088 7 * (0.046 9)	0.115 9 *** (0.044 5)	0.107 0 ** (0.053 4)	0.037 6 (0.087 7)
party	0.026 8 (0.044 2)	0.036 4 (0.043 1)	0.069 8 (0.042 5)	0.040 2 (0.039 7)	0.073 4 * (0.039 4)	0.124 5 *** (0.039 8)	0.104 5 ** (0.041 2)	0.150 3 *** (0.054 8)	0.231 6 *** (0.078 3)
lnedu	−0.238 8 *** (0.084 3)	−0.142 6 ** (0.070 2)	−0.073 4 (0.062 4)	0.032 4 (0.060 6)	0.145 5 ** (0.062 6)	0.204 0 *** (0.066 0)	0.249 2 *** (0.073 2)	0.453 4 *** (0.089 8)	0.591 0 *** (0.158 5)
Observations	4 137	4 137	4 137	4 137	4 137	4 137	4 137	4 137	4 137
R²	0.093 1	0.138 9	0.190 0	0.217 9	0.254 3	0.277 1	0.272 3	0.236 6	0.150 3
F 统计量	40.98	85.29	150.26	193.25	245.75	262.84	207.64	122.13	43.80

附录 A15　2018 年消费维度的 RIF 无条件分位数回归结果

消费方程	10%	20%	30%	40%	50%	60%	70%	80%	90%
lnincome	0.099 1 *** (0.019 1)	0.106 9 *** (0.015 6)	0.090 7 *** (0.014 4)	0.103 2 *** (0.014 1)	0.098 6 *** (0.013 2)	0.121 8 *** (0.014 5)	0.136 4 *** (0.016 6)	0.105 4 *** (0.016 0)	0.084 7 *** (0.019 2)
lnwealth	0.200 3 *** (0.022 8)	0.191 3 *** (0.019 3)	0.183 4 *** (0.016 5)	0.193 8 *** (0.016 3)	0.225 8 *** (0.015 0)	0.243 4 *** (0.017 1)	0.250 9 *** (0.018 4)	0.242 2 *** (0.018 1)	0.226 4 *** (0.020 7)
age	−0.002 5 * (0.001 4)	−0.000 7 (0.001 1)	0.000 3 (0.001 0)	0.000 8 (0.000 9)	0.002 1 ** (0.000 9)	0.004 2 *** (0.000 9)	0.005 6 *** (0.001 1)	0.005 9 *** (0.001 0)	0.005 9 *** (0.001 3)
fedu	0.015 3 ** (0.007 2)	0.022 0 *** (0.005 8)	0.025 4 *** (0.004 7)	0.023 5 *** (0.005 0)	0.027 5 *** (0.004 7)	0.033 4 *** (0.004 8)	0.034 0 *** (0.005 4)	0.033 2 *** (0.005 4)	0.035 7 *** (0.006 6)
urban	0.049 4 (0.043 6)	0.143 4 *** (0.042 9)	0.196 1 *** (0.037 1)	0.213 2 *** (0.036 4)	0.224 9 *** (0.038 0)	0.224 3 *** (0.037 3)	0.271 0 *** (0.041 8)	0.205 4 *** (0.040 2)	0.165 7 *** (0.048 3)
fsize	−0.012 9 (0.019 8)	−0.049 6 ** (0.020 0)	−0.044 9 *** (0.014 1)	−0.037 9 *** (0.014 4)	−0.045 5 *** (0.013 5)	−0.071 3 *** (0.015 8)	−0.094 2 *** (0.015 7)	−0.113 3 *** (0.015 3)	−0.098 2 *** (0.019 9)
work	0.013 4 (0.043 3)	0.073 7 * (0.041 4)	0.083 3 ** (0.035 6)	0.069 9 * (0.037 5)	0.102 5 ** (0.043 6)	0.107 7 ** (0.045 3)	0.158 7 *** (0.055 8)	0.115 4 ** (0.055 4)	0.067 3 (0.079 8)
party	0.021 9 (0.044 9)	0.030 3 (0.042 8)	0.028 1 (0.036 0)	0.057 6 * (0.034 6)	0.035 1 (0.037 1)	0.098 0 ** (0.040 6)	0.102 8 ** (0.043 7)	0.142 1 *** (0.048 5)	0.051 4 (0.060 7)
lnedu	−0.277 4 *** (0.077 1)	−0.148 8 ** (0.067 9)	−0.092 5 (0.062 1)	−0.009 2 (0.059 8)	0.031 2 (0.060 3)	0.146 6 ** (0.067 8)	0.303 4 *** (0.081 0)	0.368 9 *** (0.086 9)	0.528 8 *** (0.130 9)
Observations	4 137	4 137	4 137	4 137	4 137	4 137	4 137	4 137	4 137
R²	0.086 5	0.141 6	0.183 7	0.219 0	0.251 9	0.281 5	0.278 1	0.246 1	0.152 1
F 统计量	35.31	81.89	131.32	191.45	231.75	265.38	216.58	133.67	45.49

附录 B

附录 B1　环境因素对个体教育的回归结果

样本类型	全样本	城镇	农村	男性	女性	东部	中部	西部	有继承	无继承	18~30岁	31~40岁	41~50岁	51~60岁
age	-0.232 0*** (0.070 3)	0.100 5 (0.097 1)	-0.565 5*** (0.095 3)	-0.347 5*** (0.094 9)	-0.124 1 (0.101 0)	-0.126 1*** (0.013 8)	-0.387 7*** (0.110 6)	-0.058 8*** (0.019 8)	-0.077 2*** (0.017 6)	-0.364 0*** (0.104 9)	—	—	—	—
age2	0.185 6** (0.084 7)	-0.213 3* (0.116 8)	0.586 2*** (0.115 2)	0.333 0*** (0.115 3)	0.049 2 (0.121 3)	0.000 0 (0.012)	0.422 7*** (0.134 6)	0.000 1 (0.000 9)	-0.001 1 (0.147 1)	0.331 1*** (0.121 6)	—	—	—	—
gender	1.214 3*** (0.149 7)	1.231 3*** (0.202 9)	1.143 5*** (0.217 9)	—	—	1.144 2*** (0.213 2)	0.811 0*** (0.246 0)	1.721 5*** (0.345 9)	1.019 9*** (0.333 4)	1.259 2*** (0.168 2)	1.929 2*** (0.605 8)	0.843 9*** (0.288 4)	1.122 8*** (0.210 7)	1.654 4*** (0.342 3)
urban	2.309 9*** (0.147 8)	—	—	2.484 5*** (0.243 9)	2.213 7*** (0.184 7)	2.127 9*** (0.214 6)	2.265 8*** (0.242 4)	2.516 1*** (0.338 9)	2.502 3*** (0.356 7)	2.260 0*** (0.162 9)	0.496 2 (0.652 3)	2.653 6*** (0.252 1)	2.596 8*** (0.216 6)	1.394 2*** (0.355 0)
east	1.753 0*** (0.190 3)	1.285 7*** (0.287 4)	2.296 9*** (0.251 2)	1.278 3*** (0.321 9)	1.976 7*** (0.237 8)	—	—	—	1.168 2*** (0.437 4)	1.857 4*** (0.211 1)	3.245 0*** (0.745 3)	2.220 4*** (0.348 8)	1.356 9*** (0.282 7)	1.190 7*** (0.438 7)
mid	1.606 4*** (0.198 0)	1.194 4*** (0.303 2)	2.004 0*** (0.266 3)	1.064 3*** (0.336 3)	1.858 7*** (0.245 7)	—	—	—	1.354 5*** (0.435 5)	1.653 8*** (0.221 6)	1.917 1*** (0.798 3)	1.226 6*** (0.357 9)	1.452 9*** (0.293 8)	1.968 6*** (0.457 6)
fedu	0.210 4*** (0.019 7)	0.229 3*** (0.026 5)	0.186 3*** (0.029 1)	0.148 1*** (0.031 6)	0.243 0*** (0.025 2)	0.169 0*** (0.029 2)	0.200 0*** (0.033 6)	0.268 9*** (0.041 3)	0.257 0*** (0.041 7)	0.199 4*** (0.022 3)	0.435 6*** (0.097 2)	0.220 8*** (0.034 5)	0.204 1*** (0.028 5)	0.170 1*** (0.045 8)
medu	0.188 3*** (0.020 5)	0.230 6*** (0.026 3)	0.105 6*** (0.031 6)	0.185 4*** (0.032 3)	0.188 6*** (0.026 4)	0.167 5*** (0.029 3)	0.210 6*** (0.034 9)	0.218 4*** (0.048 0)	0.158 5*** (0.038 3)	0.197 1*** (0.023 8)	0.148 7* (0.080 1)	0.163 7*** (0.032 1)	0.220 2*** (0.031 3)	0.194 9*** (0.053 7)
inherit	0.688 6*** (0.182 6)	0.708 8*** (0.241 1)	0.501 4* (0.284 1)	0.689 0** (0.300 3)	0.747 0*** (0.229 7)	0.360 5 (0.264 2)	0.928 9*** (0.277 4)	0.928 1** (0.411 1)	—	—	0.707 7 (0.607 1)	0.229 1 (0.320 0)	1.467 5*** (0.273 7)	-0.003 2 (0.475 1)
常数项	9.937 7*** (1.449 1)	5.616 4*** (2.022 1)	16.676 7*** (1.965 0)	13.921 1*** (1.932 7)	7.599 0*** (2.080 7)	11.829 0*** (2.181 7)	13.769 3*** (2.254 0)	7.974 6*** (3.018 0)	7.635 7*** (2.045 4)	12.829 4*** (2.236 2)	3.320 7*** (0.751 7)	4.238 8*** (0.316 8)	2.896 3*** (0.258 7)	3.713 1*** (0.424 3)
N	2 616	1 375	1 241	912	1 704	1 058	839	719	464	2 152	140	740	1 212	524
R^2	0.354 1	0.286 3	0.240 6	0.312 5	0.358 6	0.311 4	0.297 3	0.298 1	0.409 0	0.327 6	0.494 3	0.415 3	0.354 8	0.216 2
F值	168.50	70.67	55.86	57.99	124.05	67.40	55.19	51.73	42.56	134.20	17.28	67.95	104.59	20.79

注：***、**、*分别表示该系数估计值在0.01、0.05、0.10的水平上显著，括号内是标准误，下同。

附录 B2　环境因素对个体就业的回归结果

样本类型	全样本	城镇	农村	男性	女性	东部	中部	西部	有继承	无继承	18~30岁	31~40岁	41~50岁	51~60岁
age	0.009 7* (0.005 9)	0.023 0* (0.010 8)	-0.005 1** (0.001 6)	0.008 2*** (0.001 8)	0.011 8*** (0.002 3)	0.004 0*** (0.001 2)	0.015 7** (0.007 7)	0.011 7** (0.005 3)	0.025 7** (0.009 9)	-0.001 4* (0.000 8)	—	—	—	—
age2	-0.008 6 (0.007 1)	-0.020 8 (0.012 8)	0.005 6 (0.006 3)	-0.004 9 (0.012 3)	-0.011 8 (0.008 1)	-0.003 8 (0.012 4)	-0.014 0 (0.012 9)	-0.010 0 (0.011 4)	-0.028 9* (0.015 1)	0.003 7 (0.010 2)	—	—	—	—
gender	0.077 8*** (0.014 5)	0.114 6*** (0.023 6)	0.028 7** (0.013 5)	—	—	0.093 7*** (0.022 8)	0.049 7* (0.026 7)	0.085 2*** (0.025 7)	0.125 2*** (0.038 2)	0.067 6*** (0.015 6)	0.085 3* (0.046 4)	0.098 1*** (0.031 6)	0.072 2*** (0.020 4)	0.080 2*** (0.030 2)
urban	0.158 8*** (0.012 3)	—	—	0.209 1*** (0.023 7)	0.130 2*** (0.013 9)	0.157 0*** (0.018 5)	0.178 9*** (0.022 0)	0.134 2*** (0.024 7)	0.218 4*** (0.033 5)	0.146 6*** (0.013 2)	0.077 6 (0.063 1)	0.136 7*** (0.023 8)	0.183 0*** (0.017 2)	0.156 3*** (0.028 8)
east	-0.041 2** (0.016 0)	-0.050 1* (0.028 9)	-0.002 3 (0.014 8)	-0.060 9*** (0.031 0)	-0.024 0** (0.011 8)	—	—	—	-0.117 3*** (0.042 6)	-0.025 7 (0.016 9)	-0.006 7* (0.003 4)	-0.022 7 (0.029 8)	-0.058 9** (0.023 7)	-0.034 1* (0.018 4)
mid	-0.007 9 (0.016 7)	-0.001 5 (0.030 4)	0.070 1*** (0.017 8)	-0.053 7 (0.032 7)	0.019 2** (0.008 6)	—	—	—	-0.117 5*** (0.043 5)	0.014 1 (0.017 7)	0.028 1 (0.071 0)	-0.001 4 (0.032 1)	-0.009 7 (0.024 3)	-0.018 7 (0.038 3)
fedu	0.008 1*** (0.001 9)	0.012 9*** (0.003 0)	0.051 3* (0.030 4)	0.013 5*** (0.003 5)	0.005 0** (0.002 2)	0.005 2 (0.003 3)	0.010 6*** (0.003 3)	0.009 7*** (0.003 1)	0.012 8*** (0.004 5)	0.006 7*** (0.002 1)	0.007 0 (0.010 2)	0.008 8*** (0.003 7)	0.007 7*** (0.002 7)	0.007 5* (0.004 5)
medu	0.009 9*** (0.002 2)	0.015 5*** (0.003 3)	0.000 2 (0.002 2)	0.012 6*** (0.004 0)	0.008 3*** (0.002 5)	0.007 6*** (0.003 4)	0.012 2*** (0.003 8)	0.011 7*** (0.004 5)	0.010 6** (0.005 0)	0.009 7*** (0.002 4)	-0.002 0 (0.008 7)	0.007 1* (0.003 7)	0.011 9*** (0.003 3)	0.013 8** (0.005 9)
inherit	0.043 3** (0.019 1)	0.062 7* (0.030 7)	-0.008 6 (0.016 1)	0.069 2* (0.036 4)	0.025 1 (0.021 5)	0.048 1 (0.032 0)	-0.000 9 (0.035 9)	0.089 8*** (0.030 6)	—	-0.042 0 (0.191 3)	-0.078 3* (0.040 3)	0.042 4* (0.022 5)	0.068 7*** (0.030 2)	0.004 0 (0.053 5)
常数项	-0.290 7** (0.122 4)	-0.540 0** (0.226 4)	0.138 3* (0.076 0)	-12.905 8*** (3.262 6)	-0.292 9*** (0.014 4)	-0.152 7* (0.080 9)	-0.469 7** (0.222 0)	-0.361 9* (0.186 1)	-0.570 1*** (0.191 5)	-0.042 0 (0.191 3)	0.040 9* (0.022 9)	-0.039 9* (0.020 9)	-0.047 3*** (0.018 0)	-0.010 9 (0.030 9)
N	2 616	1 375	1 241	912	1 704	1 058	839	719	464	2 152	140	740	1 212	524
R²	0.125 1	0.096 7	0.006 6	0.157 4	0.086 5	0.097 0	0.133 3	0.173 1	0.204 0	0.103 4	0.074 0	0.114 9	0.145 3	0.123 4
F值	33.07	17.30	1.04	20.05	15.56	15.90	15.04	12.12	15.56	24.49	1.47	10.81	24.63	8.31

附录 B3　环境因素对个体收入的回归结果

样本类型	全样本	城镇	农村	男性	女性	东部	中部	西部	有继承	无继承	18~30 岁	31~40 岁	41~50 岁	51~60 岁
age	-0.058 2** (0.028 3)	0.071 9** (0.033 1)	0.052 2** (0.027 5)	0.046 2** (0.020 1)	0.067 5** (0.034 4)	0.055 2** (0.022 8)	0.104 3* (0.053 0)	0.016 0** (0.006 8)	0.144 7** (0.056 3)	0.004 5** (0.002 1)	—	—	—	—
age2	0.052 6 (0.032 7)	-0.058 4 (0.045 6)	-0.054 6 (0.048 5)	-0.036 6 (0.054 1)	-0.064 6 (0.040 3)	-0.052 6 (0.047 7)	-0.105 4* (0.060 3)	0.002 1 (0.064 9)	-0.162 8** (0.071 3)	0.008 0 (0.036 7)	—	—	—	—
gender	0.102 9** (0.051 7)	0.153 6** (0.063 2)	0.040 2 (0.085 3)	—	—	0.129 9** (0.061 3)	0.085 7 (0.080 2)	0.080 7** (0.035 7)	0.029 3 (0.124 6)	0.123 0** (0.056 8)	0.291 1*** (0.055 8)	0.119 3** (0.059 9)	0.318 6*** (0.037 5)	0.208 2** (0.102 5)
urban	0.656 5*** (0.051 0)	—	—	0.755 0*** (0.088 3)	0.601 5*** (0.062 8)	0.835 1*** (0.087 4)	0.468 5*** (0.079 1)	0.609 0*** (0.098 7)	0.618 2*** (0.130 3)	0.660 1*** (0.055 5)	0.439 9 (0.297 9)	0.511 9*** (0.102 1)	0.722 1*** (0.073 1)	0.758 9*** (0.113 6)
east	0.415 9*** (0.064 5)	0.487 9*** (0.089 1)	0.361 4*** (0.095 2)	0.397 1*** (0.108 9)	0.431 9*** (0.080 6)	—	—	—	0.433 8*** (0.145 8)	0.396 7*** (0.072 2)	0.352 5** (0.157 4)	0.545 4*** (0.135 3)	0.399 0*** (0.092 4)	0.309 4** (0.138 4)
mid	0.276 6*** (0.062 9)	0.211 9** (0.091 5)	0.406 5*** (0.088 3)	0.231 8** (0.111 8)	0.306 8*** (0.076 1)	—	—	—	0.282 8* (0.147 4)	0.269 2*** (0.069 4)	0.056 3* (0.026 8)	0.412 3*** (0.128 4)	0.280 1*** (0.089 3)	0.150 2* (0.080 4)
fedu	0.031 9*** (0.006 8)	0.037 3*** (0.008 0)	0.023 9** (0.011 5)	0.032 1*** (0.011 2)	0.032 6*** (0.008 5)	0.030 6*** (0.010 9)	0.032 6** (0.010 3)	0.032 1** (0.014 3)	0.041 9*** (0.014 2)	0.030 6*** (0.007 7)	0.015 4** (0.004 2)	0.042 3*** (0.013 5)	0.034 7*** (0.009 8)	0.015 9** (0.007 2)
medu	0.014 3* (0.007 6)	0.026 4** (0.009 0)	-0.004 1 (0.013 6)	0.025 2** (0.012 8)	0.007 5** (0.003 3)	0.025 1*** (0.008 9)	0.023 2** (0.011 4)	0.014 5** (0.006 0)	0.029 9* (0.015 7)	0.009 6** (0.008 7)	0.029 0 (0.036 0)	0.005 3 (0.014 6)	0.016 3* (0.008 8)	0.038 1** (0.017 5)
inherit	-0.008 6 (0.063 0)	0.009 0 (0.077 6)	-0.061 5 (0.106 5)	-0.093 3 (0.109 1)	0.038 2 (0.077 5)	0.049 8 (0.104 0)	0.030 5 (0.101 0)	-0.103 3 (0.121 1)	—	—	-0.636 5** (0.253 7)	0.088 7 (0.112 0)	0.081 2 (0.085 6)	-0.378 3* (0.205 9)
常数项	6.938 7*** (0.600 7)	6.988 8*** (0.864 5)	7.328 3*** (0.873 4)	7.185 1*** (1.034 7)	6.790 0*** (0.725 9)	7.397 6*** (0.864 6)	6.302 7*** (1.134 2)	7.745 8*** (1.168 0)	5.220 3*** (1.079 1)	8.113 9*** (0.694 3)	8.750 5*** (0.255 0)	8.264 6*** (0.097 5)	8.458 7*** (0.088 4)	8.607 5*** (0.130 6)
N	2 616	1 375	1 241	912	1 704	1 058	839	719	464	2 152	140	740	1 212	524
R²	0.146 8	0.094 8	0.034 2	0.161 3	0.133 8	0.122 0	0.103 9	0.097 1	0.227 7	0.103 4	0.133 7	0.145 3	0.147 0	0.156 5
F 值	53.70	18.80	5.47	22.78	35.72	21.98	15.21	12.54	17.25	24.49	3.24	21.95	28.09	14.84

中国居民经济不均衡的测度、关联分析与再分配研究——基于收入、财富与消费的多维视角